CHRISTOF KELLMANN

Grundsätze der Gewinnhaftung

Schriften zum Wirtschaftsrecht

Band 10

Grundsätze der Gewinnhaftung

Rechtsvergleichender Beitrag zum Recht der ungerechtfertigten Bereicherung

Von

Dr. Christof Kellmann

DUNCKER & HUMBLOT / BERLIN

Gedruckt 1969 bei Buchdruckerei Bruno Luck, Berlin 65
Printed in Germany

Vorwort

Die vorliegende Arbeit wurde im wesentlichen im Herbst 1967 abgeschlossen und hat der Juristischen Fakultät der Ludwig-Maximilians-Universität München Anfang 1968 als Dissertation vorgelegen. Herrn Prof. Dr. E. Steindorff, der die Arbeit anregte und förderte, möchte ich auch an dieser Stelle aufrichtig danken. Ebenso danke ich Herrn Prof. Buxbaum und Herrn Prof. Sweet für ihre wertvolle Unterstützung, die sie mir bei meinem Studienaufenthalt an der University of California in Berkeley/USA gewährten. Dem Deutschen Akademischen Austauschdienst danke ich für die finanzielle Unterstützung der Arbeit.

Bochum, im April 1969

Christof Kellmann

Inhaltsverzeichnis

I. Teil

Das Problem

II. Teil

Die Gewinnhaftung im englischen und amerikanischen Recht

III. Teil

Gewinnhaftung im deutschen Recht

IV. Teil

Gewinnhaftung im Wettbewerbsrecht

Abkürzungsverzeichnis

1. Deutsche Abkürzungen

a.A.	anderer Ansicht
a.a.O.	am angeführten Ort
ABGB	Allgemeines Bürgerliches Gesetzbuch für Österreich
AcP	Archiv für die civilistische Praxis
BGE	Entscheidungen des Schweizer Bundesgerichts
BGH	Bundesgerichtshof
BGHZ	Entscheidungen des BGH in Zivilsachen
Diss.	Dissertation
DJZ	Deutsche Juristenzeitung
GRUR (GR)	Gewerblicher Rechtsschutz und Urheberrecht
h. L.	herrschende Lehre
h. M.	herrschende Meinung
HRR	Höchstrichterliche Rechtsprechung
Jher. Jahrb.	Jhering's Jahrbücher für die Dogmatik des heutigen römischen und deutschen Privatrechts
JuS	Juristische Schulung
JW	Juristische Wochenschrift
JZ	Juristenzeitung
LM	Lindenmaier-Möhring, Nachschlagewerk des Bundesgerichtshofs
MDR	Monatsschrift für Deutsches Recht
MuW	Markenschutz und Wettbewerb, Monatsschrift für Marken-, Patent-, Muster-, Urheber- und Verlagsrecht
N.	Fußnote
NJW	Neue Juristische Wochenschrift
OLG	Oberlandesgericht, Entscheidungen der Oberlandesgerichte in Zivilsachen
OR	Schweizer Obligationenrecht
Preuß. ALR	Preußisches Allgemeines Landrecht
RG	Reichsgericht
RGZ	Entscheidungen des RG in Zivilsachen
RGRK	Reichsgerichtsrätekommentar
ROHG	Reichsoberhandelsgericht, Entscheidungen des Reichsoberhandelsgerichts
Seuff. A.	Seufferts Archiv
SJZ	Süddeutsche Juristenzeitung
WPM	Wertpapier-Mitteilungen, Rechtsprechungsteil
WRP	Wettbewerb in Recht und Praxis

2. Abkürzungen engl. und am. Entscheidungssammlungen

A. C.	Law Reports, Appeal Cases, House of Lords and Privy Council
All E. R.	All England Law Reports

Beav.	Beavan's Reports, Roll's Court 1838—1866
Burr.	Burrow's Reports, King's Bench 1756—1777
C. A.	Court of Appeal Reports 1867—1877
Ch.	Law Reports, Chancery Division
Ch. App.	Law Reports, Chancery Appeals 1868—1875
De. G. J.	De Gex and Jones's Reports, Chancery
Drew.	Drewry's Reports, Chancery
Eden	Eden's Reports, Chancery
Eng. Rep.	England Reports
Freem. Ch.	Freeman's Reports, Chancery
Freem. K. B.	Freeman's Reports, King's Bench and Common Pleas
Fed.	Federal Reporter
F. 2nd	Federal Reporter 2. Folge (seit 1924)
F. Supp.	Fed. Supplement
Hare	Hare's Reports, Chancery
H. L. (R.)	Law Reports, House of Lords
K. B.	Law Reports, King's Bench Division
Ld. Ray (m)	Lord Raymond's Reports, King's Bench and Common Pleas
M. & S.	Maule & Selwyn's Reports, King's Bench
N. E.	North Eastern Reporter
Q. B.	Queen's Bench Reports
Q. B. D.	Law Reports, Queen's Bench Division
R. P. C.	Reports on Patent Cases
Sel. Cas. Ch.	Select Cases in Chancery
S. W.	South Western Reporter
Taunt.	Taunton's Reports, Common Pleas
U. S.	U. S. Supreme Court Reports
Vern.	Vernon's Reports, Chancery
Ves.	Vesey Jun.'s Reports, Chancery
	Reports aus U. S. Einzelstaaten z. B.
	Mass.(achusetts)
	Nebr.(aska)
	Ohio St. (Ohio State)
	N. Y. S. (New York State)

3. Sonstige engl. und am. Abkürzungen

A. G.	Attorney General
C. A.	Court of Appeal
Columbia L. R.	Columbia Law Review
Harv. L. Rev.	Harvard Law Review
H. L.	House of Lords
J.	Justice
L. C.	Lord Chancellor
L. C. J.	Lord Chief Justice
L. J.	Lord Justice
L. Q. R.	Law Quarterly Review
Mod. L. R.	Modern Law Review
M. R.	Master of the Rolls
N. Y. L. Forum	New York Law Forum
Va. L. Rev.	Virginia Law Review
Yale L. J.	Yale Law Journal

Erster Teil

Das Problem

I. Unzulänglichkeit des wettbewerbsrechtlichen Rechtsschutzes

Vor einiger Zeit hatte der BGH[1] über folgenden Streitfall zu entscheiden: Der Kläger, der sich mit dem Vertrieb von Handstrickapparaten befaßte, hatte ein neues — unpatentiertes — sog. „Rita"-Strickverfahren entwickelt und mit der beklagten Firma über den Abschluß eines Lizenzvertrages verhandelt, durch den die Beklagte das Recht zur Benutzung und zum Vertrieb des Verfahrens im Gebiet der Bundesrepublik Deutschland erhalten sollte. Die beklagte Firma, die vom Kläger im Laufe dieser Verhandlungen Beschreibung, Zeichnungen und eine schriftliche Anweisung zum Gebrauch des neuen Strickverfahrens erhalten hatte, brachte, als die Verhandlungen scheiterten, unter Ausnutzung der ihr vom Kläger vermittelten Kenntnisse ein ähnliches Verfahren heraus. Der Kläger verlangte — gestützt auf §§ 18, 19 UWG (Vorlagenfreibeuterei) — Unterlassung des Vertriebs, Auskunftserteilung und Feststellung der Schadensersatzpflicht.

Der BGH wies den Unterlassungsanspruch zurück, da das Verfahren inzwischen offenkundig geworden sei. Den Anspruch auf Schadensersatz, den das Berufungsgericht zurückgewiesen hatte, weil der Kläger „seiner Pflicht, den behaupteten, nach den allgemeinen Regeln des bürgerlichen Rechts zu berechnenden Schaden darzulegen, trotz ausdrücklicher Aufforderung nicht genügt" habe, erkannte der BGH dagegen dem Grunde nach an. Einen Anspruch auf Herausgabe des von der Beklagten durch die widerrechtliche Benutzung der Vorlagen erzielten *Gewinns* lehnte der BGH in Anlehnung an die Zuweisungstheorie ab. Bei der sog. Vorlagenfreibeuterei handle es sich „nicht um Eingriffe in ein Ausschließlichkeitsrecht oder Rechtsgut, das von der Rechtsordnung mit ausschließender Wirkung einer bestimmten Person zugewiesen ist"[2]. Ein Gewinnherausgabeanspruch stehe dem Kläger auch nicht unter dem Gesichtspunkt der ungerechtfertigten Bereicherung zu, da § 816 BGB „ersichtlich" nicht anwendbar sei und § 818 II BGB, „der somit anzuwenden wäre"[3], die Pflicht zur Herausgabe auf

[1] BGH Urt. vom 17. 5. 1960 GRUR 1960, 554 (Handstrickverfahren).
[2] a.a.O. S. 557 1. Sp.
[3] In Wirklichkeit wäre nicht § 818 II, sondern § 812 anzuwenden. Der BGH übernimmt hier den Fehler *v. Caemmerers* (Festschr. Rabel S. 357), der den

den Wert des Erlangten beschränke. *Wert*ersatz will der BGH „bei gebührender Beachtung des § 287 I ZPO" aber schon im Wege des Schadensersatzes gewähren, so daß die strittige Frage, ob die gewinnbringende Verletzung wettbewerbsrechtlicher Vorschriften für den Betroffenen einen Bereichungsanspruch auslösen kann, unentschieden blieb.

Diese Entscheidung, die den Gewinnherausgabeanspruch bei Wettbewerbsverstößen, die kein Ausschließlichkeitsrecht verletzen, definitiv versagt, enthüllt nicht nur die theoretische Verwirrung des heutigen Gewinnhaftungsrechts, sondern auch die Unzulänglichkeit des daraus resultierenden Rechtsschutzes.

Unterlassungsansprüche sind, das zeigt nicht zuletzt diese Entscheidung, im Kampf gegen den unlauteren Wettbewerber meist eine stumpfe Waffe. Ein Unterlassungsanspruch verhilft dem Kläger allenfalls dazu, zukünftige Beeinträchtigungen durch den betreffenden Rechtsverletzer zu verhindern. Da der Unterlassungsanspruch als solcher keine wirksame Sanktion gegenüber der Rechtsverletzung darstellt, bleibt der Kläger außerdem der Gefahr weiterer Rechtsverletzungen durch andere Firmen, die von dem Verfahren Kenntnis erlangt haben, ausgesetzt. Dem Unterlassungsanspruch fehlt damit die Präventivwirkung, um weiteren Rechtsverletzungen vorzubeugen. Er ist außerdem ungeeignet, den Verletzten für den entstandenen Schaden (Verdienstausfall, vergebliche Investitionen) zu entschädigen. Daneben mangelt es, worauf *Pastor*[4] mit Recht hingewiesen hat, dem wettbewerblichen Unterlassungsanspruch an einer seiner Bedeutung entsprechenden durchschlagenden Vollstreckungsmöglichkeit. Zwar läßt sich, da die Wiederholungsgefahr im Wettbewerbsrecht vermutet wird, eine einstweilige Verfügung auf Unterlassung im allgemeinen relativ schnell erwirken, doch ist damit meist wenig anzufangen, da die Gerichte vor Ausspruch einer Strafe nach § 890 ZPO meist umständliche und langwierige Beweisaufnahmen durchführen und, wenn es schließlich doch zu einer Bestrafung kommt, viel zu milde urteilen. Trotz Vorliegen eines Unterlassungstitels setzt der Schuldner daher häufig seine gewinnbringenden Wettbewerbsverstöße fort, um zumindest noch die Kosten des Rechtsstreits, die oft von vorneherein einkalkuliert sind, hereinzubekommen. Auf diese Weise bewahrheitet sich, wie *Pastor* meint, der alte Erfahrungssatz, daß sich per saldo jeder Wettbewerbsverstoß bezahlt macht.

Daß die Durchsetzung eines Schadensersatzanspruches auf noch größere Schwierigkeiten stößt, ist offensichtlich, denn der Nachweis eines

---

Begriff des „Erlangten" nach § 818 II bestimmen will; vgl. dazu die Ausführungen unten S. 131 N. 304, S. 132.

4 Recht im Wandel 1965 S. 432 f.; vgl. auch schon *Marcus*, Unlauterer Wettbewerb, Monatsschrift für gew. Rechtsschutz 1,20; 3,87.

Schadens und die Beibringung konkreter Bemessungstatsachen dürfte im Wettbewerbsrecht i. a. auf fast unüberwindliche Schwierigkeiten stoßen. Hinzu kommt, daß sich die Rechtsprechung mit der Zubilligung von Ansprüchen auf Auskunft und Rechnungslegung, die in Fällen echter Gewinnhaftung recht weit gehen[5], bei Schadensersatzansprüchen mehr als zurückhaltend gezeigt hat, da, wie sie in den betreffenden Urteilen richtig erkennt, der Gewinn des Verletzers idR. keine Rückschlüsse auf den Schaden des Verletzten zuläßt und mithin kein berechtigtes Interesse an einer Rechnungslegung besteht, „deren mißbräuchliche Ausnutzung durch den Berechtigten nach Lage der Sache möglich ist"[6]. Die entgegenkommendere Auffassung des BGH im Eingangsfall, wonach „die Schätzung des Umfangs des dem Kläger erwachsenen Schadens wesentlich von der Kenntnis des Umfangs der von den Beklagten begangenen Verletzungshandlungen abhängt"[7], entspringt der Tendenz, unter der Rubrik „Schadensersatz" tatsächlich eine Art Gewinnherausgabepflicht zu statuieren, und kann, wie die späteren Entscheidungen zeigen, nicht verallgemeinert werden.

Die Schwierigkeit bzw. Unmöglichkeit der Schadensfeststellung, die das Berufungsgericht im Eingangsfall zur Abweisung der Klage veranlaßten[8], führten beim BGH zu einer bedenklichen Umdeutung des Schadensbegriffes, wonach es gerechtfertigt sein soll, bei der Bemessung des Schadens „den objektiven Wert des entzogenen Gutes so lange zuzusprechen, als nicht vom Verletzer Umstände geltend gemacht werden, die eine abweichende Beurteilung rechtfertigen"[9]. Diese Art der Schadensberechnung ist mit der Zubilligung der „angemessenen Lizenzgebühr" im Immaterialgüterrecht und der abstrakt-normativen Schadensberechnung verwandt. Sie ist u. E. nur unter den einschränkenden Voraussetzungen des § 252 BGB zulässig[10] und geht weder als „Schadensersatz" noch als „Gewinnhaftung" weit genug, da der Schaden des Verletzten und der Gewinn des Eingreifers meist höher sind, als das „entgangene" bzw. „ersparte" Nutzungsentgelt, das bei ordnungsgemäßem Vorgehen hätte gezahlt werden müssen. Es handelt sich um

---

[5] RGZ 122, 243; BGH GRUR 1957, 336; BGH BB 62, 429; daß die erweiterte Rechnungslegungspflicht nicht, wie häufig behauptet, unbillig ist und schon gar nicht die globale Versagung der Gewinnhaftung rechtfertigen kann, ist unten dargelegt.

[6] BGH NJW 66, 1119; ferner BGH NJW 54, 70; 57, 1026. Die Gerichte scheinen auch bei den Anforderungen, die sie an den Schadensnachweis stellen, eher kleinlich als großzügig zu sein, was die Position des ohnehin schon mit dem Nachweis des Kausalzusammenhangs belasteten Klägers weiter schwächt; vgl. *Rosenthal* GR 20, 34.

[7] a.a.O. S. 556.

[8] Der Kläger hatte sich von vornherein wohl nicht ernsthaft um einen Schadensnachweis bemüht.

[9] a.a.O. S. 556.

[10] s. unten S. 73 f., S. 85 f.

eine aus der Unzulänglichkeit des Schadensersatzrechts entstandene Verlegenheitslösung, die den Weg zur Gewinnhaftung nicht konsequent zu Ende geht und deren „quasikontraktlicher“ Grundgedanke insbesondere gegenüber dem schuldhaft-rechtswidrigen Eingreifer deplaciert ist.

Es dürfte feststehen, daß der unlautere Wettbewerber auch unter der ausgeweiteten Schadensersatzrechtsprechung des BGH in vielen Fällen über das Maß seiner Ersatzpflicht weit hinausgehende Gewinne erzielt, die er unangefochten für sich behalten kann. Es muß aber geradezu zu Wettbewerbsverstößen herausfordern, wenn ein solcher Verstoß ein gewinnträchtiges Unternehmen zu werden verspricht: „Die Ablehnung des Gewinnherausgabeanspruchs unterstützt den Rechtsbrecher[11].“

Nur die umfassende Anerkennung der Gewinnhaftung kann die für einen effektiven wettbewerblichen Rechtsschutz erforderliche Präventions-[12] und Ausgleichsfunktion zufriedenstellend erfüllen. Erst wenn feststeht, daß Wettbewerbsverstöße wenig lukrativ sind, verliert der unlautere Wettbewerb seine Haupttriebfeder. Der Gewinnherausgabeanspruch läß sich auch praktisch meist leichter durchsetzen als ein oft illusorischer Schadensersatzanspruch, denn ein positiver Gewinn läßt sich (ggf. an Hand der Bücher des Eingreifers) im Regelfalle viel eher nachweisen als ein Schaden, der nur fiktiv als Minderung oder Verlust gegenwärtiger oder zukünftiger Absatzchancen in Erscheinung tritt.

Wenn der Verletzte im Wege der Gewinnherausgabe gelegentlich mehr erhalten wird, als zur Deckung seines Schadens erforderlich wäre, so ist dies keineswegs unbillig, denn es besteht kein Grund, dem Verletzer die Vorteile seines unerlaubten Verhaltens zu belassen, sondern im Gegenteil ein Bedürfnis, sie ihm zu nehmen. Hierbei ist zu beachten, daß im Wege des Gewinnherausgabeanspruchs nur die Herausgabe des „Mehrwerts“ des verletzten Rechtsgutes, d. h. des Gewinns nach Abzug aller Aufwendungen, Unkosten und Beitragswerte des unlauteren Konkurrenten soll verlangt werden können. Der Verletzer wird lediglich so gestellt, als hätte er die rechtswidrigen Handlungen nicht begangen.

---

[11] *Baumbach-Hefermehl* Einl. vor § 1 UWG, 286.

[12] Daß die Abschreckung des Rechtsbrechers individuelle Ansprüche rechtfertigen kann, hat *Neuner* (AcP 133, 277, 291 f.) dargelegt; zust. *Steindorff* AcP 158, 454 ff.; ebenso BGHZ 26, 349 (Schmerzensgeld als Sanktionsmittel); kritisch *Larenz* NJW 58, 827 f.; *Bötticher* AcP 158, 400 f. Vgl. auch *Rabels* Klage über die „bedauernswerte Konsequenz“, mit der die im alten römischen (und deutschen) Recht nicht vorhandene Trennung von Ersatz- und Bußprinzip immer mehr um sich gegriffen habe (*E. Rabel*, Grundzüge des Röm. Privatrechts in der Holtzendorff-Kohlerschen Enzyklopädie der Rechtswissenschaften, 7. Aufl. 1925 Bd. I S. 456).

II. Kritischer Überblick über die bisherige Entwicklung des Gewinnhaftungsrechts

Einer der Hauptgründe, warum sich die Gewinnhaftung bisher weder im Wettbewerbsrecht noch auch sonst als allgemeines, dem Schadensersatzrecht ebenbürtiges und komplementäres Rechtssystem durchsetzen konnte, ist das auf römischrechtliche Wurzeln zurückgehende zu enge Verständnis des Rechts der ungerechtfertigten Bereicherung mit der Folge, daß die Gewinnhaftung ohne Erkenntnis der gemeinsamen Grundlagen gleichzeitig und scheinbar willkürlich einmal dem Schadensersatzrecht, der ungerechtfertigten Bereicherung oder der unechten Geschäftsführung zugeordnet wurde. Während man im Urheberrecht die Gewinnhaftung unmittelbar auf die Normen des Bereicherungsrechts stützte[13], hat das RG demjenigen, dessen Patent- oder Gebrauchsmusterrecht widerrechtlich von einem Dritten benutzt wurde, nur im Wege der „Schadensberechnung“[14] den Anspruch auf Herausgabe des widerrechtlich erzielten Gewinns zuerkannt. Ausgehend von der bereits von *Orth*[15] mit zutreffenden Gründen bekämpften These einer abschließenden Regelung der Folgen einer Patent- oder Gebrauchsmusterrechtsverletzung[16], mußte man die der Sache nach gewährte Gewinnhaftung in das Gewand des Schadensersatzrechts kleiden. „Im Wege der Schadensberechnung“ konnte der Verletzte den entgangenen Gewinn, die vom Eingreifer bei ordnungsgemäßem Vorgehen zu zahlende Lizenzgebühr oder den vom Eingreifer erzielten Gewinn verlangen[17].

Obwohl der Gesichtspunkt der Geschäftsführung anfänglich nur zur Begründung der Pflicht zur Rechnungslegung verwendet wurde[18], stützte das RG später die als Schadensersatz qualifizierten Ansprüche zusätzlich auf eine Analogie zu § 687 II BGB[19].

Der BGH hat die Möglichkeit 3-facher Schadensberechnung, der gewohnheitsrechtlicher Rang zukommen soll, zunächst auf die Verletzung des allgemeinen Persönlichkeitsrechts (Recht am eigenen Bild)[20]

---

[13] RGZ 35, 63 (Ariston); 90, 137; 121, 158. § 18 VI UrhG v. 11. 6. 1870 wurde trotz mißverständlichen Wortlauts zunächst auch vom RG richtig als Bereicherungsanspruch verstanden; so richtig *Jakobs* S. 82 f.

[14] In der Lehre wurde diese „Schadensersatztheorie“, allerdings ohne Begründung, zuerst von *Kohler*, Handbuch des deutschen Patentrechts S. 568 vertreten; vgl. auch *Kisch*, Handb. des dt. Patentrechts S. 457: „Schaden ist nicht nur die Vermögensverminderung des Verletzten, sondern auch die durch die Tat erfolgte Vermögensvermehrung des Verletzers.“

[15] S. 57 f.

[16] RGZ 121, 258 (261).

[17] RGZ 95, 220; 126, 132; 130, 108; 156, 321; GRUR 1937, 1072; 1938, 449; BGH GRUR 66, 401; 62, 509; *Reimer*, PatG § 47, 39 f.; *Benkard*, PatG § 47, 45.

[18] Vgl. ROHG Bd. 22, 338 und die o. a. RG-Entscheidungen.

[19] Seit RG 130, 108 ständig; *Jakobs* S. 90 f.

[20] BGHZ 20, 353.

und in der Vitasulfal-Entscheidung[21] unter Aufgabe der ständigen, stark kritisierten Rechtsprechung des RG[22] auf die Verletzung von Warenzeichen ausgedehnt.

Der Sache nach wird demnach ein Gewinnherausgabeanspruch für den gesamten Bereich des spezialgesetzlich normierten gewerblichen Rechtsschutzes und ferner im Bereich des allgemeinen Persönlichkeitsrechtes anerkannt. Die dogmatische Begründung der auf recht verschlungenen Pfaden entwickelten Rechtsprechung ist allerdings äußerst verworren und leidet insbesondere darunter, daß die Gewinnhaftung nicht als selbständiges und — bei richtiger Auslegung — ohne weiteres in das Bereicherungsrecht einzuordnendes Prinzip erkannt wird. Die Folgen sind Unsicherheit in der Anwendung und eine bedauerliche Lückenhaftigkeit im System der Gewinnhaftung, die einem zielstrebigen Ausbau dieses wichtigen und doch zu lange vernachlässigten Rechtsinstituts im Wege stehen. Noch immer scheitert die Realisierung des einfachen Grundgedankens, daß Vorteile und Gewinne, die nach der Rechtsordnung dem A zustehen, von B aber widerrechtlich erlangt werden, an A herauszugeben sind, an konstruktiven und dogmatischen Schwierigkeiten von innerer Widersprüchlichkeit.

Was anders als formale Erwägungen konnten etwa dazu führen, die Gewinnhaftung an die Existenz eines Schadens zu knüpfen, wo der Gewinn des Verletzers doch auf jeden Fall ganz unabhängig von der Existenz eines Schadens von der Rechtsordnung mißbilligt wird? Wie läßt es sich mit einer wirklichkeitsnahen Rechtsprechung vereinbaren, wenn zwar bei Verletzung von Patenten und sonstigen gewerblichen Schutzrechten die dreifache Art der „Schadens"berechnung, mithin auch die Gewinnhaftung letztlich zugelassen wird, bei unlauterer Ausnutzung von Betriebsgeheimnissen dagegen zwar ein einfacher Schadensersatzanspruch, nicht aber die Gewinnherausgabe zugebilligt wird? Bereits vom Ergebnis her erscheint es merkwürdig, daß der unter Verletzung eines fremden Rechts erzielte Gewinn nicht ebenso selbstverständlich herausgegeben werden muß, wie bei rechtswidriger Zufügung eines Schadens Schadensersatz zu leisten ist. Es erscheint widersprüchlich, wenn, wie im Quarzlampenfall[23], die mißbräuchliche, für sittenwidrig erklärte Verwertung eines technischen Gedankens zwar nach §§ 826 BGB, 18 UWG zu einem kaum realisierbaren Anspruch auf Schadensersatz führt, die Gewinnhaftung aber gleichzeitig mit dem Hinweis verneint wird, es handle sich um einen „ungeschützten" (weil nicht patentierten!) technischen Gedanken.

---

[21] BGHZ 34, 320.

[22] RGZ 47, 100; 58, 321 (325).

[23] RG GR 42, 352.

Es kann den Verletzten nicht befriedigen, wenn man ihm erklärt, an seiner Entwicklung habe er kein „absolutes“ Recht, denn was würde sich unter den Beteiligten — und nur darauf kommt es an! — ändern, wenn die so oder so unrechtmäßig verwertete Idee auch noch patentiert gewesen wäre? Hätte dann im konkreten Fall der Beklagte verwerflicher gehandelt, wäre der Kläger schutzbedürftiger? Diese Fragen stellen, heißt, sie verneinen, es gäbe denn verschiedene Qualitäten rechtswidrigen Handelns.

Wenn schließlich ein Käufer bei Unmöglichkeit der Leistung, etwa weil der Schuldner die gekaufte Sache vertragswidrig an einen Dritten veräußert hat, die Herausgabe des so erzielten Kaufpreises verlangen kann (§ 281 BGB), warum soll nicht der Mieter, wenn der Vermieter vertragsbrüchig die Sache an einen Dritten vermietet, die Herausgabe des so erzielten Mietzinses verlangen können?[24]

Wenn bei Benutzung einer Gleisanlage über den vertragsmäßigen Umfang[25], bei unerlaubter Benützung eines Bahnhofsvorplatzes als Taxistandplatz[26] oder eines Künstlerbildnisses zu Reklamezwecken[27] der Rechtsverletzer nach §§ 812 I 1, 818 II BGB zur Zahlung des ersparten Betrages verurteilt wird, so ist nicht zu verstehen, daß gleichzeitig der Anspruch eines Vermieters gegen den Mieter auf Zahlung des aus ungerechtfertigter Untervermietung erzielten Untermietzinses abgewiesen wird[28].

In der Praxis der anglo-amerikanischen Rechtsprechung hat sich die Gewinnhaftung, die im deutschen Recht noch ganz unter dem Einfluß des schwerfälligen römischrechtlichen datio-condictio-Schemas steht, ausgehend vom trust-Recht in umfassender und den Bedürfnissen des Rechtsverkehrs gerecht werdender Weise durchsetzen können. Die Feststellung ist nicht uninteressant, daß die jahrhundertealten unterschiedlichen historischen Wurzeln das Bereicherungsrecht beider Rechtskreise noch heute entscheidend mitprägen, wobei es sich im deutschen Recht um die Fortführung einer zu engen römischen Tradition handelt, die seit Inkrafttreten des BGB allerdings nicht mehr gerechtfertigt ist.

---

[24] abl. BGHZ 25, 10.
[25] RGZ 97, 310.
[26] BGHZ 20, 270.
[27] BGHZ 20, 345.
[28] BGH NJW 64, 1853 mit Anm. *Diederichsen;* BGH WPM 64, 861 zust. *Söllner* JuS 67, 449 f.

Zweiter Teil

Die Gewinnhaltung im englischen und amerikanischen Recht

I. Vorbemerkung

"The most obvious comment about the American law of restitution is that it lacks any kind of system."

Diese etwas resignierende Bemerkung *Dawsons*[1] bestätigt den Eindruck, daß das anglo-amerikanische Recht in Fragen der Gewinnhaftung häufig die notwendige Klarheit vermissen läßt und trotz einer verwirrenden Vielfalt von Entscheidungen, die die Bedeutung dieses Rechtsinstituts unterstreichen, noch keine systematisch durchdachte Konzeption entwickelt hat. Die immer zunächst am Einzelfall orientierte, Systematisierungsversuchen abgeneigte Rechtsprechung — "We fear the petrifying theory"[2] — ist auch bei der Entwicklung der Gewinnhaftung unbesorgt um dogmatische Überlegungen ihren pragmatischen Weg gegangen, und die Berufung auf Präjudizien hat dazu meist eine mehr formale als materielle Begründung liefern müssen: "The history of the common law has not been logic, it has been experience"[3].

Entsprechend spärlich ist die Literatur. Außer den aus einer Vorlesungsreihe hervorgegangenen und daher verhältnismäßig allgemein gehaltenen rechtsvergleichenden Studien *Dawsons*, gibt es im amerikanischen Recht bisher keine systematische Darstellung des Law of Restitution. In England war schon der Begriff „Restitution" bis zu der im Jahre 1966 erschienenen Arbeit von *Robert Goff* und *Gareth Jones*[4] praktisch unbekannt.

Es ist daher kein Wunder, daß sich dem um begriffliche und systematische Klarheit bemühten kontinentalen Juristen hier mancherlei Schwierigkeiten in den Weg stellen, daß manche Frage unbeantwortet und manches Problem unerörtert bleiben muß. Wenn dennoch der Versuch gemacht werden soll, aus der umfangreichen Kasuistik und den häufig eher unbewußt als bewußt gehandhabten, durch Verweisung auf Präjudizien eher verdeckten Entscheidungsgründen, einige Leitgedanken herauszuarbeiten, so deswegen, weil trotz der Verschieden-

---

1 Unjust Enrichment S. 111.

2 *Maitland*, Trusts and Corp., Coll. Pap. Bd. 3 S. 321.

3 *O. W. Holmes*, Common Law, 1881, S. 5.

4 *Goff/Jones*, The Law of Restitution, London 1966.

artigkeit der Rechtssysteme die Probleme im deutschen, englischen und amerikanischen Recht die gleichen sind und die im englischen und amerikanischen Recht entwickelte Lösung den Gedanken der Gewinnhaftung in einer Weise verwirklicht, die auch für das deutsche Recht vorbildlich sein kann.

Entsprechend der Fragestellung dieser Arbeit, wird sich diese Untersuchung in erster Linie auf die Fälle beschränken, in denen auf Herausgabe von Vorteilen gehaftet wird, die der Beklagte durch eigenen Eingriff in fremde Rechtspositionen erzielte (Gewinnhaftung)[5]. Es wird dabei in erster Linie versucht, die notwendige Auswahl aus der Fülle des Stoffes an den Grundsatzfragen des deutschen Rechts zu orientieren, um die es in dieser Arbeit geht. Gleichzeitig sind die Beispiele jedoch so gewählt, daß sie einen Eindruck von der Vielfalt der Anwendungsmöglichkeiten geben.

II. Der Anspruch auf Gewinnherausgabe im Trust

1. Vorbemerkung

"If we were asked what is the greatest and most distinguished achievement performed by Englishmen in the field of jurisprudence, I cannot think that we should have any better answer, than this, namely, the development from century to century of the trust idea."

Diese Worte des berühmten englischen Juristen *Maitland*[6] kennzeichnen die überragende Bedeutung des trust im englischen Rechtsleben. Nicht minder bedeutsam ist die action on account of profits[7], die englische Klage auf Gewinnherausgabe, denn sie ist das wesensmäßige, notwendige Korrelat der trust-Idee. Eine Kardinalregel des Equityrechts lautet:

"A trustee shall not make a profit from his trust, nor even use his position as trustee to secure a personal advantage at the expense of his beneficiary[8]."

Wie streng dieser Grundsatz durchgeführt wird, zeigt z. B. die Entscheidung *Re Francis*[9]: Mehrere Geschäftsanteile einer Handelsgesellschaft befanden sich in den Händen von trustees, die sie für einen

[5] Zum Recht der teilweise unserer Leistungskondiktion entsprechenden quasi-contracts vgl. *Friedmann*, Bereicherungshaftung.

[6] Coll. Pap. Bd. 3 S. 272.

[7] Die action on account of profits ist eine der alten personals actions des Common Law, die jedoch wegen ihrer Schwerfälligkeit früh gegenüber dem leichteren und beweglicheren Verfahren der Chancery zurücktrat; *Rheinstein*, Struktur S. 112, Anm. 210.

[8] *Keeton* S. 223. Der trust ähnelt einem Treuhandverhältnis. Normalerweise sind drei Personen beteiligt: der settlor, der trustee und der beneficiary oder cestui que trust, untechnisch übersetzbar mit Verfügendem, Treuhänder und Begünstigtem. Verfügender und Begünstigter können dieselbe Person sein, wie sich schon aus der Bezeichnung cestui que trust ergibt. Die ursprünlichen Bezeichnungen feoffor und feoffee (to uses) entsprechen in etwa den Begriffen Lehnsherr und Belehnter.

[9] (1905) All. E. R. 556.

Dritten zu verwalten hatten. Die trustees wurden auf Grund dieser Anteile zu Direktoren der Gesellschaft ernannt und erhielten als Entgelt für die Tätigkeit von der Gesellschaft ein Gehalt ausgezahlt. Nunmehr klagte der beneficiary auf Herausgabe der an die trustees gezahlten Gehälter. Obwohl die Tätigkeit der trustees als Direktoren der Gesellschaft kaum noch als Tätigkeit im Rahmen des trust, das von ihnen bezogene Gehalt vielmehr als Entgelt für persönliche Leistungen hätte angesehen werden können[10], gab Justice *Kekewich* der Klage statt. Die trustees hätten ihre Direktorenstellung nur auf Grund der Geschäftsanteile erlangt[11], die aber Gegenstand des allein zugunsten des beneficiary zu verwaltenden trust-Vermögens seien. Die trustees hätten mithin auf Grund des trust-Vermögens Vorteile erlangt, die an den beneficiary herauszugeben seien.

Die Zusammenhänge zwischen trust und action on account of profits sind Gegenstand der nachfolgenden Erörterungen. Sie bilden den Schlüssel zum Verständnis des englischen Systems der Gewinnhaftung.

2. *Überblick über die Entwicklung des Trust*

Der trust hat sich als Gegenstand der Equitygerichtsbarkeit nach dem Vorbild des mittelalterlichen „use" entwickelt[12]. Das Institut des use läßt sich folgendermaßen umschreiben: Wer nach dem strengen Recht des Common Law Eigentum (insbesondere an Grundstücken) nicht verwalten konnte (z. B. Ordensgeistliche, Frauen), wer sich lehens- oder schuldrechtlichen Verpflichtungen entziehen[13] oder die Erbfolge

---

[10] So wurde z. B. in *Re Dover Coalfield Extension, Ltd.* (1908) 1 Ch. 65 die Klage auf Gewinnherausgabe mit der Begründung abgewiesen, das gezahlte Gehalt sei eine Vergütung für außerhalb des trust geleistete, persönliche Dienste.

[11] Der Erwerb einer Direktorenstellung durch trustees wird allerdings unterschiedlich beurteilt. So wurden in *Re Macadam* (1946) Ch. 73 trustees, die sich selbst zu Direktoren gewählt hatten, zur Gewinnherausgabe verurteilt, während in *Re Gee* (1948) Ch. 284 und *Re Llewellin's Wills Trusts* (1949) 1 Ch. 225 eine entsprechende Klage abgewiesen wurde, obwohl sich die Direktoren praktisch ebenfalls selbst ernannt hatten.

[12] *Burgess v. Wheate* (1759) 1 Eden 177; zum folgenden vgl. *Roth,* Der Trust in seinem Entwicklungsgang vom Feoffee to Uses zur amerikanischen Trust Company, Marburg 1928; *Holdsworth,* A History of English Law, Bd. 4, London 1924, S. 407 ff.

[13] Insbesondere der Mißbrauch des use zur Umgehung feudalistischer Verpflichtungen und die Entstehung unübersichtlicher Rechtsverhältnisse führten zu ständigen Eingriffen der Gesetzgebung und im *Statute of Uses* (1535) zu stark einschränkenden Regelungen; vgl. *Holdsworth* S. 443 f., 449 f.; ferner das Statute of Uses (27 Henry VIII Cap. 10), abgedruckt in *Fr. Bacons* Kommentar von 1642 (Neuauflage 1804), Seite X: "The King's Highness hath lost the profits and advantages of the ands of persons attainted, and of the lands craftily put in feoffments to the uses of aliens born." ..."Scantly any person can be certainly assured of any lands by them purchased, nor know surely against whom they shall use their actions, or executions for their rights, titles, and duties"

erleichtern wollte, ließ das Eigentum an einen Strohmann übergehen, gebrauchte es aber selbst (use). Die Ursprünge dieses Instituts liegen im Dunkeln. Es könnte sich aus dem römischrechtlichen fidei commissum oder der germanischen Treuhand entwickelt haben, mit denen es zahlreiche gemeinsame Züge aufweist[14]. Doch von vergleichbaren Lösungen kann nicht immer auf ein historisches Abhängigkeitsverhältnis geschlossen werden[15]. Realistischer erscheinen die Auffassungen, die im use ein selbständig entwickeltes Institut des englischen Rechts sehen, das wegen der Gleichartigkeit der Probleme eine den anderen Rechtsordnungen vergleichbare Lösung bot[16].

Das Common Law stand dem Gedanken des use ablehnend gegenüber und verweigerte dem feoffor ursprünglich[17] fast jeden Rechtsschutz, da der legal title, die volle Rechtsstellung nach Common Law, nach der Übertragung dem feoffee zustand und eine besondere Klage aus dem use nicht vorgesehen war[18]. Der nach Equity urteilende Kanzler wurde daher immer häufiger um Unterstützung angegangen und nahm sich insbesondere seit dem Ende des 16. Jahrhunderts in zunehmendem Umfang des übervorteilten feoffor an. Leitgedanke seiner Rechtsprechung wurde die aus religiös-ethischen Vorstellungen entwickelte Regel, nach der der Bruch eines gegebenen Versprechens aus Gewissensgründen verboten und wegen laesio fidei klagbar war. Als eigentlicher Ausgangspunkt der Equityrechtsprechung drängte sich damit der Tatbestand des *trust*, des Vertrauens, das in einen anderen gesetzt und verletzt worden war, zunehmend in den Vordergrund, so daß das Institut des use schließlich nur als einer unter mehreren möglichen Anwendungsfällen des trust erscheint[19]. "The essence of the relation was the fiducia or trust reposed in the fidelis manus." "The foundation of the claim is the fides, the trust reposed and the obligation of good faith[20]."

---

[14] Vgl. *Holdsworth*, a.a.O. S. 410/411, der auf die nahe Verwandtschaft von Salman und executor verweist; ferner *Holmes*, LQR 1, 163, der meint, daß feoffee to uses und Salman „point by point" übereinstimmen.

[15] *Munroe Smith*, Problems of Roman Legal History, Columbia L. R., New York, Bd. 4 (1904) S. 525: "A similar process of reasoning has attributed to Roman sources not a few institutions which on closer investigation appear to be independent products, as truly English as they were truly Roman or, to put it more accurately, neither English nor Roman but human."

[16] So z. B. *Keeton* S. 17.

[17] Der Rechtsschutz durch die Common Law Courts besserte sich (allerdings nur im Grundstücksrecht) im Rahmen der zunehmenden Eingriffe durch die Gesetzgebung, zuletzt im *Statute of Uses* von 1535.

[18] Die Vertragsklage „action of assumpsit" war jedenfalls völlig unzureichend; vgl. *Holdsworth*, Bd. 4 S. 419; zur action of assumpsit eingehend *Rheinstein*, Struktur S. 22 ff.

[19] *Heymann* betrachtet den trust auch als Ergebnis der Versuche der Rechtsprechung, die Einschränkungen des Statute of Uses zu umgehen (Holtzendorff-Kohler, Enzyklopädie der Rechtswissenschaft, 2. Bd. 7. Aufl. 1914, S. 308).

[20] *Holmes*, LQR 1, 164 und 170.

Mit der Herausarbeitung des Treuegedankens war trotz zunehmender Bindung an Präjudizien eine Art Generalklausel (Treu und Glauben!) geschaffen, die die Grundlage für die Ausdehnung des sachlichen Anwendungsbereichs des trust auf eine unübersehbare Zahl von Lebenssachverhalten bildete. Sie ermöglichte im Laufe der Jahrhunderte die Entwicklung des trust zu einem der bedeutsamsten Institute des anglo-amerikanischen Rechts.

Eine exakte Definition des trust ist angesichts der Vielfalt und Häufigkeit seines Auftretens schwierig und bis heute nicht ganz zufriedenstellend gelungen:

"All that can be said of a trust, therefore, is that it is the relationship which arises whereever a person called the trustee is compelled in Equity to hold property, whether real or personal, and wether by legal or equitable title, for the benefit of some persons (of whom he may be one and who are termed cestuisque trust) or for some object permitted by law, in such a way that the real benefit of the property accrues, not to the trustee, but to the beneficiaries or other objects of the trust[21]."

3. Trust und Action on Account (and Payment) of Profits

a) Der wesensmäßige Zusammenhang beider Rechtsinstitute

Es kann nicht Aufgabe dieser Darstellung sein, einen auch nur annähernd vollständigen Überblick über das Recht des trust zu geben[22]. Nachfolgend soll es nur darum gehen, die für die Gewinnherausgabe maßgebenden Gesichtspunkte herauszuarbeiten.

Auszugehen ist von der schon zitierten *Grundregel*

"that a trustee shall not make a profit from his trust, nor even use his position as trustee to secure a personal advantage at the expense of his beneficiary."

Hiermit eröffnen sich zwei Arten von Fragestellungen, die sich im Laufe der Untersuchung als zwei Aspekte ein und desselben Problems herausstellen werden:

a) Wann ist ein Gewinn oder Vorteil „aus" dem trust, "at the expense of the beneficiary" erlangt?

b) Was ist als Gewinn oder Vorteil im Sinne dieser Regel anzusehen?

Die Voraussetzungen der Gewinnhaftung werden eingehend in den berühmten leading cases Keech v. Sandford und Re Biss behandelt.

In *Keech v. Sandford*[23] hatte ein trustee einen Pachtvertrag, dessen Erneuerung zugunsten des beneficiary abgelehnt worden war, zu seinen eigenen Gunsten abgeschlossen. Der trustee wurde zur Abtretung seiner

---

[21] *Keeton* S. 3; vgl. auch Restatement of Trusts 1935 § 2.

[22] Die Fülle dieses Rechtsgebiets illustriert der Umfang der amerikanischen Standardwerke *Scott* on Trusts, 2. Aufl. Boston 1956 und *Bogert's* Trust and Trustees, 2. Aufl. St. Paul 1960 mit ca. 3000 bzw. 4500 Seiten.

[23] (1726) Sel. Cas. Ch. 61.

Rechte aus dem Vertrag und zur Herausgabe des Gewinns verurteilt. Für die Entscheidung war die Erwägung maßgebend, daß der trustee den Pachtvertrag nur auf Grund seiner Stellung als trustee abschließen konnte und daher aus dem trust, aus seiner *fiduciary position*, einen persönlichen Vorteil gezogen habe. Bemerkenswert, aber hier noch nicht zu erörtern, ist, daß die Verurteilung ohne Rücksicht darauf erfolgte, daß der trustee alles ihm Zumutbare getan hatte, um eine Erneuerung des Vertrages zugunsten des beneficiary zu erreichen, bevor er selbst den Vertrag abschloß. Genau genommen hatte er also seine Stellung als trustee, die ihm eine, wenn auch rein tatsächliche Aussicht auf Erneuerung des Vertrags zugunsten des beneficiary bot, gar nicht für sich ausgenutzt, denn eine solche Aussicht bestand, wie aus dem Verhalten des Verpächters zu ersehen war, gar nicht. Eine Pflichtverletzung des trustee wurde vielmehr nur fingiert[24].

Die Entscheidung stellt klar, daß ein trustee, der seine Stellung mißbraucht (oder fingiert mißbraucht), den dadurch erlangten Vorteil herauszugeben hat, und zwar ohne Rücksicht darauf, daß es lediglich eine tatsächliche Aussicht (hier auf Erneuerung des Vertrags) war, die der trustee (fingiert) treulos für seine eigenen Interessen ausgenutzt hat. Es kommt also allein auf die treuhänderische Bindung, nicht auf die Eigenschaften der Gegenstände an, auf die sich der trust bezieht. Jeder Vorteil, der unter Ausnutzung der wie immer gearteten fiduciary position erlangt wird, ist "at the expense of the beneficiary", auf Kosten des trust-Vermögens erlangt und unterliegt daher der Gewinnhaftung.

Eine solch weitgefaßte, großzügige Regelung stößt naturgemäß auf eine große Zahl schwieriger Abgrenzungsprobleme, wobei die Schwierigkeiten weniger in der Abgrenzung des Vorteilsbegriffs liegen, als in der Frage, wann und in welchem Umfang ein trust anzunehmen ist, m. a. W., wann ein Vorteil „aus" dem trust, "at the expense of the beneficiary" erlangt ist. Diese Frage wurde in dem Urteil *Re Biss*[25] zum Kernproblem und Gegenstand eingehender Erörterungen.

Ein Kaufmann hatte Ladenräume auf Grund eines einjährigen Mietvertrages gemietet. Dieser Vertrag wurde jeweils nach Ablauf eines Jahres um ein weiteres Jahr verlängert, ohne daß hierzu eine rechtliche Verpflichtung seitens der Vertragsteile bestand. Der Kaufmann starb und hinterließ eine Witwe mit drei Kindern. Diese setzte als Verwalterin des Nachlasses (administratrix) unter Mithilfe eines Sohnes das Geschäft fort. Ihre Bitte an den Vermieter um eine weitere Verlängerung des Mietvertrages lehnte dieser ab. Statt dessen schloß er mit dem Sohn persönlich einen Vertrag ab. In einer Klage gegen

---

[24] Zu diesen Fiktionen (irrebuttable presumption) vgl. die Ausführungen unten S. 57 f.
[25] (1903) 2 Ch. 40.

den Sohn machte die Witwe geltend, der Sohn müsse den von ihm abgeschlossenen Vertrag als für sie und den Nachlaß geschlossen gelten lassen.

Obwohl sich die klagende Witwe auf den parallel liegenden Fall *Keech v. Sandford* berufen konnte, wurde die Klage abgewiesen. In der Begründung führte Lord Justice *Romer* aus, der beklagte Sohn habe den Mietvertrag nicht auf Kosten eines trust, sondern ohne Verletzung irgendwelcher fiduziarischer Treupflichten aus eigenem Recht abschließen können. Im einzelnen führte er aus:

"There may well be, and often is, an advantage, for the purpose of obtaining a new lease, in beeing in the position of an old lessee; and that advantage may be of appreciable value in the view of a court administering equity, even though the landlord is under no obligation to grant a new lease to the old tenant." ...

"The cases which really demand full consideration are those where the person renewing the lease does not clearly occupy a fiduciary position. On inquiry into those cases it appears to me, as a result, that a person renewing is only held to be a constructive trustee of the renewed laese if, in respect of the old lease, he occupied some special position and owed by virtue of that position, a duty towards the other person interested ... and if, *by virtue of his position* he is enabled to obtain a renewal of the lease, Equity clearly demands that the new right obtained in virtue of the old should be regarded as a graft on the old, and be treated accordingly as settled property ..."

"Take the case of a partner obtaining a renewal of a partnership lease; here, apart from the fact, that in ordinary cases concerning the carrying on of the partnership-business he is an agent for the partners, he cleary *owes a duty* to his co-partners *not to acquire any special advantage over them by reason of his position*. And, therefore, as a rule, even if a partnership lease has come to an end, yet if that partner, by virtue of his position, obtains a renewed lease, he will be held to have acquired it on behalf of all the partners ..."

"The result of my investigation of the case is that, neither on authority nor on principle, can the appellant in the present case be held a trustee of the new lease he has obtained. He was in nowise in any fiduciary position in respect of the matter; he owed no duty to anyone in respect of it ... he has not used any right that any court of equity can recognize as belonging to other persons to enable him to obtain the lease[26]."

Insbesondere im Hinblick auf die weitere Rechtsentwicklung ist die Feststellung interessant, daß die Rechtsprechung die Gewinnhaftung mit der Fiktion des *constructive* (fiktion) trust rechtfertigt. Das ist historisch darauf zurückzuführen, daß die action on account (and payment) of profits ursprünglich im Hinblick auf die abredegemäß gezogenen Gewinne entwickelt wurde, so daß für die widerrechtlich gezogenen Gewinne ein Präjudiz fehlte. Es war aber schlechterdings kein Grund ersichtlich, die im Rahmen der Verwaltung rechtmäßig gezogenen Gewinne und die Gewinne, die widerrechtlich zu eigenem Nutzen erzielt wurden, hinsichtlich der Herausgabepflicht ungleich zu

[26] Hervorhebungen vom Verfasser.

behandeln, zumal schon die Grenzziehung auf Schwierigkeiten stößt[27]. Der ersichtlich schon um Beibehaltung alter Formen bemühte Court of Chancery ordnete daher die Herausgabe widerrechtlich gezogener Gewinne nach dem Vorbild der rechtmäßig gezogenen Gewinne an. Mit der Einführung des constructive trust waren dann aber auch die Grundlagen für die Ausweitung der Gewinnhaftung über den Bereich des express trust hinaus gelegt. Die Entwicklung des Systems der Gewinnhaftung ist damit ein interessantes Beispiel für die häufig gerühmte Kontinuierlichkeit der englischen Rechtsprechung, die organisch fortschreitend ein Rechtsinstitut aus dem anderen entwickelte. Materiell ist der constructive trust jedenfalls nicht Voraussetzung der Gewinnhaftung, sondern dient nur ihrer nachträglichen präjudiziell-dogmatischen Untermauerung, "is the expression used for the purpose of describing the nature and extent of the remedy"[28].

Zusammenfassend lassen die Urteile folgende Feststellungen zu:

1. Die action account of profits ist gegeben, wenn und soweit ein trustee aus seiner Stellung (fiduciary position), also auf Kosten des trust, einen Vorteil erlangt (acquire a special advantage).
2. Ein Vorteil ist grundsätzlich dann auf Kosten des trust erlangt, wenn er dem trustee nach den zugrunde liegenden Vereinbarungen nicht zukommen sollte, wenn er „in breach of trust" erlangt wurde.
3. Ein trust liegt vor, wenn und soweit folgende Voraussetzungen erfüllt sind:
   a) Der trustee übt über einen beliebigen Gegenstand, sei es eine Sache, ein Recht oder ein tatsächliches Interesse ("All property, real or personal, legal or equitable, at home or abroad, and wether in possession or action, remainder, reversion, or expectancy")[29] irgendeine Form rechtlicher Herrschaftsmacht[30] aus (occupy some special position).
   b) Er unterliegt hinsichtlich dieser Stellung besonderen Bindungen des Equityrechts zugunsten eines oder mehrerer Dritter oder eines bestimmten Zwecks (owe a duty), die ihn verpflichten, den Gegenstand seiner Herrschaftsmacht ausschließlich zugunsten des trust-Zwecks zu verwenden.

---

[27] Es ist ja auch der rechtmäßig gezogene, aber widerrechtlich vorenthaltene Gewinn unrechtmäßig erlangt (Unterschlagung).

[28] *Rolfe v. Gregory* 4 De. G. Jes. 579.

[29] *Underhill* S. 67; wie weit der Begriff des proprietary right gezogen werden kann, lehrt *Ex parte Lacey* (1802) 6 Ves. 625, wo dem Prinzipal ein Recht nach allen Kenntnissen zuerkannt wird, die dem fiduciary agent durch seine Tätigkeit zufließen; ebenso *Lowther v. Lowther* (1806) 13 Ves. 95; vgl. auch unten S. 46 f.

[30] "Some scintilla of control is absolutely necessary to the existence of a trust" (*Underhill* S. 6).

Gewinnhaftung und trust sind also auf das engste miteinander verbunden. Jede eigennützige Ausbeutung eines konkret als Gegenstand des trust identifizierbaren Rechtsobjekts löst immer dann die Gewinnhaftung aus, wenn diese Ausbeutung „in breach of trust", also rechtswidrig erfolgt. Daß diese beiden Voraussetzungen die Gewinnhaftung auslösen, ist in Rechtsprechung[31] und Schrifttum niemals auch nur zweifelhaft gewesen. "The new right obtained in virtue of the old should be regarded as a graft on th old[32]." Wäre es anders, wäre der trust hinsichtlich eines entscheidenden Wesenselementes, seiner Fremdnützigkeit, ohne Sanktion, was mit dem traditionsreichen Grundsatz "Equity suffers no wrong to be without a remedy" unvereinbar erscheint:

"The general rule (is) that a trustee may not profit from his trust, and the corollary (!) (is) that if he does he holds any profit so derived as a constructive trustee for his beneficiaries[33]."

b) Anwendungsbereich von Trust und Gewinnhaftung

Nachdem praktisch alle übertragbaren Vermögenswerte[34] und jede irgendwie geartete Verfügungsmöglichkeit (als solche) Gegenstand eines trust fund sein können, bleibt als entscheidendes Wesensmerkmal nur die fiduciary relationship. Entscheidend ist also nicht, *was* einem anderen zu treuen Händen anvertraut wird, sondern allein die Tatsache, *daß* dies geschieht. Seinem Wesen nach ist der trust ein rein relatives Rechtsverhältnis, das gesetzlicher und privatautonomer Gestaltung in nahezu unbegrenzter Weise zugänglich ist. Das hat die große Variabilität und Verbreitung des trust und damit auch der mit ihm wesensmäßig verbundenen Gewinnhaftung zur Folge. Die Grenzen des trust decken sich mit den Grenzen der Privatautonomie.

Ein Vermögenswert kann einem trust mithin nicht nur im ganzen, sondern auch in nur einzelnen Beziehungen unterworfen werden. Ein trust ist nicht nur zugunsten einer einzelnen Person, sondern am gleichen Gegenstand auch zugunsten mehrerer Personen möglich, selbst wenn deren Interessen einander widerstreiten. So sind Testamentsvollstrecker (executor) oder Konkursverwalter (trustee in bankruptcy) hinsichtlich der gleichen Vermögensmassen trustees zugunsten der Gläubiger als auch zugunsten von Gemeinschuldnern bzw. Erben. Nutzen sie ihre Stellung eigennützig, so sind sie zur Herausgabe des Gewinns an denjenigen verpflichtet, gegenüber dem sie rechtswidrig

---

[31] Vgl. *Bray v. Ford* (1896) A. C. 44 (51); *Williams v. Barton* (1926) 2 Ch. 9.

[32] L. J. *Romer* in *Re Biss* (1903) 2 Ch. 40.

[33] *Keeton* S. 328.

[34] Ausnahmen z. B. Persönlichkeitsrechte und bloße Ersparnisse von Aufwendungen, da hier eine treuhänderische Übertragung nicht möglich ist. Vgl. dazu S. 53 f.

gehandelt haben. Gleichgültig ist, ob der Gegenstand des trust dem trustee vom beneficiary übertragen wurde, ob er dem trustee von Anfang an gehört hat (nachträgliche Vereinbarung eines trust) oder ob er ihn von einem Dritten erworben hat[35].

Nachdem trust und action on account of profits einander ergänzen und wesensmäßig zusammengehören, entspricht die Verbreitung der Gewinnhaftung der Verbreitung des trust. Der Ausspruch von Lord *Shaw*[36] —

> "The scope of the trust recognized in equity is unlimited. There can be a trust of a chattel or of a chose in action, or of a right or obligation under an ordinary legal contract, just as much as a trust of land —"

gilt ebensogut für den Anspruch auf Gewinnherausgabe. Allerdings: Noch kann sich die Gewinnhaftung, ebenso wie der trust, nur im Rahmen des Pareiwillens auswirken, was auch bei großzügiger Interpretation und Anerkennung des implied (stillschweigenden) trust eine empfindliche Einschränkung bedeutet. Doch wurde diese Hürde bald durch die Ausweitung des constructive trust überwunden[37].

c) Die Abgrenzung des herausgabepflichtigen Gewinns

Wie schon bemerkt, wird der trustee hinsichtlich des von ihm herauszugebenden Gewinns wiederum als (constructive) trustee angesehen. Konsequent durchdacht führt diese Ausweitung des trust jedoch ins Uferlose. Es wurde daher nach einer Lösung gesucht, die einer Aufgabe dieser Konstruktion gleichkommt.

Im Fall *Lister & Co. v. Stubbs*[38] hatte ein Angestellter Bestechungsgelder erhalten und diese im eigenen Namen in Grundstücken usw. investiert. Der Dienstherr des Angestellten, der als constructive beneficiary einen Anspruch auf Herausgabe der Bestechungsgelder hatte, klagte nicht auf Zahlung dieser Geldsumme, sondern auf Herausgabe der mit diesem Geld erworbenen und im Wert gestiegenen Grundstücke und sonstigen Investitionen. Der Klage hätte stattgegeben werden müssen, wäre man der obigen Konstruktion gefolgt. Sie wurde jedoch mit der Begründung abgewiesen, die Bestechungsgelder seien als solche nicht mehr einem trust unterworfen, also nicht mit der action on account of profits klagbar. Der Anspruch sei vielmehr als einfache Gläubiger-Schuldner-Beziehung zu beurteilen und daher mit der Common Law-Klage „for money had and received" geltend zu machen. Die aus den Bestechungsgeldern gezogenen Vorteile könnten daher nicht mehr verlangt werden.

---

[35] Anders jedoch die unten c) besprochene Entscheidung *Lister & Co v. Stubbs*.

[36] *Lord Strathcona S. S. Co. v. Dominion S. S. Co.* (1926) A. C. 108 (124).

[37] Siehe unten S. 34 f.

[38] (1890) 45 Ch. D. 1.

Bei dieser — dogmatisch allerdings nicht überzeugenden — Argumentation[39] hat die Suche nach einer praktikablen Begrenzung des Umfangs der Gewinnherausgabeansprüche und der Versuch, die Interessen Dritter, insbesondere der Gläubiger des Beklagten[40] besser zu schützen die entscheidende Rolle gespielt:

"One consequence, of course, would be that, if Stubbs were to become bankrupt this property would be withdrawn from the mass of his creditors. Another consequence would be that if the appellants are right Lister & Co. could compel Stubbs to account to them, not only for the money with interest, but for all the profits which he might have made by embarking in trade with it. Can that be right?"

Inwieweit diese Entscheidung angesichts der unten erörterten tracing rules, mit deren Hilfe der Gewinn leichter und überzeugender abzugrenzen ist, noch Bedeutung hat, mag hier dahinstehen.

d) Das Verhältnis von Gewinnherausgabe und Schadensersatz

Der Anspruch auf Gewinnherausgabe wird im englischen Recht als ganz selbständiges Institut angesehen, das klar von der Schadensersatzklage unterschieden wird:

"In taking an account of profits, which is an equitable relief, the damage which the plaintiff has suffered, is *totally* immaterial[41]."

Diese scharfe Trennung beruht nicht, wie man glauben könnte, auf verfahrensrechtlichen Gründen, obwohl diese historisch sicher die Aufrechterhaltung der gedanklichen Trennung begünstigt haben. "The Court of Chancery never entertained a suit for damages[42]." Konnte bis zum Judicature Act von 1873 die action on account of profits nur vor dem Equity Court of Chancery, die Klage auf damages dagegen nur vor dem Common Law Court geltend gemacht werden, so beruht das vielmehr seinerseits auf einer unterschiedlichen materiellrechtlichen Wertung. Das indiziert bereits die für das englische Recht typische enge Verzahnung und weitgehende Identität von materiellem und Prozeßrecht. Entscheidend aber ist, daß die nach Common Law zulässige Schadensersatzklage, die grundsätzlich nur in Höhe des entstandenen Schadens, also zum Zwecke der Naturalrestitution bzw. Kompensation gewährt wurde, materiell nicht das bieten konnte, was mit der action on account of profits angestrebt wurde, nämlich Herausgabe der

---

[39] *Waters* S. 283: „enfant terrible of restitution"; anders z. B. auch *Soar v. Ashwell* (1893) 2 Q. B. 390.

[40] Vgl. die unten (e) besprochene Drittwirkung des trust.

[41] *Halsbury* Bd. 38,648; wörtlich ebenso *Draper v. Trist* (1939) 3 All. E. R. 522. Umgekehrt darf, wie dieser Fall lehrt, der gezogene Gewinn nicht zur Schadensschätzung verwendet werden. Vgl. auch *Colburn v. Simms* (1843) 2 Hare 560.

[42] *Re Collie, Ex parte Adamson* (1878) 8 Ch. D. 807 C. A. 819.

erzielten Gewinne, unabhängig von einem auch noch so formalisierten Schadensnachweis beim Verletzten[43].

Gerade diese Unzulänglichkeit der Schadensersatzklage führte zu jenem unbefriedigenden Rechtszustand, der die Chancery veranlaßte, mit Anerkennung der action on account of profits eine gänzlich neue und andersartige Form des Rechtschutzes zu entwickeln. "The Court takes from the wrongdoer all the profits he has made by his piracy, and gives them to the party who has been wronged[44]." Während das Prinzip des Schadensersatzes die Wiedergutmachung eines entstandenen Vermögensschadens ist, eines Begriffs, der im englischen Recht sehr viel weiter gefaßt ist als im deutschen, so ist die Gewinnhaftung einzig auf die Herausgabe widerrechtlich erzielter Vermögenswerte gerichtet und dementsprechend von Entstehung und Umfang eines Schadens gänzlich unabhängig:

"The principle underlying relief at law is ... making good (a) loss. The principle underlying relief in equity is ... to account for the profits[45]."

e) Exkurs: Entwicklung und Natur der Rechtsstellung des beneficiary

Die Rechtsstellung des beneficiary hat eine rechtstheoretisch außerordentlich interessante Entwicklung durchgemacht[46], die angesichts der im deutschen Recht verbreiteten Begriffsjurisprudenz bei der Unterscheidung von absoluten und relativen Rechten Anlaß sein sollte,

---

[43] Die Notwendigkeit eines konkreten Schadensnachweises gilt in reiner Form nur für die praktisch wichtigsten „special damages". Bei der weitverbreiteten Zubilligung von „general damages" tritt das Erfordernis eines Schadens als Voraussetzung des Schadensersatzes häufig insofern in den Hintergrund, als die Entstehung eines Schadens in bestimmten Fällen vermutet oder auch fingiert wird. Das bedeutet jedoch keinen Wechsel der Auffassung im Grundsätzlichen, sondern lediglich eine aus rechtspolitischen Gründen erfolgende Erleichterung des Schadensnachweises im Wege der Generalisierung typischer Sachverhalte. Erhebliche Bedeutung haben die general damages z. B. für den in der deutschen Rechtsprechung erst seit kurzem (grundlegend BGHZ 40, 345) anerkannten *Ersatz des Nutzungsausfalls*, z. B. bei Kollision von Schiffen oder Autos oder widerrechtlicher Wegnahme einer Sache. Vgl. *Admiralty Commissioners v. S. S. Susquehanna* (1926) A. C. 655; *The Mediana* (1900) A. C. 113, 117; *Shearman v. Folland* (1950) 2 K. B. 43; *Salmond* S. 708.

„Nominal damages" sind dagegen wohl nicht mehr als Form des Schadensersatzes anzusehen. Sie werden in Höhe einer kleinen symbolischen Summe (1 Schilling) auf Grund bloßer Rechtsverletzung zugebilligt und ersetzen eine im englischen Recht nicht vorhandene Feststellungsklage. Vgl. *Ashby v. White* (1703) 2 Ld. Raym. 938 (Klage eines widerrechtlich an der Wahl gehinderten Wählers auf nominal damages, selbst wenn sein Kandidat gewählt wurde); dazu *Salmond* S. 704; vgl. auch *Rheinstein*, Störung der freien Erwerbstätigkeit S. 86 N. 83.

[44] *Colburn v. Simms* (1843) 2 Hare 560 per *Wigram* V. C.

[45] *Halsbury* Bd. 14, 524.

[46] Die Rechtstellung des beneficiary ist auch heute noch stark umstritten; The Canadian Bar Review 1967 S. 219 f.; *Baker v. Archer-Shee* (1927) A.C. 844; vgl. neuestens *D. M. W. Waters*, The Nature of the Trust Beneficiary's Interest, *Re Livingston* (1965) A. C. 694.

die scheinbar unüberbrückbare Kluft zwischen beiden Rechtsbegriffen neu zu überdenken. Diese Aufgabe ist nicht nur von theoretischem Interesse, sondern von großer praktischer Tragweite, da ihr Ergebnis im Hinblick auf die Gewinnhaftung zur Revision zahlreicher rechtlicher Schlußfolgerungen zwingt, die aus der traditionellen Unterscheidung von absoluten und relativen Rechten gezogen werden. In dieser Untersuchung werden bei der Behandlung sowohl des englischen wie des deutschen Rechts die richtige Unterscheidung bzw. die Gemeinsamkeiten von absoluten und relativen Rechten eine erhebliche Rolle spielen.

Ursprünglich hatte die Beziehung zwischen beneficiary und trustee entsprechend dem Grundsatz „Equity acts in personam" rein persönlichen Charakter[47]. Der trustee hat den legal title nach Common Law, also nach außen hin die vollgültige Rechtsstellung des Eigentümers, des Gläubigers usw. Im Innenverhältnis ist nur er und nur er allein auf Grund des trust für Verwaltung und Erhaltung des Treuguts verantwortlich. Das Verbot, das Treuhandvermögen eigennützig zu verwenden, dessen Sanktion die action on account of profits wurde, gilt nur für ihn. Gegen Dritte, die in das Treugut eingreifen, es beschädigen oder wegnehmen, hat der beneficiary keinen unmittelbaren persönlichen Anspruch. Die Rechte des beneficiary richteten sich also ausschließlich gegen den trustee, waren also relative Rechte im herkömmlichen Sinn.

Doch schon die zunehmende Konkretisierung des Inhalts dieser Ansprüche, die den trustee verpflichteten, ausschließlich im Interesse des Begünstigten zu handeln, das Treugut ausschließlich zu seinen Gunsten zu verwalten, anzulegen und zu erhalten, alle Vorteile und Nutzungen an den Berechtigten abzuführen und darüber Rechnung zu legen, lassen sich mit den gewohnten Vorstellungen vom Inhalt eines relativen Rechts kaum mehr vereinbaren. Inhaltlich ist die umfassende benefiziarische Rechtsstellung des Begünstigten bereits an den gewohnten Inhalt eines absoluten Rechts (man denke an einen Nießbrauch) angenähert. In den anfänglich häufigen Fällen des use, in denen der beneficiary auch Besitz und Verwaltung des Treuguts selbst ausübte und der trustee dies zu dulden verpflichtet war, ist das Recht des Begünstigten vom Eigentum kaum noch zu unterscheiden, mit einer Ausnahme: es wirkt nicht gegen alle, sondern nur gegenüber dem trustee, der nach außen hin als Eigentümer auftritt. Man könnte von „wirtschaftlichem" oder „relativem" Eigentum sprechen. "Practically they are as valuable as if they were dominium[48]."

Dieser „dingliche" Inhalt der benefiziarischen Rechtsstellung im Innenverhältnis färbt jeroch bald auch auf die Beziehungen zu Dritten, auf das „Außenverhältnis" ab.

---

47 *Holdsworth* Bd. IV S. 432.
48 *Maitland,* Trust and Corporation S. 350.

Im Laufe des 15. Jahrhunderts erhält der beneficiary das Recht, seine Ansprüche auch gegen bösgläubige Dritte geltend zu machen, sofern ihnen das Treugut unter Verletzung des trust treuwidrig übertragen wurde[49]. In gleichem Maße, in dem sich die Rechtsstellung des beneficiary verstärkt, vermindert und relativiert sich die Rechtsmacht des trustee, dem nach Common Law eigentlich „alle Rechte" zustehen. Auch Erben des trustee und unentgeltliche Erwerber werden der Treupflicht des trustee unterworfen und zur Anerkennung des benefiziarischen Eigentums gezwungen.

Diese Verabsolutierung ursprünglich rein relativer und die Relativierung ursprünglich absoluter Rechte findet sich auch im deutschen Recht[50]. Man vergleiche diese Entwicklung z. B. mit dem „Recht zum Besitz"[51], mit der „Drittwirkung" des Bereicherungsanspruchs gem. § 822 BGB, dem Übergang der Grundstücksmiete gem. § 571 BGB, mit einigen der von der Rechtsprechung zu § 826 BGB entwickelten Haftungsvorschriften (z. B. wegen Verleitung zum Vertragsbruch[52] oder wegen sittenwidriger Abwerbung von Arbeitnehmern[53]) oder — besonders deutlich — mit der Entwicklung der Anwartschaftsrechte. Eine auffällige Parallele bietet auch das Recht der fiduziarischen Rechtsübertragungen, wenn z. B. dem Sicherungseigentümer im Konkurse des Treugebers kein Aussonderungs-, sondern nur ein Absonderungsrecht gegeben wird oder wenn im umgekehrten Fall der uneigennützigen Treuhand dem Treugeber im Konkurs oder bei Einzelzwangsvollstrekkung gegen den Treuhänder ein Aussonderungsrecht (§ 43 KO) bzw. die Drittwiderspruchsklage (§ 771 ZPO) gewährt wird, obwohl er strenggenommen nur einen obligatorischen Anspruch hat.

Berücksichtigt man, daß der beneficiary kraft dinglicher Surrogation des Treuguts selbst dann noch dinglich gesichert ist, wenn der trustee das Treugut an einen gutgläubigen Dritten veräußert[54] und daß das Treugut im Konkurs des Treuhänders aussonderungsfähig ist[55], so erscheinen die Grenzen zwischen absolutem und relativem Recht endgültig verwischt.

Roth und *Zimmermann*[56] wollen aus der weitgehenden Drittwirkung den Schluß ziehen, daß es sich bei der Rechtsstellung des beneficiary um ein absolutes Recht handele. Doch dürfte diese Einordnung wohl eher auf dem von *Larenz*[57] mit Recht kritisierten „sinnentleerenden"

---

49 *Holdsworth* Bd. IV S. 434.
50 *Dulckeit,* Die Verdinglichung obligatorischer Rechte, 1951.
51 *Larenz,* Methodenlehre S. 352.
52 BGHZ 12, 318.
53 BAG DB 62, 1700.
54 *Zimmermann* S. 42.
55 *Zimmermann* S. 64 f.
56 *Roth* S. 41; *Zimmermann* a.a.O.
57 Methodenlehre S. 329 f.

Hang zur lückenlosen Systematisierung zurückzuführen sein, als daß sie den tatsächlichen Gegebenheiten entspricht. Mit *Holdsworth*[58] wird man das Recht des beneficiary besser in seiner Mittelstellung als „very relative kind of ownership" anerkennen. Es ist ein Recht, das sich nicht mehr eindeutig im überkommenen römisch-rechtlichen Schema von jus in rem und jus in personam, von dominium und obligatio einordnen läßt.

Diese Mittelstellung legt die noch zu vertiefende[59] Feststellung nahe, daß die Grenze zwischen absoluten und relativen Rechten nicht eindeutig ist und auch nicht sein kann. Sie unterstützt die Auffassung, die im Begriff des absoluten Rechts lediglich ein gegen eine mehr oder minder große Vielzahl von Personen gerichtetes Bündel relativer Rechte sieht, wobei der Unterschied zum relativen Einzelrecht nurmehr gradueller Natur ist.

Das wird bei der Erörterung des Begriffs property[60] und vor allem bei der Untersuchung der „Zuweisungstheorie" des deutschen Rechts[61] noch von erheblicher Bedeutung sein. Die Frage ist dabei nur ein Teil des weitergehenden Problems, inwieweit der Begriff des subjektiven Rechts aufrechterhalten werden kann[62].

III. Constructive Trust und Gewinnhaftung

1. Entwicklung und Bedeutung des Constructive Trust

Nachdem sich der trust so überragend zur privatautonomen Gestaltung der Rechtsverhältnisse geeignet erwies, verwundert es nicht, daß die Gerichte um die Ausdehnung der dort entwickelten Rechtsgrundsätze bemüht waren. Neben den ausdrücklich vereinbarten (express) trust trat bald die Anerkennung von implied und resulting[63] trust (stillschweigendem und vermutetem trust). Doch blieb die Rechtsprechung hierbei nicht stehen, sondern entwickelte den constructive trust, der — als fingierter trust von jeder Parteivereinbarung unabhängig — überall da zur Anwendung kommen konnte, wo die Chancery es nach den Grundsätzen von consience, reason und good faith für richtig hielt:

> "Generally, it may be said that a constructive trust is a relationship created by Equity in the interest of good conscience and without reference to any express or implied intention of the parties[64]."

---

[58] Bd. IV S. 434.
[59] s. unten S. 46 f., 86 f., 90 f.
[60] unten S. 46 f.
[61] unten S. 86 f., 90 f.
[62] Dazu insbesondere *Bucher*, Subjektives Recht und Normsetzungsbefugnis, Tübingen 1965.
[63] Dazu *Snell* S. 162 f.
[64] *Keeton* S. 212.

Anstelle der Parteien begründet die Rechtsordnung das trust-Verhältnis. So entwickelte sich — typisch für das anglo-amerikanische Recht — im Rahmen der alten Formen im Laufe der Zeit ein neues Rechtsinstitut[65].

Zunächst galt der constructive trust als substantive institution und stand, abgesehen von den Besonderheiten seiner Entstehung, auch hinsichtlich evtl. Nebenpflichten des trustee, dem vereinbarten trust praktisch gleich[66]. Später reduzierte sich seine Funktion dann allmählich allein auf die Begründung der Gewinnhaftung, ein Vorgang, der allerdings erst im amerikanischen Recht richtig bewußt wurde[67], während die englische Rechtserkenntnis hier noch zurückgeblieben ist[68].

Entsprechend seiner generalklauselartigen Voraussetzungen und seiner Unabhängigkeit von Parteivereinbarungen sind dem Anwendungsbereich des constructive trust bis heute keine präjudiziellen oder abstrakt feststellbaren Grenzen gesetzt. Einzige hinreichend definierbare Voraussetzung seiner Entstehung ist die Existenz von property „held by the person to be charged as constructive trustee“[69]. Die bloße Ersparnis von Aufwendungen durch Erschleichung fremder Arbeitsleistungen kann daher z. B. einen constructive trust nicht begründen. Angesichts seiner kaum definierten Voraussetzungen ist die Zahl der unter den constructive trust subsumierbaren Lebenssachverhalte außerordentlich differenziert. “It would be an endless task to enumerate any kind of constructive trust[70].” Auch das Restatement of Trusts macht keinen Versuch, „to cover every situation in which a constructive trust may arise[71].”

2. *Anwendungsfälle des Constructive Trust*

Der mit dem Pfandgläubiger des deutschen Rechts vergleichbare mortgagee in possession wird als constructive trustee hinsichtlich des aus dem Verkauf der Pfandsache erzielten Überschusses des Verkaufserlöses über die gesicherte Forderung angesehen[72]. Ebenso gilt er hinsichtlich der aus der Sache erzielten Früchte und Renten als con-

---

65 Vgl. zur ähnlichen Entstehung der quasi-contracts *Friedmann* S. 20 f.; *Moses v. Macferlan* K. B. (1760) 2 Burr. 1005, zit. in *Thurston*, Cases S. 6 f.

66 *McCormick v. Grogan* (1869) L. R. 4 H. L. 82, 97 (Wrenbury).

67 *Newton v. Porter* 69 N. Y. 133 (1877); Restatement of Trusts § 160; *A. W. Scott* (1955) 71 L. Q. R. 41; vgl. unten S. 38 f.

68 Mit der Arbeit von *Waters* (The Constructive Trust, London 1964) scheint sich hier aber eine Änderung anzubahnen.

69 Restatement § 160 (i).

70 Lord *Lindley* in *Hardoon v. Belilios* (1901) A. C. 118 (123).

71 Restatement § 160 (l).

72 *Amhurst v. Dawling* (1700) 2 Vern. 601; *Quarell v. Beckford* (1816) 1 Madd. 269; *Mathiesson v. Clarke* (1854) 3 Drew. 3; *Underhill* S. 212; *Lewin* S. 166.

structive trustee des Verpfänders[73]. Der Verkauf der Pfandsache als solcher erfolgt jedoch im eigenen Interesse des Pfandgläubigers, so daß er hinsichtlich der Ausübung seiner Verkaufsbefugnisse und hinsichtlich des Verkaufserlöses, soweit er die gesicherte Forderung nicht übersteigt, nicht als trustee des Verpfänders angesehen wird. Das Recht des mortgagee, den Pfandgegenstand in der Versteigerung oder unmittelbar vom mortgagor zu erwerben, steht wiederum unter den einschränkenden Voraussetzungen des trust-Rechts[74].

Wird property „by fraud", d. h. mittels betrügerischer oder sonstwie (nicht notwendig vorsätzlicher) irreführender Machenschaften erworben, so gilt der Erwerber als constructive trustee des Hintergangenen[75]. Dieser Grundsatz hat entsprechend der weiten Auslegungsfähigkeit des Begriffs fraud (besonders in Equity)[76], einen außerordentlich umfangreichen Anwendungsbereich.

So hatte im Fall *Bannister v. Bannister*[77] der Kläger ein Landhaus gekauft, das ihm weit unter dem wahren Wert überlassen worden war. Anstelle eines angemessenen Kaufpreises war für die (beklagte) Verkäuferin mündlich ein lebenslanges Wohnrecht in dem Landhaus vereinbart worden. Diese mündliche Abrede war jedoch nach Common Law unwirksam. Der Kläger, dem Arglist nicht zur Last fiel, verlangte, nachdem das Eigentum auf ihn übergegangen war, die Räumung des Anwesens. Der Court of Appeal wies die Klage mit der Begründung ab, es sei fraud, wenn der Käufer unter diesen Umständen die Durchsetzung seiner ihm nach Common Law zweifellos zustehenden Rechte verlange. Er dürfe sich nicht auf die absolute Wirkung der Übereignung (conveyance) berufen, sondern müsse sich an der — unwirksamen — mündlichen Vereinbarung eines Wohnrechtes festhalten lassen. Der Kläger habe das Eigentum an dem Landhaus daher, soweit das Wohnrecht der Beklagten reiche, nur als constructive trustee zugunsten der Beklagten erwerben können.

Man kann sich angesichts der generalklauselartigen Weite des Begriffs fraud (sowie der verwandten Begriffe mistake, undue influence und duress) leicht vorstellen, welche Bedeutung dem constructive trust hier bei Korrektur und Gestaltung des Vertragsrechts zukommt[78]. Die Fälle

---

[73] Das gilt selbst dann, wenn der Besitz aus irgendeinem Grund später aufgeben wird; vgl. *Re Prytherd* (1889) 42 Ch. D. 590.

[74] Vgl. *Farrar v. Farrars* Ltd. (1889) 40 Ch. D. 395; *Kirkwood v. Thompson* (1865) 2 De. G. J. 617.

[75] *Booth v. Turle* (1873) L. R. 16 Eq. 182.

[76] "Fraud in the sense of a court of equity, properly includes all acts, omissions, and concealments which involve a breach of legal or equitable duty, trust or confidence." (*Pope* S. 385).

[77] (1948) 2 All. E. R. 133.

[78] Häufig wurde im fraud sogar die Grundlage des constr. trust gesehen; vgl. *E. A. Williams*, Unjust Enrichment as the Basis of Constr. Trusts, Diss. Berkeley 1922 S 26 f.; *Harlan F. Stone* (1906) 6 Columbia L. R. 326 f.

von fraud und deceit lassen die Grenzen zwischen Leistungs- und Eingriffskondiktion verschwimmen, die im englischen und amerikanischen Recht ohnehin nicht sorgfältig gezogen werden. Während in Deutschland Betrug und andere Vertragsfehler regelmäßig über die Vertragsanfechtung zur Leistungskondiktion führen, deutet die vorliegende Unterbringung im constructive trust an, daß in englischer Sicht darin eher ein Eingriff in die Verfügungsmacht des Leistenden gesehen wird. Im amerikanischen Recht begründet man die Haftung dagegen quasikontraktlich auf action on (implied) assumpsit, einer Common Law Klage, die wiederum mit der Leistungskondiktion verwandt ist[79]. Die Untersuchung des deutschen Rechts wird noch zeigen, daß die heute stark betonte Unterscheidung der beiden Kondiktionsarten innerlich nicht gerechtfertigt ist[80].

Erwirbt ein Dritter bösgläubig oder unentgeltlich Gegenstände aus dem trust fund, so gilt er als constructive trustee des beneficiary[81], denn er kann Gegenstände aus dem trust nur „belastet" mit dem equitable interest des beneficiary erwerben.

Als constructive trustees wurden ferner angesehen die Direktoren von Handelsgesellschaften[82], Anwälte[83], Angestellte[84] usw., wenn sie in Verbindung mit ihrer Tätigkeit unerlaubte Gewinne (secret profits) zogen. Bereits die eigennützige Ausnutzung von Informationen, die jemand in seiner Eigenschaft als Agent erhält, führt zur Gewinnhaftung[85].

In *Regier v. Campbell-Stuart*[86] wurde A von B beauftragt, für B ein Haus zu suchen. A fand ein den Wünschen des B entsprechendes Haus, kaufte es aber zunächst heimlich selbst, um es B dann zu einem höheren Preis anzubieten. B ging in Unkenntnis der Umstände auf das Angebot ein. Später klagte B mit Erfolg auf Herausgabe des von A im Wege dieser Manipulationen erzielten Gewinns: "It is the duty of every agent, to act honestly and faithfully towards his principal[87]."

Häufig sind ferner Urteile, die auf Herausgabe von Bestechungsgeldern gehen, die gegen Mißbrauch einer Stellung als Angestellter, Beamter oder Direktor gezahlt wurden[88].

---

79 *Rothschild et al. v. Mack*, 115 N. Y. 1; vgl. auch *Dawson* S. 114 f.
80 Vgl. unten S. 97 f.
81 *Barnes v. Addy* (1874) 9 Ch. App. 244.
82 *Great Luxembourg Railway Co. v. Magenay* (1858) 25 Beav. 586.
83 *Spenar v. Topham* (1856) 22 Beav. 573; *Taylor v. Plumer* 3 M. & S. 562.
84 *Gillet v. Peppercorn* (1840) 3 Beav. 78.
85 *Lamb. v. Evans* (1893) 1 Ch. 218.
86 (1939) Ch. 766.
87 a.a.O. S. 769.
88 The Metropolitan Bank v. Heiron 5 Ex. D. 319 (1879); mit anderer Begründung Lister & Co. v. Stubbs (1890) 18 Ch. D. 1.

In *A. G. v. Goddard*[89] war ein Polizeibeamter mit der Beobachtung bestimmter Häuser beauftragt worden, um strafbare Handlungen festzustellen. Es stellte sich heraus, daß der Beamte von verschiedenen Personen beträchtliche Gelder erhalten hatte und deswegen die entsprechenden Feststellungen pflichtwidrig für sich behielt. Richter *Rawlatt* entschied, der Beamte habe Informationen, die er im Auftrage und Interesse seines Dienstherrn erhalten habe, pflichtwidrig zu eigenem Vorteil verwendet und verurteilte ihn zur Herausgabe des so erzielten Gewinns. Der Gedanke, daß ein konkretes fremdes Interesse rechtswidrig ausgenutzt wurde, war für die Begründung der Gewinnhaftung ausreichend und genügend.

Ähnlich liegt *Reading v. A. G.*[90], ein Rechtsstreit, der mit gleichbleibendem Ergebnis durch alle Instanzen ging. Ein Sergeant der britischen Armee hatte erhebliche Summen für den Schmuggel illegaler Güter durch Kairo erhalten, da er auf Grund seiner Uniform Polizeikontrollen ungehindert passieren konnte. Richter *Denning* entschied in der ersten Instanz:

"The uniform of the Crown, and the position of the man as a servant of the Crown were the sole reasons why he was able to get this money, and that is sufficient to make him liable to hand it over to the Crown."

Court of Appeal und House of Lords schlossen sich dieser Beurteilung an[90].

Bemerkenswert ist, wie in diesen Entscheidungen die Begriffe constructive trust, fiduciary relationship und property mehr und mehr in den Hintergrund treten. Stattdessen wird zur Begründung der Gewinnhaftung zunehmend allein auf die rechtswidrige Ausnutzung fremder Rechtsgüter (Uniform oder Informationen, die nur zugunsten der Krone verwendet werden dürfen) abgestellt. Justice *Denning* hatte eine fiduciary relationship zwischen Krone und Uniformträger sogar verneint. Lord *Asquith*[91] meinte, auf diese Beziehung komme es, wenn überhaupt, so doch nur „in a very loose, or at all events a very comprehensive. sense" an.

3. Der Constructive Trust als bereicherungsrechtliche Generalklausel

Versucht man einen Überblick über die Fälle, in denen der constructive trust eine Rolle spielt, so wird man vergeblich nach Gemeinsamkeiten suchen, die diesem Begriff einen konkreten Inhalt geben und damit seine Existenz aus anderen als nur historischen Gründen rechtfertigen könnten. „Substrahiert" man alle Variablen, so bleibt nur die Herausgabepflicht, m. a. W., constructive trust und Herausgabepflicht sind identisch. Der Rechtsgrund der Gewinnhaftung kann daher

89 (1929) 98 L. J. K. B. 743; dazu *Goff/Jones* S. 458.
90 (1948) 2 K. B. 268; C. A. (1949) 2 K. B. 232; H. L. (1951) A. C. 507.
91 (1949) 2 K. B. 232 (236).

nicht die Existenz des constructive trust sein. Das wäre ein Zirkelschluß. Es bleibt nur das zwischen den Parteien bestehende individuelle Grundverhältnis.

Obwohl die englische Rechtsprechung sich dieser Erkenntnis nicht expressis verbis angeschlossen hat, wird praktisch doch weitgehend danach verfahren.

Das wird u. a. in der zum Kaufvertragsrecht ergangenen Entscheidung *Rayner v. Preston*[92] deutlich. Da streitig ist, ob der Verkäufer nach Vertragsschluß als constructive trustee des Käufers anzusehen ist, beschäftigten sich die Richter eingehend mit dieser Frage. Sie kommen zwar im Ergebnis zu verschiedenen Auffassungen; die Begründung läßt jedoch erkennen, daß die Existenz eines constructive trust von der Verpflichtung zur Gewinnherausgabe und diese wiederum von der Interpretation des Grundverhältnisses (hier des Kaufvertrags) abhängt.

Die Parteien des Rechtsstreits hatten über ein Haus einen Kaufvertrag abgeschlossen. Bevor das Haus übereignet wurde, fiel es ohne Verschulden des Verkäufers einem Brand zum Opfer. Der Verkäufer wurde daher von seiner Leistungspflicht frei. Er erhielt für das abgebrannte Haus eine Versicherungsentschädigung ausbezahlt, die der Käufer nunmehr für sich beanspruchte. Die Klage wurde im Ergebnis abgewiesen, da die Mehrheit der Richter der Auffassung war, der Verkäufer sei nicht constructive trustee des Käufers.

Lord Justice *Brett* lehnte in seinem Votum grundsätzlich die Möglichkeit eines trust zwischen Verkäufer und Käufer ab. Entscheidend sei, daß der Verkäufer (lt. Kaufvertrag!) nur die Übereignung der gekauften Sache schulde und sonst nichts. Früchte, Renten etc., die die gekaufte Sache bis zur Übereignung abwerfe, könne er behalten.

Eine Mittelmeinung vertrat Lord Justice *Cotton:* Der Verkäufer könne zwar als trustee des Käufers angesehen werden. Das gelte jedoch nur insoweit, als er Vermögen zu übertragen verpflichtet sei („contracted to be sold"). Im vorliegenden Fall könne kein trust bestehen, da über die Versicherungssumme nichts vereinbart sei.

Weniger klar entschied Lord Justice *James,* der einen constructive trust bejahte: "It is ascertained that while the legal estate was in the vendor, the beneficial or equitable interest was wholly in the purchaser. And that, in my opinion, is the correct definition of a trust estate."

Im amerikanischen Recht hat sich dies neue Verständnis des constructive trust durchgesetzt.

In *Newton v. Porter*[93] wird das Erfordernis einer fiduciary relationship als Voraussetzung des constructive trust ausdrücklich und endgültig aufgegeben. Dem Kläger waren Wertpapiere gestohlen

---

[92] (1881) 18 Ch. D. 1.

[93] 69 N. Y. 133 (1877).

worden (larceny). Die Diebe hatten diese verkauft und mit dem Erlös andere Wertpapiere gekauft, die sie dann an die (bösgläubigen) Beklagten übertragen hatten. Gegenüber der Herausgabeklage wurde eingewandt, die Diebe und damit auch die Beklagten hätten an den streitigen Wertpapieren den legal title nach Common Law erlangt. Ein Recht des Klägers, seine Rechte in Equity zu verfolgen, bestehe nicht, da mangels fiduciary relationship zwischen den Dieben und dem Kläger ein constructive trust nicht habe entstehen können. Mit diesem Einwand drangen sie nicht durch. Justice *Andrews* machte dazu folgende grundsätzliche Ausführungen[94]:

"It would seem to be an anomaly in the law, if the owner who has been deprived of his property by a larceny should be less favorably situated in a court of equity, in respect to recover it, or the property into which it had been converted, than one who, by an abuse of trust, has been injured by the wrongful act of a trustee to whom the possession of trust property has been confided. The law in such a case will raise a trust in invitum (ex lege) out of the transaction, for the very purpose of subjecting the substituted property to the purposes of indemnity and recompense."

Ist aber „breach of fiduciary relationship" nicht wesentlich, worauf kommt es dann an? Bereits Lord *Ellenborough* hatte das Prinzip in *Taylor v. Plumer*[95] formuliert:

"The product or substitute for the original thing, still follows the nature of the thing itself so long as it can be ascertained to be such, and the right only ceases when the means of ascertainment fails."

Und Justice *Andrews* präzisierte[96]:

"The equitable right to follow the proceeds would continue ... so long as they could be traced and identified."

Damit sinkt die Bedeutung des constructive trust zur leeren, nur prozessual bedeutsamen Formel herab. "An express trust is a substantive institution. Constructive trust, on the other hand, is purely a remedial institution[97]."

Im englischen Rechtsdenken, wo sich die amerikanischen Erkenntnisse bisher nicht durchsetzen konnten[98], hat insbesondere *Waters* „the vital problem of substance or remedy"[99] behandelt und wohl als erster den Charakter des constructive trust als remedy betont und auch *Goff/Jones* schreiben:

"The cases provide good evidence that this growth to a general right is in fact taking place, and is likely to continue[100]."

Praktisch besteht damit im constructive trust des anglo-amerikanischen Rechtskreises ein Rechtsinstitut, dessen Funktion der Aufgabe

---

[94] a.a.O. S. 139.
[95] (1815) 3 M. & S. 562 (575).
[96] a.a.O. S. 138; zum damit angedeuteten Gesichtspunkt des „tracing" vgl. unten S. 62 f.
[97] *Roscoe Pound* (1920) 33 H. L. R. 420 (421).
[98] *Goff/Jones* S. 13: "In English law a constructive trust is not a remedy."
[99] *Waters* S. 1.
[100] S. 13/14.

einer Generalklausel in kontinentalen Rechtsordnungen entspricht. Wenn aber der Begriff der guten Sitten in §§ 1 UWG, 242, 157 BGB etc. keiner eigenen Auslegung fähig ist, sondern der „Ausfüllung“ bedarf und die Zuhilfenahme außerrechtlicher Kriterien nicht nur ermöglicht, sondern geradezu fordert, so ist die Ausfüllung des constructive trust und damit die Anordnung der Gewinnhaftung schon sehr viel stärker dahingehend konkretisiert, daß die rechtswidrige Ausnutzung eines konkreten fremden Rechtsgutes vorliegen muß. Ob das der Fall ist, ist in den meisten Fällen bereits an Hand des zwischen den Parteien bestehenden Rechtsverhältnisses zu entscheiden.

Diese Situation erleichtert, ohne durch Abstellen auf Treu und Glauben die Rechtssicherheit allzu sehr zu gefährden, die rechtliche Bekämpfung des unjust enrichment, und die zitierten Beispiele illustrieren Schlagkraft und Elastizität der den Gerichten damit in die Hand gegebenen Möglichkeiten.

4. Constructive Trust und ungerechtfertigte Bereicherung

"To prevent unjust enrichment" — Vergegenwärtigt man sich diese Aufgabe des constructive trust so liegt seine Verwandtschaft zum Institut der ungerechtfertigten Bereicherung auf der Hand. Soll der constructive trust eine nach Common Law gültige, nach Equity aber nicht gebilligte Verteilung von property ausgleichen, so ist es der Grundgedanke des Bereicherungsrechts, „überall da einen Ausgleich zu schaffen, wo das Recht aus Gründen der Verkehrssicherheit oder der rechtlichen Logik oder aus sonstigen Gründen einen rechtsgültigen Vermögenserwerb herbeiführt, obwohl dieser mit den Anforderungen materieller Gerechtigkeit nicht in Übereinstimmung steht“[101].

Allerdings ist das deutsche Bereicherungsrecht dogmatisch verhärtet und von der Elastizität des constructive trust weit entfernt. Man glaubt, die Voraussetzungen der Bereicherungshaftung allein aus den §§ 812 f. BGB herausinterpretieren zu können, wo es in Wirklichkeit wie beim constructive trust in erster Linie auf das Grundverhältnis, d. h. auf die zwischen den Parteien ohnehin bestehenden Rechtsbeziehungen ankommt. Das Bereicherungsrecht ist ebensowenig eine substantive institution wie der constructive trust, sondern eine generalklauselartige Regelung, der der Gedanke der Gewinnhaftung zugrunde liegt. In dieser Arbeit soll versucht werden, die bisher aufgebauten konstruktiven Hemmnisse zu beseitigen, um damit auch im deutschen Recht den Weg zu einer umfassenden, dem anglo-amerikanischen Recht vergleichbaren Gewinnhaftung zu ebnen.

---

[101] *Palandt*, Einf. vor § 812 BGB, Anm. 1.

IV. Waiver of Tort

1. *Waiver of Tort im Zwiespalt von Fallrecht und Rechtsprinzip*

Neben den im Equityrecht entwickelten Klagen auf Gewinnherausgabe steht eine selbständige Schöpfung des Common Law, der waiver of tort, dessen Verwandtschaft mit den Grundgedanken der Equitymaximen im englischen Recht lange Zeit überhaupt nicht gesehen wurde. Das ist nicht zuletzt auf die noch heute im wissenschaftlichen Rechtsdenken fortdauernde Spaltung von Equity und Common Law zurückzuführen. So wird der waiver of tort in der Arbeit von *Waters*, die zum ersten Mal versucht, die einzelnen Erscheinungsformen des constructive trust auf das einheitliche Grundprinzip des unjust enrichment zurückzuführen, nicht einmal erwähnt.

Im amerikanischen Recht war dagegen längst das Grundprinzip erkannt und im Restatement of Restitution formuliert worden[102]. Die durch historische Zufälligkeiten bedingte und nach der Verschmelzung von Common Law und Equity Courts überflüssige Spaltung im wesentlichen gleichartiger Rechtsbehelfe stieß neuerdings jedoch auch im englischen Rechtsdenken auf Kritik. *Goff/Jones*[103] fanden:

"Historical accident is an unsatisfactory basis for classification ... It is now almost a century since the forms of action were abolished, and there is no reason why they should be allowed any longer to obstruct a unified treatment of all claims founded on the principle of unjust enrichment."

Das englische und amerikanische Recht ist und bleibt jedoch in erster Linie case law. Bei allen Systematisierungsversuchen ist daher zu beachten, daß ein vorgefundenes „Rechtsprinzip" keinesfalls mit dem geltenden Recht verwechselt werden darf. Dem Fallrecht ist eigentümlich, daß es sich auf isolierten „Ästen" oder Präjudizienketten entwickelt, zwischen denen die „Querverbindung" fehlt. Im konkreten Fall ist nur das „Recht", was sich auf ein konkretes Präjudiz gründen läßt, mag das Prinzip auch noch so gut „passen". Wenn daher das anglo-amerikanische Recht häufig als widersprüchlich bezeichnet wird, so ist dieses Urteil nur bedingt, nämlich nur vom „prinzipiellen" Standpunkt aus richtig. Aus der Sicht des Fallrechts kann sich ein Widerspruch nur ergeben, wenn ein konkretes Präjudiz mißachtet wurde, wobei noch die rechtsetzende Kraft des overruling die Widerspruchsfreiheit weitgehend aufrecht erhält.

Dennoch ist der Unterschied zum kontinentalen Recht nur gradueller Art. Da kein Fall dem anderen gleicht, ist auch das case law letztlich ein Recht der Prinzipien, die — aus den precendents abgeleitet — detaillierter sein mögen als die der in der Abstraktion weiter fort-

---

102 Restatement of Restitution (1937) § 1.
103 S. 4/5.

geschrittenen kontinentalen Rechtsordnungen[104]. Die Entwicklung eines allgemeinen Prinzips liegt, wie das Beispiel des constructive trust zeigt, auch im case law durchaus im Bereich des Möglichen.

Allerdings stehen die außerhalb des trust entwickelten Gruppen der restitutionary claims[105] bis heute weitgehend isoliert und lassen gelegentlich Lücken, wo das ihnen zugrunde liegende Prinzip die Ausfüllung verlangt:

"Though all restitutionary claims are unified by principle, English law has not as yet recognised any generalised right to restitution in every case of unjust enrichment[106]."

Dieser Vorbehalt gilt beim waiver of tort um so mehr, als es sich um eine „Konkurrenz"-Entwicklung des unbeweglicheren Common Law zum Equity-Recht der Chancery handelt, die interessanterweise ebenfalls im Vertragsrecht gründet:

"The (Common Law) judges, becoming conscious of their shortcomings and jealous of the expanding powers of the chancery courts, sought to broaden their own jurisdiction into equity fields, and found a means ready to their hands in the action of assumpsit. By a serious of ingenious fictions it was held ... that the promise (als Grundlage von assumpsit) would be 'implied' by the law from the mere existence of a debt which the defendant ought to pay, although there was nothing to show that the promise was really made; and finally that the law would 'imply' both the debt and the promise whenever one had received or used something for which 'natural justice'[107] would require that he compensate another[108]."

Die Common Law Courts ließen sich also offenbar erst durch die Rechtsprechung der Chancery zur Entwicklung eines ähnlichen Rechtsbehelfs in Common Law inspirieren, worin sicher eine der historischen

---

104 Betrachtet man die Entwicklung des römischen Rechts vom klassischen Aktionensystem über die justinianischen Kodifikationen zur Pandektenwissenschaft des 19. Jahrhunderts und zur Abfassung von Code Civil und BGB, so scheint die These nicht unbegründet, daß auch das anglo-amerikanische Recht eine ähnliche Entwicklung durchmachen wird. Ein deutlicher Hinweis sind die amerikanischen Restatements, die sich bereits im Vorfeld der Kodifikation bewegen. Ob allerdings kodifiziertes Recht „echten Fortschritt" bedeutet, ist nicht ohne weiteres zu bejahen, denn was auf Grund begrifflicher und systematischer Klarheit an Übersichtlichkeit und Rechtssicherheit gewonnen wird, geht oft zu leicht auf Kosten der gerechten Entscheidung im Einzelfall und der dynamischen Anpassung des Rechts an veränderte Umstände, wo dann erhebliche konstruktive Schwierigkeiten auftreten, die nur scheinbar im Rahmen des gesetzten Rechts gelöst werden; zur Entwicklung der deutschen „Kautelarjurisprudenz" vgl. *Larenz*, Entwicklungstendenzen, JZ 1962, 105.

105 Vgl. die etwas antiquierte action on mesne profits, die nur bei erfolgreicher Klage aus trespass to land auf ejectment durchgreift; *Halsbury* Bd. 23,561; Bd. 11, 266; (1875) L. R. 20.

106 *Goff/Jones* S. 13.

107 *Mansfield*, L. J. in *Moses v. Macferlan* (1760) 2 Burr. 1005; 97 Eng. Rep. 676. Waiver of tort erfaßt Fälle der Eingriffs- und Leistungskondiktion; zu letzterem vgl. *Friedmann* a.a.O.

108 *Prosser* on Torts S. 643.

Ursachen für die innere Verwandtschaft von constructive trust und Gewinnhaftung nach waiver of tort liegt.

Wenn nach alledem dem waiver of tort auch als allgemeiner Gedanke zugrunde liegen mag, "to require the wrongdoer to pay the value of what he has improperly received"[109] — so trägt er doch auch heute noch sowohl im amerikanischen als auch im englischen Recht den Stempel des case law. Für eine Fusion von constructive trust und waiver of tort in einem einheitlichen law of restitution scheint die Zeit noch nicht reif zu sein.

2. *Entwicklung und Anwendungsbereich*

Der Anwendungsbereich des waiver of tort ist außerordentlich weit und beschränkt sich durchaus nicht, wie *v. Caemmerer* meint[110], auf den Eingriff in nach deutscher Rechtsauffassung absolute Rechte. Im Wege des waiver of tort erhält der durch tort[111] Verletzte die Möglichkeit, an Stelle von Schadensersatz den vom Eingreifer erzielten Gewinn zu verlangen.

Die anstelle der Schadensersatzklage aus tort gegebenen Rechtsmittel können je nach Sachlage unterschiedlich sein. Praktisch bedeutsam sind die Klagen aus quasi-contract, insbesondere for money had and received und indebitatus assumpsit[112]. Insbesondere kann auch ein constructive trust entstehen, so daß auch tort von den aus dem trust-Recht entwickelten Gedanken der Gewinnhaftung beherrscht wird. Das Restatement[113] will das allerdings auf die Fälle des conscious wrongdoer beschränken. Die Wahl zwischen den Rechtsmitteln ist erst nach Erlaß des Urteils und endgültiger Befriedigung des Gläubigers endgültig[114].

Die ersten Fälle des waiver of tort befaßten sich mit Gewinnen, die der Beklagte durch Amtsanmaßung (usurpation of office) gemacht hatte[115]. Mit der Verletzung absoluter Rechte hatte das nichts zu tun. In *Lamine v. Dorrell*[116] wandte Lord Justice *Holt* die entwickelten Grundsätze auf einen falschen Verwalter an, der in dieser Eigenschaft Schuldverschreibungen erhalten und zu eigenem Vorteil verkauft hatte. Seit dieser Zeit bestand in englischen und amerikanischen Gerichten die übereinstimmende Auffassung, daß bei rechtswidriger Veräußerung

---

[109] Restatement of Restitution S. 525.

[110] Festschr. Rabel S. 395; *v. Caemmerer* übergeht ferner den constructive trust.

[111] Untechnisch: unerlaubte Handlung, jedoch erheblich weiter zu fassen als im deutschen Recht.

[112] *Winfield* on Torts S. 794.

[113] § 202 (c); mit Restatement ist nachfolgend das Restatement of Restitution gemeint.

[114] *United Australia, Ltd. v. Barclays Bank* (1941) A. C. 1; *Ellis v. Stenning* (1932) 2 Ch. 81; *Goff/Jones* S. 436.

[115] *Howard v. Wood* (1679) 2 Lev. 245; Restatement § 137.

[116] (1705) 2 Ld. Ray. 1216.

fremder „chattels" hinsichtlich des Erlöses die Klage for money had and received gegeben war[117].

Der Kreis der torts, bei denen heute waiver und anschließend eine Gewinnherausgabeklage möglich ist, läßt sich nicht fest umreißen und ist zudem in consimili casu ausdehnungsfähig. Es dürfte jedoch kaum einen Fall von tort geben, wo der Eingreifer den erzielten Gewinn behalten darf, wenn der Verletzte sich mit Schadensersatzansprüchen nicht zufrieden geben will. Man ist bemüht, die noch vorherrschende Kasuistik der tort-Klagen durch den Gedanken des unjust enrichment zu ersetzen:

"The plaintiff's loss can be recovered by a claim in unjust enrichment which does not depend upon any notions of tort or breach of contract but upon the benefit resulting to the defendant at the plaintiff's expense. Waiver of tort, therefore, as a device and a doctrine is otiose and ripe for abolition[118]."

Teller[119] meint:

"It is well settled that a person aggrieved by a tort committed upon him may at his election sue in the alternative action for restitution where the tortfeasor has been enriched by the tort."

Im einzelnen ermöglicht trespass to goods or land, conversion, detinue und deceit regelmäßig die Gewinnherausgabeklage.

Trespass to goods[120] ist Besitzstörung und insbesondere Besitzentziehung (ohne Rücksicht auf die Eigentumsverhältnisse). Die Gewinnhaftung knüpft damit an reine Besitzstörungen an, vorausgesetzt nur, daß sie für den Eingreifer mit Vorteilen irgendwelcher Art verbunden sind. Zum Beispiel: A mietet oder leiht sich von X ein Boot oder ein Kfz. B benutzt es widerrechtlich. A kann seine Klage gegen B auf restitution allein auf seinen Besitz stützen, ohne seine Rechtsbeziehungen zu X offenlegen und beweisen zu müssen.

Conversion setzt dagegen nicht notwendig aktuellen Besitz, wohl aber irgendein Recht zum Besitz voraus[121]. Neben den Fällen der ownership kommen hier insbesondere die Rechte aus bailments, d. h. alle Fälle der anvertrauten beweglichen Sache im Sinne des deutschen Rechts in Betracht, u. a. Miete, Leihe, Pacht, Faustpfand.

Der bailee hat ein anerkanntes „special interest" an der gemieteten Sache und kann jeden eingreifenden Dritten auf Schadensersatz oder im Wege des waiver auf Herausgabe des Gewinns in Anspruch nehmen[122], der z. B. im Verkaufserlös oder, wenn der Eingreifer die Sache verschenkt, mindestens im Wert der Sache oder im Falle ihrer Rückgabe

---

117 *Thurston* S. 149; vgl. auch § 816 BGB.

118 *Friedmann*, Waiver of Tort S. 7.

119 Restitution as an Alternative Remedy for a Tort (1956) 2 N. Y. L. Forum 40.

120 *Winfield* S. 507 f.

121 *Winfield* S. 519.

122 *Baldwin v. Hill* 315 F. 2nd 738; *Standard Motor Car Co. v. State Farm Auto Ins. Co.* 97 So. 2nd 435 (437).

im Wert ihrer Benutzung besteht[123]. Eine Beschränkung dieser Ansprüche ergibt sich aus der beschränkten Rechtsstellung des bailee, der nur insoweit anspruchsberechtigt sein kann, wie es seinem eigenen, anteiligen Interesse an der Sache entspricht[124].

In *Lightly v. Clouston*[125] hatte A einen Lehrling des B verleitet, vertragsbrüchig für A zu arbeiten. B verklagte A mit indebitatus assumpsit auf Vergütung für die von A rechtswidrig in Anspruch genommenen Leistungen. Lord *Mansfield* gab der Klage statt. B habe als Dienstherr ein Recht auf die Arbeitsleistung seines Lehrlings und sei "consequently entitled to an equivalent for that labor, which had been bestowed in the service of the defendant"[126].

Winfield[127] hält diese Entscheidung für zweifelhaft. *Goff/Jones*[128] meinen dazu:

> "In our view, in every case where the tortfeasor has gained an unjust benefit at the plaintiff's expense, wether his assets have been increased or wether he has merely been saved expense, the plaintiff should be allowed to waive the tort and recover in quasi-contract the value of that benefit."

"At the plaintiff's expense" heißt nicht, daß dem Verletzten ein Vermögensnachteil entstanden sein muß. Es genügt allein die Tatsache, daß eine fremde Sache oder ein sonstiges Gut rechtswidrig benutzt wird. Im Restatement[129] heißt es:

> "A person who has tortiously used the chattel of another is under a duty of restitution to the owner for the value of the use, although the owner would not have used the chattel and although it was not harmed by the use."

In *Edwards v. Lee's Administrators*[130] hatte der Beklagte Einkünfte aus Eintrittsgeldern für eine Höhle erzielt, die nur von seinem Grundstück aus zugänglich war, jedoch zu 1/3 auf dem Grundstück des Klägers lag. Das Gericht sprach dem Kläger einen Anteil von 1/3 an den vom Beklagten erzielten Gewinnen zu[131].

3. Property — seine Bedeutung für Waiver of Tort und sonstige Gewinnhaftungsfälle

a) Verwendung des Begriffs in Gewinnhaftungsfällen

"At the plaintiff's expense" setzt nicht die Verletzung eines absoluten Rechts voraus. Dieser Begriff wird, obwohl er auch im anglo-amerika-

---

123 *Teller* a.a.O. S. 59; Restatement § 157.
124 *Luckenbach S. S. Co. v. U. S.* 315 F. 2nd 598; *Ebel v. Collins* 198 N. E. 2nd 552; *Engel v. Scott etc. Lumber Co.* 61 N. W. 825.
125 (1808) 1 Taunt. 112; bestätigt in *Forster v. Stewart* (1814) 3 M. & S. 191.
126 a.a.O. S. 114.
127 *Winfield* S. 797.
128 S. 429.
129 § 128 (i).
130 96 S. W. 1028 (1936); Kentuckyhöhle.
131 Ferner *Le Roux v. Van Biljon* (1956) 2 S. A. 17; vgl. auch RG JW 1938, 3040 (Alte Steinkuhle).

nischen Recht existiert, im Zusammenhang mit restitutionary cases kaum erwähnt. Auch aus den bereits angeführten Beispielen ergibt sich, daß er für die Gewinnhaftung keine Rolle spielt. Wer z. B. unberechtigt eine Forderung einzieht, sei es, weil sie ihm unwirksam abgetreten wurde, sei es, weil er sie selbst vor Einziehung abgetreten hat usw., ist dem wahren Gläubiger haftbar[132]. Wenn A seine Vertretungsmacht für B dazu mißbraucht, persönliche Vorteile zu erwerben, haftet er, unabhängig von allen vertraglichen und treuhänderischen Beziehungen nach den allgemeinen Gewinnhaftungsgrundsätzen[133]. Es dürfte schwerfallen, hier absolute Rechte zu konstruieren, an denen die Gewinnhaftung anknüpft.

Nachdem jedoch trust und constructive trust i. a. noch die Existenz von property voraussetzen[134], nachdem auch für waiver of tort grundsätzlich die Verletzung eines proprietary right gefordert wird und property zudem im anglo-amerikanischen Recht als „absolutes" und als „dingliches" Recht apostrophiert wird, scheint die Behauptung, die Gewinnhaftung knüpfe auch im anglo-amerikanischen Recht an die Verletzung absoluter Rechte an, nicht unbegründet zu sein. Hinzu kommt, daß es auch im englischen Recht Schwierigkeiten gegeben hat.

Ein Beispiel ist die Entscheidung *Saxlehner v. Apollinaris*[135], die sich mit der Verletzung von Warenzeichen befaßt. Im leading case *Edelsten v. Edelsten*[136] hatte nämlich Lord *Westbury* im Rahmen einer action for passing-off auch dem Verlangen auf account of profits stattgegeben, denn er sah in der widerrechtlichen Benutzung eines (nicht eingetragenen) Warenzeichens "invasion of property". Gerade über die Frage, ob ein nicht registriertes Warenzeichen „property" ist, besteht im englischen Recht keine übereinstimmende Meinung[137]. Als Justice *Kekewich* in *Saxlehner v. Apollinaris* vor die gleiche Frage gestellt war, gab er zu erkennen, daß nach seiner Auffassung ein nicht eingetragenes Warenzeichen auch nicht als property angesehen werden könne. Er fuhr fort[138]:

"If at liberty to express an opinion, I should wish to say that if there be no property in such a trade mark, the right to an account of profits does not necessarily follow the injunction, and the consequences of directing

---

[132] *McArthur v. Murphy* 74 Minn. 53; 76 N. W. 955 (1928); Restatement § 131.

[133] Restatement § 132.

[134] Auch die Rechtsstellung des bailee wird als („special") property angesehen; *Heymann*, Holtzendorff-Kohler S. 334.

[135] (1897) 1 Ch. 893.

[136] (1863) 46 E. R. 72; älter ist *Cartier v. Carlile* (1862) 31 Beav. 292.

[137] Dagegen *James*, L. J. in *Singer Manufacturing Co. v. Loog* (1880) 18 Ch. D. 395 (412). Als Alternative wird häufig ein proprietary right am good will angenommen; so *Kerly* S. 255; *Halsbury* Bd. 29, 360 und mit eingehender Begründung *A. G. Spalding & Bros. v. A. W. Gamage, Ltd.* (1915) RPC 32, 273 (284).

[138] a.a.O. S. 903.

an account here are so serious that I should be unwilling to do it unless compelled by authority."

Damit hätte ein u. E. überflüssigerweise und wohl nur aus traditionellen Gründen mitgeführter Begriff plötzlich die Rechtsentwicklung zurückgedreht. *Kekewich* sah sich jedoch an das Präjudiz *Edelsten v. Edelsten* gebunden, so daß sich seine abweichende Auffassung nicht durchsetzen konnte[139].

Hinter dem Begriff property verbirgt sich jedoch, unabhängig von „Dinglichkeit" und „Absolutheit" ein ganz anderes für die Gewinnhaftung u. E. wesentliches Element, die *Konkretisierbarkeit der ausgenutzten Rechtsstellung*. Wie eine kurze Auseinandersetzung mit diesem Begriff zeigen wird, ist dies überhaupt der einzig faßbare Inhalt des häufig ganz unklar und willkürlich beschriebenen „proprietary right". Wie bereits bei der Untersuchung der Rechtsstellung des beneficiary ist es auch hier angezeigt, unter gedanklicher Trennung von Recht und Rechtsobjekt vorzugehen[140].

b) Das Rechtsobjekt

Inhaltlich hat der Begriff property einen sehr viel umfangreicheren Anwendungsbereich als etwa der des Eigentums.

"The term 'property' embraces every species of valuable right and interest, including real and personal property, easements, franchises and hereditaments[141]."

"(It) embraces all valuable interests which a man may possess outside of himself — that is to say, outside of his life and liberty[142]."

Property ist mithin an fast allen vermögenswerten Rechten, einschließlich aller Forderungsrechte[143] (choses in action), anerkannt.

c) Dinglichkeit

Zunächst wird property als dingliches Recht angesehen, d. h. als „right of any person to possess, use, enjoy, and dispose of a thing (jus in rem)"[144]. Diese angeblich unmittelbare Beziehung zum Rechtsobjekt erfaßt nicht nur, wie im römischen und deutschen Recht, körperliche Sachen, sondern auch Rechte:

"In an advanced civilization like ours a very large proportion of the property of individuals is not visible and tangible, but consists of rights and claims against others or against the government itself[145]."

---

[139] Vgl. *Weingarten Bros. v. Bayer & Co.* (1905) 22 RPC 341, 351 („established rule").

[140] Ebenso *Jenks* S. 239; *Bucher* S. 113 f.

[141] *Bouvier* S. 2750 1. Sp.

[142] *Pope* S. 1279.

[143] Ähnlich die „Gläubigerschaft" im deutschen Recht; vgl. *Larenz* Schuldrecht I §§ 2, 29 III.

[144] *Bouvier* S. 2750.

[145] *Pope* S. 1279 l. Sp.

Die Vorstellung von „Herrschaftsrechten“ „an“ oder „über“ Sachen oder sonstige Gegenstände ist jedoch zumindest seit den Arbeiten *Kelsens* überholt[146]. Rechtsbeziehungen bestehen nur zwischen Rechtssubjekten, nicht zwischen Rechtssubjekt und Rechtsobjekt. Das ergibt sich aus der normativen Struktur der Rechtsordnung, die ein Recht ohne Anspruch nicht zuläßt, ein Anspruch sich aber nur gegen ein Rechtssubjekt richten kann. Was als dingliches Recht bezeichnet wird, ist lediglich tatsächlicher Reflex von Unterlassungs- und sonstigen Pflichten Dritter. Das dingliche Recht richtet sich wie jedes andere (persönliche oder obligatorische) Recht ausschließlich an Personen, und die Vorstellung eines jus ad rem ist allenfalls die bildhafte Paraphrasierung der aus der Summe dieser Ansprüche resultierenden tatsächlichen Herrschaftsmacht[147].

d) Absolutheit

Es muß überraschen, daß property, “the most comprehensive of all terms which can be used”[148], dennoch durchweg als absolutes Recht bezeichnet wird[149].

“Property consists of those things which belong to us by that exclusive right which enables us to exclude all others from having anything at all to do with them[150].”

Nimmt man diese Definitionen beim Wort, so liegt die Irrealität des Begriffs auf der Hand: Kein Recht ist „unverletzbar“. Macht man für Eingriffe Dritter oder sonst zulässige Störungen einen „Gesetzesvorbehalt“, so unterscheidet sich property grundsätzlich in nichts von anderen Rechten. Beschränkt man dagegen den „Absolutheitsanspruch“, wie im deutschen Sachenrecht, auf Rechte an Sachen, so ist das schon deswegen widersprüchlich, weil sich über eine Forderung im Prinzip ebenso souverän und ohne Einmischung anderer verfügen läßt, wie über eine Sache. Wenn ich mein Geld zur Bank trage, ändert sich der Gegenstand meiner Verfügungsmacht, erweitert sich aber nicht die Eingriffsbefugnis Dritter. Entsprechend besteht denn auch im angloamerikanischen Recht sowohl am Geld wie an der Forderung property.

Die These von der relativen Natur sog. absoluter Rechte, die bereits die Untersuchung der Rechtsstellung des beneficiary nahelegte, gilt daher auch für property. Nur insoweit Verpflichtungen begründet wer-

---

146 Reine Rechtslehre S. 135 ff.

147 Diese Erkenntnis hat sich im deutschen Recht noch nicht durchgesetzt. Vgl. *Westermann*, Sachenrecht S. 5: Das Sachenrecht regele „die Beziehungen eines Rechtssubjekts zum Rechtsobjekt“, sei m. a.W. Recht der „Güterzuordnung“. Westermann erkennt dann einerseits die „Wesensgleichheit“ schuldrechtl. und dingl. „Ansprüche“ (S. 10), bezeichnet jedoch die „Zuordnung“ als „absolut“ (S. 12); vgl. auch *Palandt* Einl. 1 vor § 854 BGB.

148 *Pope* S. 1269 l. Sp.

149 *James* S. 5.

150 *Pope* S. 1269 r. Sp.

den ist es sinnvoll, von einem Recht zu sprechen. "'Right' and 'duty' are correlative terms, and the existence of a right in one person connotes the existence of a duty in another person[151]."

Property löst sich damit in eine unbestimmte Vielzahl relativer Rechtsbeziehungen auf, "resolves itself into an account of rights and duties of persons with regard to the appropriation of things"[152]. Einer Formulierung *Kelsens*[153] entsprechend kann mit der absoluten Wirkung von property allenfalls bildhaft die Monopolstellung umschrieben werden, die sich als tatsächlicher Reflex aus einer Vielheit von Pflichten einer unbestimmten Zahl von Personen gegenüber einer anderen Person mit Beziehung auf ein und denselben Vermögenswert ergibt.

Die Gewinnhaftung ist nur aus der Verletzung eines der durch property errichteten relativen Verwertungsverbote erklärlich. Genügt aber die Verletzung eines relativen Verwertungsverbotes, so ist kein Grund ersichtlich, die Gewinnhaftung von der Verletzung einer „absoluten" Rechtsstellung abhängig zu machen — ebensowenig wie im deutschen Recht Anlaß zu der Annahme besteht, daß „in der Anerkennung eines Bereicherungsanspruchs eine ausschließliche Zuweisung des betreffenden Gutes an eine bestimmte Person unter Ausschluß aller anderen am Rechtsverkehr Beteiligten liegt"[154].

e) Der Standpunkt der Rechtsprechung

Die Rechtsprechung hat sich im wesentlichen auf den hier vorgetragenen Standpunkt gestellt.

In *Lever v. Goodwin*[155], wo es um die Nachahmung einer Warenausstattung ging (passing-off action)[156], wurde ein Gewinnherausgabeanspruch zugebilligt und gleichzeitig von L. J. *Cotton* die Frage als unwesentlich bezeichnet, ob ein Monopolrecht an der Ausstattung bestehe:

"There may be no monopoly at all in the individual things ... The profit for which the defendants must account is the profit which they have made by the sale of soap in that fraudulent dress[157]."

Klagegrund war also allein der Gesichtspunkt, daß der Verkauf in der fremden Ausstattung nicht hätte erfolgen dürfen:

"Nobody has any right to represent his goods as the goods of somebody else[158]."

Hierbei ist es völlig gleichgültig, wie die Verwechselungsgefahr im Einzelfall herbeigeführt wird, etwa durch direkte Behauptungen, durch

---

151 *James* S. 6.

152 *Jenks* S. 240.

153 Reine Rechtslehre S. 137.

154 So *v. Caemmerer*, Festschr. Rabel S. 398.

155 (1887) All. E. R. 427 C. A.

156 Sie ist die allgemeinere Form der action for infringement, die bei Verletzung eingetragener Rechte gegeben ist; *Kerly* S. 332.

157 a.a.O. S. 429.

158 *Reddaway v. Banham* (1896) A. C. 199 (204).

Gebrauch nicht eingetragener Warenzeichen, Gebrauch ähnlicher Verpackungen oder Ausstattungen, Zusammenstellung gleichartiger Warensortimente etc. Immer, wenn rechtswidrig eine Verwechselungsgefahr herbeigeführt wurde, kann der Verletzte sagen:

"I claim from you the profits which you have made by your wrongful act[159]."

In *Electrolux, Ltd. v. Electrix, Ltd.*[160] hatte die Beklagte ein eingetragenes Warenzeichen der Klägerin, das als property angesehen wird, widerrechtlich benutzt. Hier wird mit aller Deutlichkeit festgestellt:

"The principle upon which the Court grants an account of profits ... is this, that where one party owes a duty to another, the person to whom that duty is owed is entitled to recover from the other party every benefit which that other party has received by virtue of his fiduciary position if in fact he has obtained it without the knowledge or consent of the party to whom he owed the duty."

Diese Begründung, die praktisch zum trust-Recht zurückkehrt, zeigt, daß die Gemeinsamkeiten, die der Gewinnhaftung sowohl bei breach of trust als auch bei invasion of property zugrunde liegen, gesehen wurden.

Daß es nicht darauf ankommen kann, ob außer dem Beklagten auch Dritte von dem Verwertungsverbot betroffen sind, ergeben z. B. die Gründe des Urteils *Reid & Sigrist, Ltd. v. Moss & Mechanism, Ltd.*[161]. Die Beklagte hatte Betriebsgeheimnisse der Klägerin vertragswidrig zu eigenem Nutzen verwendet. Sie machte geltend, jeder Dritte hätte die Betriebsgeheimnisse benutzen dürfen. Dennoch gab Justice *Luxmore* der Klage auf Gewinnherausgabe statt. Er führte aus:

"Certainly if he is under an express contract not to use or disclose information coming to him confidentially, it may be that he can be pervented from using something which the rest of the world may be at liberty to use ... But what we have to deal with here is, not the right of the plaintiff against the world, but their right against the defendant[162]."

Injunction und account of profits werden mithin auch bei Verletzung rein relativer, vertraglicher Rechtsbeziehungen gewährt.

Eine eindeutige Stellungnahme bezieht auch Justice *Holmes* in *E. I. Du Pont de Nemours Powder v. Masland*[163]. Der Beklagte hatte ebenfalls rechtswidrig Betriebsgeheimnisse der Klägerin verwertet, die nunmehr die Gewinnherausgabe verlangte. Justice *Holmes* gab der Klage statt und führte aus:

---

[159] *Cotton* a.a.O. S. 429; vgl. auch *Pollard v. Photographie Co.* (1888) 40 Ch. D. 345 (354).

[160] (1953) 70 R. P. C. 150 (159).

[161] 49 R. P. C. 461 (480).

[162] a.a.O. S. 480.

[163] 244 U. S. 100; Nach *Turner* S. 360 „perhaps the most classic words on this problems".

"The word property as applied to trade marks and trade secrets is an unanalysed expression of certain *secondary* consequences of the primary fact that the law makes some rudimentary requirements of good faith. Wether the plaintiffs have any valuable secrets or not the defendant knows the facts, whatever they are, through a special confidence that he accepted. *The property may be denied, but the confidence cannot be*[164]."

f) Identifizierbarkeit des Rechtsobjekts als Kennzeichen von property und Ansatzpunkt der Gewinnhaftung

Steht damit auch fest, daß property nur eine unter mehreren Anknüpfungspunkten der Gewinnhaftung ist und daß diese nach angloamerikanischer Rechtsauffassung weder ein absolutes noch ein dingliches Recht voraussetzt, so ist property für die Gewinnhaftung doch nicht vollständig bedeutungslos, sondern unter dem Aspekt der „Sachbeziehung" (nicht der „Dinglichkeit") von aufschlußreicher Bedeutung. Die Gemeinsamkeit aller proprietary rights und damit Inhalt und Besonderheit des Begriffs property besteht nämlich darin, daß der Gegenstand der Berechtigung, das Rechtsobjekt, konkret und individuell *identifizierbar* ist. So besteht property an einer Münze, einem Haus, bestimmten Kenntnissen und Interessen nicht deswegen, weil damit „nach Belieben und unter Ausschluß anderer" verfahren werden kann, sondern deswegen, weil das Objekt der Berechtigung gegenständlich identifiziert werden kann. Der Inhalt der Berechtigung kann unendlich variiert sein, ohne daß property dadurch berührt wird. "If the court grants the protection, it has created a species of property[165]." Welcher Art der gewährte Schutz ist, ist nicht entscheidend, allein, daß ein *bestimmter* Gegenstand geschützt ist. Property besteht an diesen Gegenständen bereits dann, wenn sie nur gemietet oder zwar gekauft, aber noch nicht übereignet sind. An einer Geldforderung besteht property, nicht jedoch an der nicht identifizierbaren Geldsumme selbst. Ist der Gegenstand der Forderung dagegen konkretisiert, so ist auch hieran ein proprietary right möglich, sofern bereits Rechtsschutz gewährt wird, wobei es im übrigen völlig dahingestellt bleiben mag, wie der Inhalt der Berechtigung im einen oder anderen Fall aussehen mag.

Versucht man unter diesem Gesichtspunkt einen Überblick über das Recht der Gewinnhaftung, so scheint in der Identifizierbarkeit des ausgenutzten fremden Rechtsgutes (bestimmte vertrauliche Informationen, ein — auch „ungeschütztes" — Warenzeichen oder Betriebsgeheimnis, rechtliche oder tatsächliche Aussichten auf Abschluß eines vorteilhaften Vertrags etc.) ein durchgehendes und damit konstitutives Merkmal der Gewinnhaftung zu liegen.

---

[164] Hervorhebungen vom Verf.

[165] *Cribbet,* Law of Property S. 5.

4. Right of Privacy und Grenzen der Gewinnhaftung

In *Hart v. E.P. Dutton & Co., Inc.*[166] hatte der Beklagte in einem Buch diffamierende Behauptungen über den Kläger aufgestellt und damit einen Gewinn von fast 2,5 Mio. Dollar erzielt. Das Gericht wies die Klage auf Herausgabe des Gewinns jedoch ab[167]. Der US Supreme Court entschied in *Bunuel v. Keystone*[168], daß die widerrechtliche Benutzung eines fremden Namens für Handels- und Reklamezwecke zwar zum Schadensersatz, nicht aber zur Herausgabe des Gewinns verpflichte[169].

Diese ablehnende Haltung gegenüber dem right of privacy, das weitgehend unserem Persönlichkeitsrecht entspricht, steht in merkwürdigem Widerspruch zur großzügigen Rechtsprechung im „Handelsrecht", wo neben Firmennamen, Ausstattungen, Betriebsgeheimnissen etc. sogar originelle Ideen geschützt sind und damit die Grenze zwischen Vermögenswerten und Persönlichkeitsrechten verschwimmt. So sprach Judge *Holtzoff* in *Belt v. Hamilton National Bank*[170] dem Kläger „compensation for the use of his idea" zu, weil die beklagte Bank gegen den Willen des Klägers dessen Werbeidee genutzt hatte:

"The law now gives effect to a property right in an idea even though the idea may be neither patentable nor subject to copyright."

Ursache dieser unterschiedlichen Judikate ist die Suche nach einer Abgrenzung der Gewinnhaftung, wobei die Rechtsprechung bemerkenswerterweise auf ein ähnliches Verfahren verfallen ist, wie es von der Zuweisungstheorie im deutschen Recht postuliert wird[171], nämlich auf die Abgrenzung „vermögenswerter" und „nichtvermögenswerter" Rechte[172]. Der eigene Name (nicht der Firmenname!), „private" Geheimnisse, die Ehre, das eigene Bild etc. sind, soweit (noch) nicht „kommerzialisiert", nach Ansicht der Rechtsprechung keine geeigneten Rechte, deren Verletzung die Gewinnherausgabe rechtfertigen könnte. Im Hintergrund steht dabei eine (in Deutschland von der Zuweisungstheorie repräsentierte) Vorstellung, wonach die Gewinnhaftung ein „Recht" des *Verletzten* auf Vornahme des vom Eingreifer vorgenom-

---

166 93 N.Y.S. 2nd 871.

167 Ebenso *Cason v. Baskin et al.* (1944) 168 A.L.R. 430.

168 5 N.Y.S. 2nd 415.

169 Zum eigenen Namen und eigenen Bild vgl. ferner *Franklin v. Columbia Pictures Corp.* 271 N.Y. 554.

170 108 F. Supp. 689; 210 F. 2nd 706.

171 Vgl. *Mestmäcker* JZ 58, 521.

172 Die in *Hart v. Dutton* zusätzlich herangezogenen Ablehnungsgründe (Möglichkeit der Geltendmachung von compensatory and punitive damages, Gefahr böswilligen Zuwartens des Verletzten und „great expense and effort on the part of the publisher") tragen die Entscheidung nicht. Es sind Schwierigkeiten, die bei jeder Art von Gewinnhaftung auftreten und gelöst werden können.

menen Eingriffs voraussetzt, und daß es an diesem „Rechte" fehle, wenn der Eingriff — selbst vom Verletzten vorgenommen — unüblich oder gar anstößig wäre, wie z. B. bei der „kommerziellen" Verwertung von „Persönlichkeitsrechten". *Raiser*[173] würde hier von „bloßen Ausschlußrechten" sprechen, deren Inhaber zwar alle anderen von einer bestimmten Tätigkeit ausschließen kann, ohne aber selbst ein Recht „auf" diese Tätigkeit zu haben. Das Rechtsempfinden wehrt sich nun auch in der Tat gegen die Vorstellung, daß A „das Recht verliehen" sein könnte, gewisse Skandalgeschichten aus seiner Vergangenheit zu veröffentlichen. Das rechtfertigt jedoch keineswegs die Ablehnung der Gewinnhaftung, wenn sich, wie im Fall *Hart v. Dutton*, ein anderer dieses Stoffs rechtswidrig bemächtigt und Riesengewinne erzielt.

Die Frage nach dem Recht „auf" Vornahme einer bestimmten Tätigkeit ist denn auch falsch gestellt und wurzelt in dem hier schon mehrfach kritisierten „dinglichen" Rechtsdenken. Im Umgang mit Rechtsobjekten gilt die *Freiheitsvermutung,* d. h. man kann mit Vermögenswerten jeder Art nach Belieben verfahren, sofern das nicht gegen eine Rechtsnorm verstößt. Das gilt auch für Güter der Persönlichkeitssphäre. Für die Gewinnhaftung kann es folglich nicht auf die „Erlaubtheit", sondern nur auf das „Nicht-Verbotensein" des betreffenden Eingriffs für den Verletzten ankommen, m. a. W.: *die Gewinnhaftung hat erst da ihre Grenze, wo der Eingriff nicht nur gegenüber dem Verletzten, sondern „absolut" rechtswidrig ist, d. h. auch vom Rechtsinhaber selbst in dieser Form nicht vorgenommen werden dürfte.*

Wenn z. B. A den B im Auftrag des X gegen Zahlung von 500 DM körperlich schwer verletzt, so kann B nicht Herausgabe der 500 DM verlangen, denn auch B ist es nicht erlaubt, über seine körperliche Unversehrtheit gewinnbringend zu verfügen.
Benutzt A das Kfz. des B für Schmuggel oder Einbruch, den Namen und guten Ruf des B für einen Betrug, so scheidet ein Anspruch des B ebenfalls aus, weil auch er diese Güter nicht für kriminelle Zwecke einsetzen darf. Hier mag der strafrechtliche Konfiskationsanspruch (bona vacantia) sowie der Schadensersatzanspruch des verletzten Dritten eingreifen[174]. Ähnliches dürfte gelten, wenn A das Kfz. des B (ohne Erlaubnis des B) dem X gegen Entgelt für rechtswidrige Zwecke zur Verfügung stellt und A dadurch der Beihilfe schuldig wird.

Schlachtet A dagegen die Privatsphäre des B für einen Bestseller aus, so ist kein Grund ersichtlich, dem B den Anspruch auf den Gewinn zu verweigern. Zwar ist es nicht allgemein üblich, über die eigene Person gewinnbringend Skandalgeschichten zu verbreiten, und es ge-

---

[173] JZ 61, 465 (468).

[174] Letzterer würde der Gewinnhaftung selbstverständlich immer vorgehen.

hört auch nicht zum guten Ton. Das ist aber kein Grund, ausgerechnet dem A den erzielten Gewinn zu belassen. Für den Gewinnherausgabeanspruch des B ist ausreichend, daß die Veröffentlichung derartiger Memoiren durch B persönlich nicht gegen die Rechtsordnung verstoßen würde.

Mit diesen Kriterien kann man auf die unglückliche Unterscheidung zwischen „vermögenswerten" und „nicht vermögenswerten" Rechten, die eine Unterscheidung danach ist, ob die kommerzielle Verwertung bestimmter Rechtsgüter allgemein üblich ist oder nicht, verzichten. Führte erst die zunehmende tatsächliche Bedrohung der Persönlichkeitssphäre zur Anerkennung eines Persönlichkeits-„rechtes", so sollte die Gewinnhaftung ihrerseits nicht noch zusätzlich von einer tatsächlichen Kommerzialisierung der betreffenden Rechtsgüter abhängen. Gerade die Gewinnhaftung bietet in vielen Fällen eine schärfere und adäquatere Waffe gegen Rechtsverletzungen als Schadensersatz und Schmerzensgeld. Ihre Nichtanerkennung würde eine durch nichts gerechtfertigte Privilegierung des Eingreifers in jenen Fällen bedeuten, wo nicht nur kommerzielle, sondern höher zu bewertende persönliche Interessen auf dem Spiele stehen.

V. Rechtspolitische Gesichtspunkte

1. Interdependenz von Recht und Rechtspolitik

Nach Erörterung der allgemeinen Grundlagen der Gewinnhaftung soll noch ein besonderes Augenmerk auf die rechtspolitischen Gesichtspunkte geworfen werden. Darunter werden hier Gesichtspunkte verstanden, die, ohne zu den rechtlichen Voraussetzungen des Gewinnherausgabeanspruchs zu gehören, doch zu seiner Rechtfertigung herangezogen werden. Schon aus dieser Umschreibung ergibt sich, daß die Trennung rechtspolitischer und dogmatischer Gesichtspunkte mit Schwierigkeiten verbunden und mit letzter Konsequenz nicht durchführbar ist. Abgesehen davon, daß rechtspolitische Gesichtspunkte ständig auf Rechtsauslegung und -anwendung abfärben[175], findet schließlich jede dogmatische Reduktion einmal Grenzen, die mit dogmatischer Argumentation nicht mehr überwunden, sondern nur noch dadurch erklärt werden können, daß hier rechtspolitische Postulate unmittelbar in rechtliche Normen umschlagen und so in die Dogmatik eingehen[176].

Ist die präzise Trennung von Rechtspolitik und geltendem Recht im allgemeinen schon problematisch, so gilt dies insbesondere gegen-

---

[175] *Coing*, Rechtspolitik und Rechtsauslegung, passim.

[176] Umstritten und Gegenstand mehr ideologischer als juristischer Kontroversen ist die Frage, in welchem Umfang dies geschieht; vgl. hierzu *Welzel*, Naturrecht und materiale Gerechtigkeit S. 162 f., 183 f.; *Kelsen*, Reine Rechtslehre S. 201.

über dem Equityrecht, das, wie erörtert, anfänglich unabhängig von allen präjudiziellen Beschränkungen gehandhabt werden konnte und damit rechtspolitischen Gesichtspunkten in besonderem Maße zugänglich war.

2. *Präventionswirkung*

Vor allen Dingen Gesichtspunkte der praktischen Zweckmäßigkeit sind es, die zugunsten der Gewinnhaftung sprechen. Im wesentlichen werden genannt die Sicherstellung einer ordentlichen „Amtsführung" durch denjenigen, der eine fiduciary position innehat und die vereinfachte Schadloshaltung des beneficiary auch in den Fällen, wo ein Schadensnachweis nicht oder nur schwer zu erbringen ist.

In *Bray v. Ford*[177] betont Lord *Herschell* die Präventionswirkung:

"It does not appear to me that this rule is, as has been said, founded upon principles of morality. I regard it rather as based on the consideration that, human nature beeing what it is, there is a danger in such circumstances, of the person holding a fiduciary position beeing swayed by interest rather than by duty, and thus prejudicing those whom he was bound to protect. It has therefore be expedient to lay down this positive rule."

In *Parker v. McKenna*[178] heißt es:

"No man can in this Court, acting as an agent, be allowed to put himself into a position in which his interest and his duty will be in conflict."

Der Gedanke ist überzeugend: Nur dann, wenn die eigennützige Ausbeutung einer fiduciary position keinerlei Vorteile verspricht, ist wirklich sichergestellt, daß sie unterbleibt.

3. *Vereinfachte Schadloshaltung*

Diese Funktion bringt Sir James *Wigram* in *Colburn v. Simms*[179] zum Ausdruck, wo es um eine Urheberrechtsverletzung ging:

"It is impossible to know how many copies of the dearer book are excluded from sale by the interposition of a cheaper one."

Da mithin die Höhe des Schadens nicht feststellbar sei, andererseits aber eine Rechtsverletzung feststehe, erfülle die action on account of profits eine zweckmäßige und gerechte Funktion, indem sie — "as the nearest approximation which it can make to justice" — dem geschädigten, aber wegen Unmöglichkeit des Schadensnachweises schutzlosen Verletzten einen Ausgleich im Wege der Gewinnherausgabe gewähre.

Hiermit ist nicht gesagt, daß die Gewinnhaftung etwa einen Schadensersatzanspruch ersetzen soll oder selbst als besondere Art der Schadensliquidation anzusehen ist. Sie bleibt vielmehr nach wie vor von der Entstehung eines Schadens ganz unabhängig, und es wird bewußt in

177 (1896) A. C. 44.
178 (1874) L. R. 10 Ch. 96 (118).
179 (1843) 2 Hare 543 (560).

Kauf genommen, daß der Verletzte auf diese Weise u. U. mehr erhält, als ihm unter dem Gesichtspunkt des Schadensersatzes bei Nachweisbarkeit des vollen Schadens zugesprochen werden könnte:

"The Court may often give the injured party more, in fact, than he is entitled to (unter dem Gesichtspunkt des Schadensersatzes) for non constat, that a single additional copy of the more expensive book would have been sold if the injury by the sale of the cheaper book had not been committed[180]."

4. Rechtliche Auswirkungen

Welches Gewicht diesen rechtspolitischen Funktionen beigemessen wird, zeigt sich daran, daß sie auf die Gestaltung der materiellen Rechtslage Einfluß nehmen.

In vielen Fällen braucht eine Pflichtverletzung des trustee nicht nachgewiesen zu werden. Es genügt, wenn sie zu vermuten ist[181]. Diese Vermutungen erstarken in zahlreichen Fällen zur Fiktion (irrebuttable presumption), greifen also selbst dann durch, wenn im Einzelfall feststeht, daß der trustee nicht pflichtwidrig gehandelt hat. So hatte der trustee in *Keech v. Sandford* alles ihm Zumutbare getan, um eine Erneuerung des Vertrages zugunsten des beneficiary zu erreichen Dennoch wurde er so behandelt, als habe er den Vertragsabschluß zu seinen Gunsten nur unter Hintansetzung der Interessen des beneficiary erlangen können —

"... for I very well see, if a trustee, on the refusal to renew, might have a lease to himself, few trust estates would be renewed to cestuis que use."

"This may seem hard, that the trustee is the only person of all mankind who might not have the lease: but it is very proper that the rule should be strictly pursued, and not in the least relaxed[182]."

Ebenso wird in der Regel bei Entgegennahme von Bestechungsgeldern durch Angestellte, Direktoren etc. verfahren[183]. Hier wird — sicher nicht zu Unrecht — unwiderleglich vermutet, daß die Empfänger durch die Empfangnahme des Geldes zum Nachteil des Dienstherrn beeinflußt wurden[184].

Häufig werden diese Vermutungen lediglich mit dem lapidaren Hinweis auf „public policy" gerechtfertigt[185]. Materiell beruhen sie auf einer Abwägung der Interessen von trustee und beneficiary: In Fällen, in denen erfahrungsgemäß Eigennutz vorliegt oder in denen der trustee ohnehin nicht schutzwürdig erscheint (Bestechungen), in denen aber auf

---

[180] *Colburn v. Simms* a.a.O. S. 560; vgl. bes. oben S. 30 f.

[181] z. B. bei Pfandgläubigern (*Rushworth's Case*, Freem. 13), Gesamthändern (*Palmer v. Young* 1 Vern. 276) und Gesellschaftern (*Featherstonhaugh v. Fenwick* (1810) 17 Ves. 298).

[182] *Keech v. Sandford* (1726) Sel. Cas. Ch. 61.

[183] Vgl. *Goff/Jones* S. 457 f.

[184] *Harrington v. Victoria Graving Dock Co.* (1878) 3 Q. B. D. 549; *Industries and General Mortgage Co., Ltd. v. Lewis* (1949) 2 All. E. R. 573; *Reading v. A. G.* (1951) 1 All. E. R. 617.

[185] Vgl *Re Biss* (1903) 2 Ch. 40 (57).

der anderen Seite die Verfolgung berechtigter Ansprüche leicht an Beweislastschwierigkeiten scheitern könnte, erscheint es — auch aus Gründen der Prozeßökonomie — nur gerecht, wenn eine generalisierende Entscheidung zugunsten des beneficiary getroffen wird. Dabei ist es zwar möglich, daß der trustee im Einzelfall ungerechtfertigt in Anspruch genommen wird, aber es liegt an ihm, sich gar nicht erst in eine zwielichtige Situation hineinzubegeben. Der in komplizierten Fällen — man denke an umfangreiche Vermögensverwaltungen — häufig schutzlose beneficiary erhält durch die Vermutungen oft überhaupt erst die Möglichkeit, seine Ansprüche geltend zu machen. Rechtspolitische Postulate der Prävention und Schadloshaltung nehmen hier unmittelbaren Einfluß auf die Gestaltung der materiellen Rechtslage[186].

Doch hat dieser Einfluß auch seine Grenzen. Er führt zwar in gewissen typisch gelagerten Sachverhalten zu Modifizierungen, nie aber zur eigentlichen Begründung der Gewinnhaftung. So lehnte der US Supreme Court[187] in einem Fall von Urheberrechtsverletzung ausdrücklich Straf- und Präventionsgedanken als Grundlage der Gewinnhaftung ab:

"Petitioners stress the point that respondents have been found guilty of deliberate plagiarism, but we perceive no ground for saying that in awarding profits to the copyright proprietor as a means of compensation, the court may make an award of profits which have been shown not to be due to the infringement. That would be not to do equity but to inflict an *unauthorized penalty.*"

VI. Auswertung und Versuch einer systematischen Übersicht; Behandlung von Zweifelsfragen

1. Grundlagen der Gewinnhaftung

a) Equity — Constructive Trust

Die Haftung auf Herausgabe widerrechtlich erlangter Vorteile hat sich in Equity wie im Common Law zu einem umfassenden System entwickelt.

In Equity entstand der Gedanke der Gewinnhaftung aus der action on account of profits des trust-Rechts, befreite sich jedoch bald unter dem Deckmantel des constructive trust, um nach und nach auf eine Vielzahl von Rechtsverhältnissen überzugreifen. War die Gewinnhaftung zunächst die einleuchtende Konsequenz (corollary, graft) aus der fiduciary relationship, die es eben nicht zuließ, daß der trustee aus

---

186 Die gleichen Gesichtspunkte dürften der „duty of disclosure of personal interest" zugrunde liegen; vgl. *Ex parte James* (1803) 8 Ves. 337 (345): „No Court is equal to the examination of the truth" (Lord *Eldon*).

187 (1940) 309 U. S. 390; Hervorhebung vom Verf.; vgl. ferner *Lamb v. Rooney* 72 Nebr. 322 (unten S. 66). Zum Gesichtspunkt der Rechtsverfolgung im deutschen Recht vgl. oben S. 16 N. 12 und unten S. 73, 85 f.

seiner wie immer gearteten tatsächlichen oder rechtlichen Machtstellung einen persönlichen Vorteil zog, so trat dieser Gedanke, obwohl formal festgehalten, mit Ausweitung des constructive trust immer mehr zurück. Die Gerichte fingierten das Vertrauensverhältnis, wo sie die Gewinnhaftung für gerechtfertigt hielten, und je breiter auf diese Weise der Anwendungsbereich des constructive trust wurde, um so stärker schmolz das materielle Substrat, der gemeinsame Nenner aller Gewinnhaftungsfälle zusammen. Heute — zur Zeit seiner größten Verbreitung — hat der constructive trust seine eigenständige materiellrechtliche Bedeutung verloren. Er definiert nicht die Voraussetzungen der Gewinnhaftung (substantive right), sondern macht sie nur möglich (remedy). Damit entspricht die Funktion des constructive trust der einer Generalklausel der kontinentalen Rechte und läßt, gegründet allein auf das Prinzip des unjust enrichment, die Gewinnhaftung regelmäßig dann zu, wenn A „auf Kosten" (at the expense) des B, m. a. W. unter Ausnutzung eines fremden, wie immer gearteten, identifizierbaren Rechtsgutes oder Interesses einen wie immer gearteten rechtlichen oder tatsächlichen Vorteil erzielt. Für die Frage der „Fremdheit" des Rechtsguts ist das individuelle zwischen den Parteien bestehende Rechtsverhältnis entscheidend, wobei es gleichgültig ist, ob die Rechtswidrigkeit des Eingriffs auf der Verletzung von Vertrag, Rechtsnorm oder absolutem Recht beruht.

Nur in einem scheint sich das ursprüngliche trust-Recht noch heute zu behaupten: nur property kann Gegenstand des constructive trust sein. Wegen ersparter Aufwendungen entsteht kein constructive trust, was jedoch nicht heißt, daß diese nicht ausgeglichen werden müßten. Auch im Falle verlorener oder verschwendeter (trust)-Gegenstände oder an gutgläubige Gläubiger gezahlter (und damit bona fide erworbener) Geldsummen entsteht mangels trust-fund, m. a. W., mangels Identifizierbarkeit (traceability) der auf diese Weise erlangten Vorteile (Ersparnisse, Befreiung von einer Schuld) bzw. Nichterlangung von Vorteilen (bei Zerstörung) kein constructive trust[188]. Das hat jedoch nur insoweit Bedeutung, als der Verletzte nicht mehr in den Genuß der spezifischen Drittwirkung[189] des trust-fund kommt und daß die Möglichkeit des „tracing", des „following the trust property into its product" endet. Die ersparten Aufwendungen — i. d. R. der Wert des Gebrauchs — können jedoch, gestützt etwa auf conversion oder infringement, im Wege einer persönlichen Klage „herausverlangt" werden (waiver of tort). Handelte es sich um breach of trust, so stehen dem beneficiary persönliche Klagen sowohl nach Common Law wie Equity zur Ver-

[188] Restatement § 160 (i).

[189] Der beneficiary hat im Konkurs des trustee ein Aussonderungsrecht. Ferner kann er specific performance, d. h. Übertragung des trust-property „in specie" erzwingen; § 160 (e) Restatement of Trusts.

fügung[190], Geld, das der trustee auf eigene Konten einzahlt, ist mindestens „at the ordinary rate" — zum „Gebrauchswert" — zu verzinsen[191].

Unverständlich ist der Standpunkt des Restatement[192], wenn es einen constructive trust in Fällen ablehnt, wo der Eingreifer nur Besitz (mere possession) und keinen irgendwie gearteten legal oder equitable title erlangt. Der Gesichtspunkt des Gläubigerschutzes und der Unmöglichkeit des tracing greifen hier jedenfalls nicht durch,da der Gegenstand des Besitzes einwandfrei identifizierbar ist. Die Begründung für die ablehnende Haltung ist denn auch rein formal: Besitz als solcher sei kein „title to property". Diese Begründung ist schon gegenüber der Rechtsprechung, die in property „an unanalysed expression of certain secondary consequences"[193] sieht, überholt. Außerdem: „mere" possession, d. h. Besitz als reines Faktum, gibt es auch im englischen Recht nicht: "This state of fact carries with it legal advantages, and so is the source of rights[194]." Man kann also „actual" und „legal" possession nicht trennen, und letzterer Aspekt des Besitzes erfüllt alle Voraussetzungen des Begriffs property. *Cribbet*[195] stellt dementsprechend fest: "Possession ... is an exceedingly valuable property right."

Es wäre auch nicht erklärlich, wie der Empfänger vertraulicher Informationen über eine Maschine property daran haben soll (constructive trust), nicht aber der, wenn auch unrechtmäßige Besitzer der Maschine selbst, selbst wenn er sie durch Diebstahl erlangt und letztlich an den Berechtigten (nicht jeden Dritten!) herausgeben muß.

Schließlich scheint die Auffassung, die auch für den constructive trustee irgendeine „legal", aber „equitably" nicht gerechtfertigte Beziehung zum trust fund verlangt, ein heute durch die Rechtsentwicklung längst überholtes dogmatisches Erbe aus den Ursprüngen des trust- und Equityrechts zu sein, wo Equity nur subsidiär, d. h. nur dann eingreifen konnte, wenn dem trustee nach Common Law nicht beizukommen war, eben *weil* er den legal title hatte. Heute dürfte es genügen, daß der „trustee" ein identifizierbares Vermögensinteresse tatsächlich für sich benutzt. Selbst wenn „mere possession" im übrigen keinen constructive trust begründen könnte, ist dem Gläubiger durch die Möglichkeit der Gewinnherausgabeklage im Wege des waiver of tort (aus conversion) geholfen.

---

190 §§ 198, 205 Restatement of Trusts.

191 *Underhill* S. 554.

192 § 160 (j).

193 244 U. S. 100 (vgl. oben S. 52).

194 *Pope* S. 1206.

195 Law of Property S. 12.

b) Waiver of Tort — Common Law

Obwohl auf ähnlich breitem Grundgedanken aufbauend wie der constructive trust, ist waiver of tort in der praktischen Anwendung insofern kasuistischer orientiert, als notwendig eine in das überkommene (aber sehr elastische) Common Law Schema passende unerlaubte Handlung (tort) vorausgesetzt ist. Steht fest, daß tort vorliegt, so wird auch regelmäßig auf Herausgabe des aus tortious conduct erzielten Gewinns gehaftet. Hauptanwendungsfälle sind conversion und trespass, d. h. die unerlaubte Wegnahme, Benutzung oder Verfügung über fremde Sachen (einschließlich Wertpapieren), ferner passing-off (alle Maßnahmen, die geeignet sind, die Verwechselungsfähigkeit einer Ware herbeizuführen und damit fremde Marktpositionen eigennützig zu verwerten) und infringement (die rechtswidrige Verwendung eingetragener Warenzeichen, Patente und Urheberrechte).

c) Grenzen der Gewinnhaftung

Die Grenzen der Gewinnhaftung verlaufen nicht ganz eindeutig. Es wird ein Unterschied zwischen Staat und Individuum als Anspruchsberechtigten zu machen sein.

Ist ein Einzelner anspruchsberechtigt, so wird nicht auf jeden widerrechtlich erzielten Gewinn gehaftet (wie es etwa *Schulz* und *Jakobs* für das deutsche Recht gefordert haben)[196]; es ist vielmehr der zusätzliche Nachweis erforderlich, daß dieser Gewinn auf Kosten, d. h. unter Ausnutzung eines fremden identifizierbaren Rechtsobjekts erzielt wurde. Wird das ausgenutzte Rechtsgut allgemein kommerziell verwertet, so ergeben sich keine weiteren Schwierigkeiten. Handelt es sich dagegen nicht um „vermögenswerte", sondern um Persönlichkeitsrechte, so bestehen letztlich unbegründete Hemmungen gegenüber der Gewinnhaftung, denn auch ein Persönlichkeitsgut wird „vermögenswert", wenn seine kommerzielle Verwertung üblich wird. Hier würde also besser allein darauf abgestellt werden, daß der Verletzte die vom Eingreifer vorgenommene Art der Verwertung selbst ohne Verstoß gegen die Rechts- und Sittenordnung hätte vornehmen dürfen[197].

Zugunsten des Staates scheint sich eine Haftung auf jeden widerrechtlich erzielten Gewinn durchzusetzen. Beim hier nicht näher zu behandelnden strafrechtlichen Konfiskationsanspruch (bona vacantia) dominiert mit Recht der Präventions- und Strafgedanke. Dies scheint auf ähnlich gelagerte „zivilrechtliche" Fälle (Benutzung einer Uniform zur Deckung von Schmuggel) abzufärben.

---

[196] Vgl. unten S. 108 f.

[197] Vgl. oben S. 53 f.

2. Der Gegenstand der Gewinnhaftung

a) Vorbemerkung

Die Bestimmung der im konkreten Fall herauszugebenden Vorteile hängt so eng mit Bejahung oder Verneinung der Gewinnhaftung als solcher zusammen, daß sie in der Rechtsprechung nur selten besonders erörtert wird. Zwischen ersparten Aufwendungen und positivem Gewinn wird kein prinzipieller Unterschied gemacht. "The word 'benefit' denotes any form of advantage[198]." Ein Vermögensnachteil irgendwelcher Art (loss) ist für den Umfang der Gewinnhaftung ebensowenig wie zu ihrer Begründung erforderlich. Schuld oder Unschuld des Eingreifers sind, obwohl in gewissen Fällen zu Modifizierungen führend, ohne grundsätzliche Bedeutung für den Umfang der Haftung[199]. Eine zu weitgehende Berücksichtigung des Verschuldens würde der festgestellten grundsätzlichen Bedeutungslosigkeit präventions- und strafrechtlicher Gesichtspunkte bei der Begründung der Haftung widersprechen.

Kausalitätsüberlegungen irgendwelcher Art werden nicht angestellt. Abgrenzungsschwierigkeiten, wie sie sich im deutschen Recht aus der ins Uferlose führenden Kausaltheorie ergeben[200], treten daher gar nicht erst auf. Es dominiert die „wirtschaftliche Betrachtungsweise" oder der „Maßstab des einsichtigen Menschen", wie er heute im deutschen Strafrecht diskutiert wird[201], und man wird so auch mit schwierigeren Problemen fertig[202].

Das heißt nicht, daß sich nicht im Laufe der Zeit gewisse Regeln herausgebildet hätten; nur sind diese Regeln keiner wissenschaftlichen Analyse zugänglich, sondern auf die Bedürfnisse der Praxis abgestellte Leitfäden und im Grunde nur andere Formulierungen für das Prinzip der Gewinnhaftung.

b) Grundsatz: Orientierung am Trust-Recht

Erzielt ein trustee aus der rechtmäßigen Verwaltung fremden Vermögens einen Gewinn, so ist er dafür rechenschaftspflichtig. Verwendet er das ihm anvertraute Vermögen eigennützig, so besteht keinerlei Veranlassung, ihn — ob schuldhaft oder schuldlos — hinsichtlich seiner Haftung besser zu stellen als den rechtmäßig Handelnden, m. a. W.: *die Absicht des trustee, Erträge des trust fund zu unterschlagen, kann*

---

198 Restatement § 1 b.

199 Vgl. unten (e) und (g).

200 Vgl. unten S. 134 f.

201 Dazu *Lorenz*, Der Maßstab des einsichtigen Menschen, Diss. Mchn 1964 m. w. N. Das Ziel dieser Arbeit, die sich bemüht, mit Hilfe des Maßstabs des e. M. innerhalb der strafrechtlichen Äquivalenztheorie den Bereich des sog. Zufalls auszugrenzen, ist für die vorliegende Untersuchung allerdings zu eng.

202 Vgl. die folg. Ausführungen, insbes. S. 63 f., 65 f.

nicht dazu führen, seine Herausgabepflichten herabzumildern. Es besteht ferner keine Veranlassung, den constructive trustee besser zu stellen, als den express trustee.

"The generic rule for ascertaining the amount of profits recoverable in equity for the infringement of a patent, is that of treating the infringer as though he were a trustee for the patentee[203]."

Mit der Entwicklung der Gewinnhaftung aus dem trust hat die Rechtsprechung damit ein ungewöhnlich praktikables Leitbild für die Bestimmung des Gegenstandes der Gewinnhaftung übernommen. Vorteile, die durch Verkauf oder Tausch, Vermietung oder Verpachtung fremden Vermögens, durch Zinsen und Dividenden oder durch anderweitigen Einsatz fremder Vermögenswerte „erwirtschaftet" werden, gebühren dem beneficiary, ganz gleich, ob der trust auf Parteivereinbarung oder objektivem Recht beruht (constructive trust), ob die Verwertung rechtmäßig oder unrechtmäßig war und unabhängig auch von der Art der verwendeten Vermögenswerte[204]. Ein Unterschied zwischen „unmittelbarer" und „mittelbarer" Bereicherung ist hierbei ersichtlich unangebracht und wird auch nicht gemacht. Wirtschaftlich ist es in der Tat gleichgültig, ob der ungetreue trustee Vermögenswerte selbst benutzt und dadurch Aufwendungen erspart oder ob er sie an einen Dritten vermietet und den Mietzins einsteckt.

c) „Tracing"

Im weiteren Verlauf können sich jedoch beim rechtswidrig handelnden trustee auf Grund der bei seinem Vorgehen eintretenden Vermischung eigenen Vermögens mit dem des trust fund gewisse Komplikationen ergeben. Die Gewinnhaftung geht nur auf das „aus" dem trust Erlangte. Was aber ist „erlangt", wenn der trustee (A) den Erlös von DM 2000 aus dem Verkauf vom zum trust fund gehörenden Wertpapieren des B (Nennwert 1000 DM) in Grundstücken (Wert 2000 DM) investiert, diese günstig vermietet oder mit Gewinn von 1000 DM weiterverkauft? Was ist „erlangt", wenn A ein Haus kauft und nur zur Hälfte aus dem trust fund, zur anderen Hälfte selbst bezahlt?

Die Rechtsprechung hat diese mit keiner Kausaltheorie zu bewältigenden Probleme des following property into its product auf pragmatische und überzeugende Art und Weise durch Entwicklung der sog. tracing rules gelöst. Im Grundgedanken besagen sie: Solange sich der Gegenstand des trust fund (bzw. sein „Surrogat") noch irgendwie

---

[203] *Walker* § 756; *Belknap v. Schild* 161 U. S. 10: Der Eingreifer hafte „to the like extent as a trustee". Das übersieht *Fr. Schulz* (S. 106 f.), wenn er meint, man versuche den Ertrag „auf die Ertragsfaktoren nach Maßgabe ihrer ursächlichen Bedeutung" zu verteilen. Kausaltheorien spielen, das sei nochmals betont, keine Rolle, so daß die Kritik von *Fr. Schulz* von ganz falschen Voraussetzungen ausgeht.

[204] §§ 190 f. Restatement; §§ 197 f. Restatement of Trusts.

gegenständlich identifizieren läßt, solange er traceable ist, ist er an den beneficiary herauszugeben. Die Rechtsprechung sieht im tracing in erster Linie ein tatsächliches, kein rechtliches Problem. "(Its) a difficulty of fact, not of law[205]." „Kriterium" der Identifizierbarkeit ist damit letztlich nichts anderes als eine natürliche Sicht der Dinge oder die *Verkehrsanschauung*.

Damit scheint dem Richter ein gewisser Beurteilungsspielraum eingeräumt und die Rechtssicherheit gefährdet zu sein. In Wahrheit ist der Spielraum des Richters nicht größer als bei vielen anderen Rechtsbegriffen. Kein Begriff ist exakt und kann es nicht sein. Auch der differenzierteste ist letztlich nichts als ein Symbol oder, wie *Stegmüller* sagt[206], eine „hypothetische Verallgemeinerung" und bedarf des intuitiven, „apriorischen", jedenfalls nicht deduzierbaren „Verständnisses". Die Kompliziertheit eines detaillierten Begriffsapparates ist also keineswegs Gradmesser seiner Güte, und häufig sind Beispiele besser als Definitionen, deren Elemente doch wieder des Beispiels bedürfen. Eine Begriffsaufspaltung sollte daher nie weiter gehen, als bis ein vernünftiges Maß kommunizierbarer Übereinstimmung darüber besteht, „was gemeint ist". Dieser Forderung scheint das englische und amerikanische Recht trotz (notwendig) verbleibender Zweifelsfragen weitgehend gerecht zu werden.

Verfolgt man den Eingangsfall, so ergibt sich folgendes: Der Erlös aus dem Verkauf der Wertpapiere kann ohne Schwierigkeiten als deren „Surrogat" identifiziert werden, auch wenn er höher ist, als der Nennwert der Papiere, denn auch Gewinne aus Kurssteigerungen gehören „zum" Wertpapier. Der Betrag von 2000 DM gebührt folglich dem beneficiary[207]. Er unterliegt, gleich, ob A das Geld auf sein Konto einzahlt oder anderweit mit seinem Geld vermischt, weiterhin dem (nunmehr constructive) trust, also den gleichen Regeln, wie vorher die Wertpapiere (u. a. genießt B auch Priorität vor den anderen Gläubigern des A). Kauft A mit diesem Geld ein Grundstück, so setzt sich folglich der constructive trust an diesem Grundstück fort. Folglich gebühren auch die aus dem Grundstück gezogenen Mietzinsen bzw. der Verkaufserlös dem B[208].

---

205 *Taylor v. Plumer* (1815) 3 M. & S. 562 (576) (Lord *Ellenborough*); zu den hier nicht relevanten Unterschieden von legal und equitable rules vgl. *Goff/Jones* S. 43 f.

206 In Fischers Lexikon der Philosophie Bd. 11 S. 327 f.

207 Vgl. § 198 Restatement.

208 Zu einem anderen Ergebnis kommt die stark umstrittene Entscheidung *Equity Corp. v. Groves* 294 N. Y. 8; 60 N. E. 2nd 19 (1945). Ein Direktor der klagenden Gesellschaft „entlieh" sich rechtswidrig Geld aus der Gesellschaftskasse zum Kauf von Wertpapieren, die er mit beträchtlichem Gewinn weiterveräußerte. Anschließend verwendete er diesen Gewinn für weitere gewinnbringende Transaktionen. Er wurde nur zur Herausgabe des ersten, nicht der

d) Beitragswerte

Trägt A hingegen aus eigenen Mitteln (Geld, Arbeitskraft, besonderes Können) zur Vermehrung des trust fund bei, so ist die Herausgabe des ganzen Gewinns an B nicht nur unbillig, sondern dem Prinzip der Gewinnhaftung widersprechend. Es erfolgt eine ebenfalls am Maßstab des einsichtigen Menschen orientierte *Aufteilung* nach den Beitragswerten. Baut A also zum Preise von 2000 DM ein Haus im Werte von 3000 DM und bezahlt er es nur zur Hälfte (1000 DM) mit Mitteln des trust fund, zur anderen Hälfte aber selbst (oder durch Einbringung seiner Arbeitskraft als Architekt oder Bauunternehmer), so ist B auch nur zur Hälfte an dem erworbenen Vermögen, also nur mit 1500 DM an dem Wert des Hauses beteiligt. Nur der *„Mehrwert"* seines trust-Vermögens steht ihm also zu. So entschied der US Supreme Court in *Westinghouse Electric & Manuf. Co. v. Wagner Electric and Manuf. Co.*[209]:

"There are many cases in which the plaintiff's patent is only a part of the machine and creates only a part of the profits. His invention may have been used in combination with valuable improvements made, or other patents appropriated by the infringer, and each may have jointly, but unequally, contributed to the profits. In such case, if plaintiff's patent only created a part of the profits, he is only entitled to recover that part of the net gains."

In *Sheldon v. Metro-Goldwyn Pictures Co.*[210] unterstrich der Supreme Court erneut die Notwendigkeit des apportionment. Den Beklagten wurde vorgeworfen, bei der Herstellung des Films „Letty Lynton" unter bewußter Mißachtung des Urheberrechts der Kläger das Stück „Dishonored Lady" als Vorlage benutzt zu haben. Die Kläger begehrten den Reingewinn (net profits) aus der Verwertung des Films in Höhe von 0,6 Mio. Dollar. Der Circuit Court of Appeal hielt demgegenüber nur eine Beteiligung von 1/5 für gerechtfertigt. Der Supreme Court, im Wege des certiorari angerufen, schloß sich dieser Auffassung an. Der Erfolg eines Films hänge nicht nur vom Drehbuch, sondern ganz wesentlich von der produzierenden Filmgesellschaft, von Namen und Rang der Schauspieler ab.

"The controlling fact in the determination of the apportionment was that the profits had been derived, not from the mere performance of a copyrighted play, but from the exhibition of a motion picture which had it's distinctive profit-making features, a part from the use of any infringing material, by reason of the expert and creative operations involved in its production and direction."

---

weiteren Gewinne verurteilt. Die Entscheidung erging (relativ knapp) mit 4 : 2 Stimmen und wird in der Literatur stark kritisiert; vgl. 58 Harv. L. Rev. 880; 31 Va. L. Rev. 961; 55 Yale L. J. 593.

[209] (1912) 225 U. S. 604 (614/615).

[210] 309 U. S. 390.

Daß die tatsächliche Feststellung und Berechnung der „Beitragswerte“ nicht einfach ist, wird keinen Augenblick verkannt[211]. Das rechtfertigt es aber weder, dem Eingreifer den Gewinn zu belassen, noch, allen Gewinn dem Verletzten zuzusprechen. In *Tilgham v. Proctor*[212] heißt es:

"It is inconsistent with the ordinary principles and practice of courts of chancery, either on the one hand, to permit the wrongdoer to profit by his own wrong, or, on the other hand, to make no allowance for the cost and expense of conducting his business, or to undertake to punish him by obliging him to pay more than a fair compensation to the person wronged."

Selbst in *Lamb v. Rooney*[213], wo es um den equitable title an 49 Rindern ging, die ein Hehler mit dem Erlös aus dem Verkauf von 15 eigenen und 10 gestohlenen Stieren erworben hatte, war nach den Beitragswerten aufzuteilen[214]: "A court of chancery ... always abhors forfeitures and penalties."

Die für notwendig gehaltene Aufteilung nach den Beitragswerten ist zugegebenermaßen „a matter of judgment“[215]. Darauf kommt es jedoch nicht an:

"It well may be that mathematical exactness was not possible, but ... that degree of accuracy is not required but only reasonable approximation, which usually may be attained through the testimony of experts and persons informed by observation and experience."

Unklarheiten gehen dabei regelmäßig zu Lasten des Eingreifers und können u. U. zur Herausgabe des ganzen Gewinns führen. "In such a case ... the loss should fall on the guilty and not on the innocent[216]."

e) „Wegfall“ der Bereicherung

Kann property nicht weiter „verfolgt“ werden, etwa weil es untergeht, seinen Wert verliert, vergeudet wird oder sonstwie seine Identifizierbarkeit verliert[217], so entsteht die Frage, inwieweit dieser Wegfall der Bereicherung (change of position) zu berücksichtigen ist. Hier spielt die Frage des Verschuldens eine ähnliche Rolle wie im deutschen

---

211 Vgl. auch *Schulz* S. 109 f., der daraus Argumente gegen diese Aufteilungsmethode herleiten will, dann aber mit seinen „Reproduktionswerten“ zu unschlüssig begründeten, aber praktisch übereinstimmenden Ergebnissen kommt (S. 125, 366 f.).

212 125 U. S. 136, 145.

213 72 Nebr. 322.

214 Da der anteilige Wert an den erworbenen Rindern geringer war, als der Wert der 10 gestohlenen Stiere, erhielt der Kläger nur ein equitable lien zur Sicherung seiner weitergehenden Ansprüche auf Schadensersatz.

215 309 U. S. 390 (395).

216 225 U. S. 605 (620).

217 Bona fide Erwerb durch Dritte läßt zwar den Anspruch auf den verkauften Gegenstand untergehen. Da „guter Glaube“ jedoch von adäquater Gegenleistung (value) abhängt, setzt sich der Anspruch regelmäßig am Erlös oder eingetauschten Gegenstand fort.

Recht[218]. War der Kondiktionsschuldner an seiner Bereicherung unschuldig, so entfällt i. a. jede Haftung. Traf ihn ein Verschulden, so hat er regelmäßig den Wert der (nicht mehr vorhandenen) Bereicherung zu ersetzen.

f) Geld

Geld ist als universales Zahlungsmittel am schwersten identifizierbar. "Money has no ear-mark." Dennoch gibt es Fälle, in denen eine Geldsumme über mehrere Konten lief und doch vom Gläubiger identifiziert werden konnte[219]. In der weit überwiegenden Zahl der Fälle scheitert der Herausgabeanspruch jedoch am gutgläubigen Erwerb eines Dritten[220]. Vermischt ein trustee geschuldetes Geld mit anderem (z. B. durch Einzahlung auf ein laufendes Konto) und werden von diesem Fond Zahlungen bewirkt, so wird zugunsten des Gläubigers vermutet, daß der trustee redlicherweise zuerst sein eigenes Geld angreift[221].

Diese Regel wird jedoch nicht angewandt, wenn sie zum Nachteil des Gläubigers ausschlägt[222]. Sie erfährt eine weitere Ausnahme, wenn der trustee vorsätzlich Geld aus dem vermischten Fond zur Anschaffung wertvoller Vermögenswerte benutzt. Hier wird der Gläubiger am erworbenen Vermögen im gleichen Verhältnis wie am mingled fund und damit auch an den Wertsteigerungen beteiligt[223].

g) Verschulden

Sind die tracing rules dementsprechend aus sich selbst heraus verständliche Regeln zur Identifizierung der herauszugebenden Vermögenswerte, die, wie die Gerichte mehrfach betont haben, keinen poenalen Charakter tragen, so muß es verwundern, wenn im Restatement[224] und gelegentlich in der amerikanischen Literatur[225] die Auffassung vertreten wird, der innocent converter hafte nur auf den Wert des Erlangten, nicht aber auf den (etwa durch Verkauf des Gegenstandes) erzielten Gewinn. Der Standpunkt der Rechtsprechung, die sich wiederholt gegen „forfeitures and penalties" gewandt hat, das Verschulden also grundsätzlich unberücksichtigt läßt, ist das sicherlich nicht. *Ames* beruft sich auf die Entscheidung *Dixon v. Caldwell*[226], muß jedoch einräumen, daß

---

218 Vgl. *Cohen,* Change of Position in Quasi-Contracts 1932, 45 Harv. L. Rev. 1333.
219 *Banque Belge pour l'Etranger v. Hambrouck* (1921) 1 K. B. 321.
220 *Goff/Jones* S. 14.
221 *Re Hallett's Estate* (1879) 13 Ch. D. 696, 709; § 211 Restatement.
222 *Re Oatway* (1903) 2 Ch. 336.
223 § 210 (2) Restatement.
224 §§ 154, 203 Restatement.
225 *Ames* S. 418 und ihm folgend *Scott* § 509; *Prosser* und *Winfield* äußern sich nicht.
226 15 Ohio St. 412 (1864).

„several decisions to the contrary“ vorhanden sind[227]. Wenn Verschulden nach Ansicht der Rechtsprechung nicht zu einer Ausweitung der Haftung führt, kann fehlendes Verschulden auch keine Erleichterung bewirken und umgekehrt. Der entgegengesetzte Standpunkt würde auch dem Geist des aus dem trust entwickelten Gewinnhaftungsrechts widersprechen.

Größere praktische Bedeutung scheint die Frage nicht zu haben, zumal der Verschuldensbegriff unklar ist und nicht einmal feststeht, ob leichte oder grobe Fahrlässigkeit ausreichen bzw. Tatbestands- oder Rechtsirrtum Verschulden ausschließen[228]. Das von *Ames* gebrachte Argument einer zu langen Verjährungfrist müßte auch für alle Fälle des trust gelten und überzeugt schon deswegen nicht, weil der Gutgläubige regelmäßig nur auf dasjenige haftet, um das er tatsächlich noch bereichert ist.

Die Haltung des Restatement ergibt sich aus dem unrichtigen, allein poenalen Verständnis der Gewinnhaftung („deterrent“)[229], daß, wie erörtert, von der Rechtsprechung nicht geteilt wird. Bei Unschuldigen ist Strafe sicherlich sinnlos, nicht aber der Bereicherungsausgleich. Im übrigen läßt auch das Restatement den innocent converter auf den „Gebrauchswert“ und „direct product“ (Zinsen etc.). haften[230]. Es besteht aber eine ganz eindeutige Übereinstimmung in der Rechtsprechung,

(“that) there is no reason to draw any distinction between unjust enrichment through the proceeds of a sale of goods and through the goods themselves[231].”

Dieser Gesichtspunkt hat zur Ausdehnung der Klage for money had and received vom Veräußerungserlös auf Vergütung für den Gebrauchswert geführt. Wenn das Restatement nun den umgekehrten Weg gehen will, so ist kaum anzunehmen, daß die Rechtsprechung dem folgen wird.

Fehlendes Verschulden kann sich allerdings in Zweifelsfällen, wo der Gegenstand der Gewinnhaftung nicht eindeutig feststellbar ist und Beweislastregeln den Eingreifer benachteiligen, zugunsten des Eingreifers in einer Milderung der Beweislastregeln auswirken. So war es in *Loring v. Baker*[232], eine der wenigen neueren Entscheidungen, in denen das mangelnde Verschulden eine Rolle spielte. Ca. 10 000 Dollar des Klägers waren rechtswidrig mit weiteren 10 000 Dollar vermischt worden (mingled fund). Die trustees hatten in Kenntnis der Umstände,

---

227 u. a. *Buckley v. Second Bank* 35 N. J. Eq. 400; *Johnson v. First Bank* 6 Hun (N. Y.) 124.

228 Vgl. das Caveat in § 202 a Restatement.

229 Restatement § 202 (c).

230 Restatement §§ 157 (d), (e); 203 (c).

231 *Dawson*, Cases, S. 646.

232 (1952) 329 Mass. 63; 106 N. E. 2nd 434.

aber entschuldbarem Rechtsirrtum aus dem Fond 15 000 Dollar entnommen und zur Anschaffung von Wertpapieren verwendet, die im Zeitpunkt der Klage auf ca. 55 000 Dollar gestiegen waren. Der Kläger verlangte entsprechend der Fiktion, daß die Wertpapiere zur Hälfte mit seinem Geld erworben wurden, eine Beteiligung an den Wertpapieren zur Hälfte (ca. 27 500 Dollar). Der Richter fingierte jedoch, daß nur ca. 5000 Dollar des Klägers zur Anschaffung der Wertpapiere verwendet wurden, der im Fond verbliebene Rest von 5000 Dollar mithin „sein" Geld sei. Er beteiligte den Kläger folglich nur mit 1/3 an den Wertpapieren und sprach ihm zusätzlich 5000 Dollar (aus dem Fond) zu. Diese Entscheidung zeigt deutlich, daß mangelndes Verschulden in Zweifelsfällen zwar zu einer milderen Beurteilung führen kann, daß aber, soweit ein „Mehrwert" tatsächlich feststellbar ist, am Prinzip der Gewinnhaftung nicht gerüttelt wird.

VII. Zusammenfassung

Das anglo-amerikanische Recht knüpft die Gewinnhaftung regelmäßig an die rechtswidrige Ausnutzung eines fremden, gegenständlich identifizierbaren, „vermögenswerten" Rechtsobjekts. Der Charakter des Rechtsobjektes — ob materiell (Sache) oder immateriell (Interesse) ist gleichgültig. Ein Verschulden des Eingreifers ist grundsätzlich nicht erforderlich.

„Fremd" ist ein Rechtsobjekt, wenn der Eingreifer, gleichgültig auf Grund welcher wie immer gearteten Rechtsnorm, zur Unterlassung eigennütziger Ausnutzung verpflichtet ist (z. B. bei vertraulicher Mitteilung „ungeschützter" Betriebsgeheimnisse auf Grund Vertrags). Ob Dritte das Rechtsgut benutzen dürfen oder nicht, ist für den konkreten Fall gleichgültig. Ein „absolutes" Recht erhöht nur die Zahl der Adressaten des Eingriffsverbotes und damit die Zahl der potentiell Haftenden.

Ein Vermögensnachteil des Verletzten ist praktisch häufig, jedoch keineswegs erforderlich und begrenzt die Gewinnhaftung auch nicht der Höhe nach. Schadensersatz und Gewinnherausgabe werden streng auseinandergehalten und können nicht gleichzeitig beansprucht werden, da Gewinnherausgabe den Schaden des Verletzten, Schadensersatz den Gewinn des Eingreifers mindert. Der Verletzte kann jedoch bis zur vollständigen Befriedigung aus einem rechtskräftigen Titel sein Verlangen umstellen.

Herauszugeben sind alle erlangten Vorteile gleich welcher Art und gleichgültig, ob „unmittelbar", (Gebrauchsvorteile, Darlehnszinsen) oder „mittelbar" (Mietzinsen, Verkaufserlös) erzielt. Die tracing rules zur Bestimmung dessen, was „aus" der Benutzung fremder Vermögenswerte erlangt ist, sind mit Kausaltheorien oder anderen Abstrakta nicht erklärlich, sondern entspringen natürlicher, wirtschaftlicher Betrachtungsweise.

Die Beitragswerte des Eingreifers (gleich welcher Art) werden proportional berücksichtigt, so daß letztlich nur der „Mehrwert" des verletzten Rechtsobjekts herauszugeben ist. Zweifel gehen zu Lasten des schuldhaften Eingreifers.

Die Summe dieser Regeln faßt das Restatement of Restitution[233] folgendermaßen zusammen:

"A person who has been unjustly enriched at the expense of another is required to make restitution to the other."

---

[233] Restatement § 1.

Dritter Teil

Die Gewinnhaftung im deutschen Recht

I. Verhältnis von Schadensersatz und Gewinnhaftung

Eine der Ursachen für die eingangs skizzierte Unklarheit im Verständnis und Lückenhaftigkeit im System des deutschen Gewinnhaftungsrechts liegt in ihrer Einordnung in das Schadensersatzrecht.

Ein Beispiel unverständlicher Argumentation ist das RG-Urteil vom 22.10.1930[1], das zur Verlustersparnis erging und in der Literatur mit Recht auf Ablehnung gestoßen ist[2]. Das RG wies den dort geltend gemachten Anspruch auf Herausgabe der von einem Patentverletzer durch die Benutzung des Patents ersparten Verluste mit der Begründung ab, „daß es sich nach § 35 PatG. immer allein um den Ersatz des Schadens handelt, der dem Verletzten dadurch entstanden ist, daß der Verletzer die Früchte des Patents gezogen hat". Mit dem Begriff des Schadensersatzes sei es nicht vereinbar, dem Verletzten einen Anspruch auf die ersparten Aufwendungen des Verletzers zu geben.

Weitere Konsequenz der Schadensersatztheorie ist die Ausdehnung der Gewinnhaftung aus Geschäftsführung ohne Auftrag (GoA) auf Fälle rein fahrlässiger Rechtsverletzungen, was dem Wortlaut des § 687 BGB klar widerspricht[3]. Für Fälle nicht vorsätzlicher Eigengeschäftsführung sieht § 687 I ausdrücklich die Haftung nach Bereicherungsgrundsätzen vor, ermöglicht also insbesondere den Einwand des Wegfalls der Bereicherung nach § 818 III BGB und die Anwendung der Saldotheorie. Gegenüber dieser dem Gesetzeswortlaut widersprechenden Schlechterstellung tritt als Folge der Schadensersatztheorie aber auch eine ebenso ungerechtfertigte Besserstellung des Rechtsverletzers ein. Denn wenn die Gewinnhaftung an die subjektiven Voraussetzungen des Schadensersatzes, also an ein Verschulden geknüpft wird, so entfällt bei fehlendem oder nicht nachweisbarem Verschulden jeder Anspruch auf Herausgabe des gleichwohl rechtswidrig erzielten Gewinns.

Die Verknüpfung von Gewinnhaftung und Schadensersatz ist um so bedauerlicher, als sie, wie *Jakobs*[4] überzeugend dargelegt hat, ihren

---

[1] RGZ 130, 108.

[2] *Pinzger* GRUR 1931, 673; *Reimer*, Wettbewerbsrecht § 47, 40.

[3] Nach *Jakobs* (S. 91) „eine Methode der Gesetzesinterpretation, die einem einfach die Sprache verschlägt".

[4] S. 81 f.

Ursprung in nachlässigen Formulierungen des RG haben, die vom RG selbst später mißverstanden wurden. Die Begriffe „Schaden“ und „Bereicherung“ wurden im damaligen § 18 VI RUrhG genau auseinandergehalten, nur sollte der Bereicherungsanspruch in seiner Höhe durch den Schaden des Verletzten begrenzt werden. Noch in den Urteilen vom 24. 6. 1908[5] und 22. 12. 1913[6] heißt es dementsprechend präzise, der *Bereicherungsanspruch* wegen Patentverletzungen könne nur unter den gesetzlichen Voraussetzungen der Schadensersatzpflicht geltend gemacht werden. Später wurde diese Unterscheidung jedoch nicht mehr getroffen, der Bereicherungsanspruch vielmehr schlechthin mit dem Schadensersatzanspruch identifiziert[7].

Schadensersatz hat mit Gewinnhaftung nichts zu tun[8]. Ebenso wie im englischen Recht Schadensersatz und Gewinnhaftung so scharf auseinandergehalten wurden, daß sie bis zum Ende des 19. Jahrhunderts nur vor verschiedenen Gerichten geltend gemacht werden konnten, muß auch im deutschen Recht eine genaue Trennungslinie zwischen beiden Anspruchsarten gezogen und die Eigenständigkeit des Gewinnherausgabeanspruchs gegenüber dem Schadensersatzanspruch hervorgehoben werden. Das Schadensersatzrecht soll in erster Linie rechtswidrig erlittene Schäden im Wege der Naturalrestitution (§ 249 BGB) wiedergutmachen („ersetzen“). Dementsprechend kann der Schadensbegriff funktionsgerecht nur als Differenz der beiden Vermögenslagen des *Verletzten* vor und nach Eintritt des schädigenden Ereignisses verstanden werden. Die Gewinnhaftung dagegen betrifft den rechtswidrig erzielten Gewinn des Eingreifers. Unter Gewinn kann folglich nur die auf Grund rechtswidrigen Eingriffs in ein fremdes Vermögen erzielte Vermögensvermehrung des *Verletzers* verstanden werden.

Diese Unterscheidung ist nicht rein akademisch. Schaden und Gewinn müssen einmal deswegen auseinandergehalten werden, weil sie sich regelmäßig schon der Höhe nach nicht decken. Zum anderen gelten für die Haftung auf Gewinn oder Schadensersatz unterschiedliche Rechtsgrundsätze, die noch zu erörtern sind.

Scheinbare Berührungspunkte zwischen Schadensersatz und Gewinnhaftung ergeben sich in Fällen, in denen eine „angemessene Lizenzgebühr“ als Schadensersatz verlangt wird. Der Ausdruck „angemessene Lizenzgebühr“ ist doppeldeutig; mit ihm kann sowohl der Schaden des Verletzten (entgangene Lizenzgebühr) als auch der Gewinn des Eingreifers in Form der ersparten Lizenzgebühr gemeint sein. Der

---

[5] RG WarnRspr. 1908 Nr. 658.

[6] RG JW 1914, 406 Nr. 8.

[7] RGZ 84, 370; 95, 220; 126, 132.

[8] *Franke* S. 4; *Jakobs* S. 81; *Moser* S. 35; *Mertens* S. 14 N. 15, S. 121 f.; *Zeuner* AcP 163, 392; der BGH zieht auch beim Ersatz des Nutzungsausfalls gelegentlich eine Analogie zur dreifachen „Schadens“-berechnung des Immaterialgüterrechts; vgl. BGH NJW.56, 1234; 58, 627; 63, 2021; 67, 1803.

BGH hat hier, wie auch im eingangs erwähnten Fall[9], zum Teil unklar argumentiert und die Ersparnisbereicherung des Verletzers als zusätzliche Stütze für die Zubilligung des Schadensersatzanspruchs verwendet.

Im Prinzip werden jedoch die unterschiedlichen Aspekte der „angemessenen Lizenzgebühr" auseinandergehalten[10], und im Zweifelsfall hat sich der BGH immer für die Einordnung ins Schadensersatzrecht, also für die Zubilligung der *entgangenen* Lizenzgebühr entschieden. Die angemessene Lizenzgebühr soll im Wege der Schadensberechnung nur verlangt werden können, wenn nach den Umständen ein Vermögensschaden überhaupt in Betracht kommt. Im Herrenreiterfall[11] bezeichnet es der BGH als „sinnwidrig", einen Schadensersatzanspruch auf Grund der Fiktion eines abgeschlossenen Lizenzvertrages zuzubilligen, wenn „eine Beeinträchtigung vermögensrechtlicher Belange überhaupt nicht in Frage steht". Im Valente-Urteil[12] wurde der Rechtsstreit wegen des Schadensersatzanspruchs zurückverwiesen, weil nicht ausreichend festgestellt war, ob ein Vermögensschaden als Voraussetzung der Schadensberechnung nach der entgangenen Lizenzgebühr vorlag.

Dennoch ergeben sich unbefriedigende Unklarheiten. U. E. ist die Schadensberechnung nach der *entgangenen* Lizenzgebühr überhaupt keine „gewohnheitsrechtliche"[13] Besonderheit, sondern ein normaler Anwendungsfall des nach § 252 S. 2 BGB zu ersetzenden entgangenen Gewinns. Es handelt sich also um eine bekannte, typisierende Form des Schadensersatzes, die die Beweislast nach prima-facie Grundsätzen vom Kläger auf den Beklagten verlagert[14]. Ob § 252 S. 2 BGB darüber hinaus eine abstrakt-normative Schadensberechnung zuläßt, die den Gegenbeweis ausschließt, kann hier dahingestellt bleiben. Die Auffassung des BGH ist das nicht[15]. Der Ersatz eines derartigen „objektiven" Schadens hat mit dem in § 249 BGB konzipierten Ausgleich subjektiver Interessen nichts mehr gemein, bedarf daher einer besonderen Rechtsgrundlage, die § 252 nicht ohne weiteres abgibt, und einer besonderen rechtspolitischen Rechtfertigung (Prävention, Sanktion)[16]. Sprachlich ist der Begriff „Schadensersatz" hier kaum noch vertretbar, da Schaden und Schadensersatz weder Voraussetzung noch Zweck der abstraktnormativen Schadensberechnung sind.

---

[9] s. S. 1 f.
[10] BGHZ 20, 345 (353/354).
[11] BGHZ 26, 353.
[12] BGHZ 30, 7.
[13] BGHZ 20, 353; 26, 352.
[14] BGHZ 30, 16.
[15] BGHZ 2, 310 (314).
[16] Vgl. im einzelnen *Steindorff* AcP 158, 431 f.; *Neuner* AcP 133, 277 f.; kritisch namentlich *Mertens* S. 76 f., S. 51 f., S. 122 f. s. auch unten S. 85 f. und oben S. 16, 55 f., 58.

Der in diesem Zusammenhang vom BGH herangezogene Gedanke, daß niemand durch unerlaubten Eingriff besser gestellt werden dürfe, als er bei ordnungsgemäßem Vorgehen stünde, läßt sich zur Begründung eines Schadensersatzanspruchs daher nur bedingt heranziehen, ist aber ein typisches Argument für die Gewinnhaftung, da er auf die Vermögenslage des Eingreifers abstellt. Daß der BGH mit diesem Argument nicht ernst macht, lehren Herrenreiter- und Valente-Urteil, wo der Verletzer bei ordnungsgemäßem Vorgehen das verletzte Immaterialgut nicht nur nicht unentgeltlich, sondern überhaupt nicht hätte benutzen dürfen und trotz dieses objektiv schwereren Eingriffs zum Anspruch auf Schadensersatz eine „Vermögensbeeinträchtigung" (des Verletzten!) verlangt wird.

Diese Unklarheiten über Begriff und Begründung des Schadensersatzes sind gering, verglichen mit denen bei der Gewinnhaftung. Schon auf den ersten Blick muß es Bedenken auslösen, wenn der BGH im Herrenreiterfall die Schadensberechnung nach der entgangenen Lizenzgebühr zurückweist, weil ein Schaden nicht entstanden sei, im gleichen Atemzug aber den jetzt erst recht diskutablen Bereicherungsanspruch „im Hinblick darauf, daß der Kläger eine vermögensrechtliche Benachteiligung nicht erfahren hat" ablehnt. Es ist bedauerlich, wie hier zwei wesensverschiedene Rechtsinstitute fast gedankenlos in einen Topf geworfen werden und anschließend zur Abwendung des daraus resultierenden untragbaren Ergebnisses in verfassungsrechtlich bedenklicher Verkehrung des Gesetzeswortlauts ein Anspruch auf Schmerzensgeld konstruiert wird.

Zusammenfassend ist festzuhalten, daß Schadensersatz und Gewinnhaftung zwei ganz konträre und daher säuberlich zu trennende Prinzipien sind[17]. Ob dem Verletzten ein Schaden entstanden ist, kann für den Verletztergewinn nicht maßgebend sein, ebensowenig wie der Gewinn des Eingreifers Einfluß auf Art und Höhe des Schadensersatzes haben kann. Gewinnhaftung ist selbst dann begründet, wenn der Verletzte lediglich Vorteile aus dem Eingriff gezogen hat, so wenn eine sonst unveröffentlicht gebliebene Kurzgeschichte gegen den Willen des Autors veröffentlicht und dieser dadurch bekannt wird[18]. Dem widerspricht es nicht, wenn Schadensersatz und Gewinnherausgabe nur alternativ geltend gemacht werden können, denn die Gewinnherausgabe mindert den Schaden des Verletzten, der Schadensersatz mindert den Gewinn des Eingreifers. Die Alternativität ist also im Sinne einer gegenseitigen „Anrechenbarkeit" zu verstehen.

In Übereinstimmung mit dem BGH wird vielfach die Meinung vertreten, die „dreifache Art der Schadensberechnung" im Urheber-,

---

[17] Ebenso das anglo-am. Recht; vgl. oben S. 30 f., 56 f.
[18] Beispiel bei *Larenz*, Schuldrecht II S. 178.

Persönlichkeits- und Immaterialgüterrecht habe den Rang von *Gewohnheitsrecht*[19]. Das kann u. E. jedoch nicht daran hindern, die bisherige Praxis zu ändern, wenn man zu einer anderen rechtlichen Beurteilung gelangt. *Flume*[20] hat mit Recht bemerkt, daß die Verbindlichkeit gewohnheitsrechtlicher Beurteilung „eben nur in der Überzeugung von ihrer Richtigkeit“ besteht und daher nicht von der Notwendigkeit enthebt, den Bestand überkommener Rechtsüberzeugungen immer wieder kritisch zu prüfen. Gewohnheitsrecht kann aber auch nur das rechtliche Ergebnis werden, nicht die zur Begründung verwendete juristische Konstruktion[21]. Diese Arbeit soll das bisherige gewohnheitsrechtliche Ergebnis aber nicht nur nicht beseitigen, sondern erheblich ausweiten, was allerdings nur unter Aufgabe der bisher gewählten Konstruktionen möglich erscheint.

II. Gewinnhaftung im Bereicherungsrecht und Recht der unechten Geschäftsführung

A. Grundlagen der Gewinnhaftung

„Wer durch die Leistung eines anderen oder in sonstiger Weise auf dessen Kosten etwas ohne rechtlichen Grund erlangt, ist ihm zur Herausgabe verpflichtet.“

Diese Formulierung in § 812 I 1 BGB deckt sich fast wörtlich mit der Generalklausel in § 1 des amerikanischen Restatement of Restitution[22]. Dennoch sind die Unterschiede in der konkreten Ausgestaltung des englischen und amerikanischen Rechts gegenüber dem noch immer der römischrechtlichen Tradition verhafteten deutschen Recht so beträchtlich, daß die Feststellung von Gemeinsamkeiten gelegentlich schwierig ist. Die Probleme der deutschen Rechtsprechung und Lehre konzentrieren sich dabei um die Fragen, wann etwas „auf Kosten“ eines anderen erlangt ist und was als „erlangt“ und damit als Gegenstand der Herausgabepflicht anzusehen ist.

Der Gang der Untersuchung wird zeigen, daß viele Fragen teilweise schon falsch gestellt werden, da sie unter dem Einfluß des aktionsrechtlichen Denkens die Gewinnhaftung noch heute als ein von eigenständigen Voraussetzungen abhängiges Rechtsinstitut voraussetzen, das abstrakt und im Prinzip unabhängig vom Grundverhältnis interpretiert und angewandt werden kann. Das Ergebnis ist, daß an den entscheidenden Fragen noch heute vorbeiargumentiert wird, daß die Probleme der Gewinnhaftung an den falschen Stellen gesucht und unter unrichtigen Gesichtspunkten gelöst werden. In der induktiv

---

19 *Ulmer* S. 405.
20 *Flume*, Bereicherung S. 160.
21 *Steindorff* JZ 1960, 584.
22 Vgl. oben S. 70.

vorgehenden englischen und amerikanischen Rechtsprechung konnte diese typisch begriffsjuristische Problematik nicht auftreten. Die Gewinnhaftung wurde vielmehr organisch aus dem Grundverhältnis entwickelt und der entscheidende gemeinsame Gesichtspunkt — die Identifizierbarkeit des rechtswidrig ausgenutzten Rechtsobjekts — kristallisierte sich dabei praktisch von selbst heraus. Das Verständnis des Bereicherungsrechts hängt offenbar erheblich vom „Denkansatz" ab.

Nachfolgend werden in erster Linie die Fälle der Gewinnhaftung behandelt, d. h. alle die Fälle der Eingriffskondiktion, die an den vorteilhaften Eingriff in fremde Rechtsgüter anknüpfen. Auf die anderen Kondiktionsarten, insbesondere die Leistungskondiktion wird dabei nur insoweit eingegangen, als es zum Verständnis der Gewinnhaftung erforderlich erscheint. Wie im englischen Recht geht es in erster Linie um grundsätzliche Erwägungen. Die Erörterung von Einzelfragen soll den Gedankengang illustrieren, muß jedoch im übrigen zurücktreten.

1. Die Lehre von der Vermögensverschiebung als Voraussetzung der Bereicherungshaftung

a) Entwicklung und Stand der Meinungen

„Denn dieses Zurückfordern des aus unserem Vermögen Ausgegangenen ist eben der wahre Grund aller regelmäßigen Condictionen, wie es in Stellen des Römischen Rechts ausdrücklich anerkannt wird[23]."

Savigny hat mit dieser aus dem römischen Recht entwickelten Auffassung, „daß Dasjenige, welches dem Anderen zur Bereicherung diente, vorher schon wirklich einmal zum Vermögen Dessen gehört habe, welcher darauf eine Condiction gründen will", die Weichen für ein noch heute fortwirkendes Mißverständnis des Bereicherungsrechts gestellt. Ähnlich wie *Savigny* die condictio als einen „Ersatz" ansieht, „der anstatt der verlorenen Vindication eintritt"[24], erklärt insbesondere *Wilburg* die Eingriffskondiktion „als eine Fortbildung des Eigentumsschutzes", die „den Eigentumszweck in gerader Linie gegen den fortsetzt, der den Vorteil der Sache hat"[25].

Savignys Auffassung entsprach dem traditionellen römischen Recht: „Jure naturae aequum est neminem cum alterius *detrimento* et iniuria fieri locupletiorem[26]."

---

[23] *Savigny,* System V. S. 567.

[24] a.a.O. S. 525.

[25] *Wilburg* S. 35; ebenso *v. Cammerer,* Festschr. Rabel S. 353.

[26] *Pomponius* D. 12. 6. 14; *Flume,* Bereicherung S. 140, hält diese Sentenz ebensowenig wie D. 50. 17. 206 für einen Rechtssatz (Hinweis auf *Savigny,* System III 451).

Ursprünglich wurde die condictio nur als eine Art *Leistungs*kondiktion gewährt, wenn der Eigentümer einer Sache diese sine causa auf den Kondiktionsschuldner übertragen hatte (datio)[27]. Nur die gegenständlich geleistete Sache war zurückzugewähren. Zufälliger Untergang befreite, nicht dagegen bösgläubiger Verbrauch und bösgläubige Veräußerung[28].

Später wurde mit Hilfe des Surrogationsgedankens — pretium succedit in locum rei — die Haftung auch bei gutgläubiger Veräußerung auf den Verkaufserlös ausgedehnt[29]. Bei Geld und anderen vertretbaren Sachen, quae pondere, numero, mensura consistunt, kam ein Wegfall oder eine Beschränkung der Haftung auch bei Verlust nicht in Frage, „weil das pondere, numero, mensura constare einen gegenständlichen Untergang der Leistung ausschließt"[30]. Verbrauchtes Getreide oder Geld wurde m. a. W. als noch im Vermögen des Kondiktionsschuldners vorhanden fingiert und damit theoretisch das Erfordernis sachlich-gegenständlicher Identität von hingegebenem und herausverlangtem Gegenstand, von Ent- und Bereicherung aufrechterhalten.

Damit wurde am ursprünglichen Schema der condictio als Rückabwicklung der datio sine causa, das eigentlich nur bei Leistung von Sachen paßte, die noch gegenständlich erreichbar waren, auch dann noch festgehalten, als es genau besehen nicht mehr anwendbar war. Es sollte seine Lebensfähigkeit bis heute beweisen. Im Surrogations- und pondere, numero, mensura-Denken finden sich aber auch die ersten Fiktionen, die der Aufrechterhaltung dieser Lehre dienen müssen und für die Entwicklung des deutschen Bereicherungsrechts typisch geworden sind.

Die bereits im römischen Recht um sich greifende tatsächliche Umgehung des Dogmas, wonach die Hingabe von Sachen (datio) — seit Justinian allgemeiner: eine Vermögensverschiebung — Voraussetzung der Bereicherungshaftung ist, hat ihren guten Grund, denn die übernommene Lehre wirkt sich zweifach hemmend aus: einmal tendiert sie zur Einschränkung der Kondiktionshaftung, weil ein Vermögensnachteil des Berechtigten erforderlich ist; zum andern beschränkt sie den Gegenstand der Herausgabepflicht in empfindlicher Weise, da ja grundsätzlich immer der Nachweis erforderlich ist, daß der vom Eingreifer erzielte Vermögenswert tatsächlich aus dem Vermögen des Kondiktionsgläubigers stammt, daß m. a. W. Be- und Entreicherung identisch sind. Während die Rechtsprechung im englischen und amerikanischen Recht dank der historischen Entwicklung der Gewinnhaftung

---

[27] *Flume*, Bereicherung S. 138; *Siber*, Röm. Recht II S. 213.

[28] *Niederländer* S. 2.

[29] *Niederländer* S. 3.

[30] *Flume*, Bereicherung S. 130.

aus dem trust[31] gegenüber ähnlichen Gedankengängen von vornherein immun blieb, wird im deutschen Bereicherungsrecht als Folge des römischrechtlichen Erbes der Kampf mit dem viel zu engen Dogma der Vermögensverschiebung geradezu charakteristisch.

Das gilt weniger für die Fälle der *Leistungs*kondiktion, in der die Verminderung des Vermögens des Kondiktionsgläubigers im Begriff der Leistung[32] enthalten ist und das Erfordernis einer Vermögensverschiebung daher weniger Schwierigkeiten macht. Die eigentlichen Probleme des datio-condictio-Denkmodells ergeben sich erst bei seiner Übertragung auf Fälle der Bereicherung ohne Leistung, die sich im späteren römischen Recht anbahnte[33].

„Auch Dasjenige aber kann condiciert werden, was aus meinem Vermögen anders als durch meinen Willen in fremdes Eigenthum übergeht, sey es daß der Andere durch seine Handlung, oder durch zufällige Umstände, auf meine Kosten bereichert werde[34]."

Die Eingriffskondiktionen schlossen sich für *Savigny* „blos als Erweiterungen aus innerer Verwandtschaft"[35] an die Leistungskondiktionen an. Bei dieser Gleichstellung[36] von Eingriffs- und Leistungskondiktion war es nur konsequent, den Mangel der causa und das Merkmal der Vermögensverschiebung zum gemeinsamen Nenner beider Kondiktionsarten zu erheben:

„Alle diese Fälle haben mit einander gemein die Erweiterung eines Vermögens durch Verminderung eines anderen Vermögens, die entweder stets ohne Grund war, oder ihren ursprünglichen Grund verloren hat[37]."

Die gemeinrechtliche Lehre folgte im wesentlichen den Auffassungen *Savignys*[38], und *O. v. Gierke* sorgte bei der Abfassung des BGB dafür, daß das Merkmal der Rechtsgrundlosigkeit als Leitgedanke an die Spitze des Bereicherungsrechts gestellt wurde[39].

Hinsichtlich des Schadenserfordernisses war die II. Kommission dagegen weitsichtig genug, die Fassung „aus dem Vermögen eines anderen" durch die Worte „auf dessen Kosten" zu ersetzen, um damit

---

[31] Die römische condictio indibeti scheint demgegenüber nur von *Pufendorf* (De jure naturae et gentium V cap. 7 § 4) und Christian *Wolf* (Jus naturae Teil V cap. 3 §§ 570 f.) quasikontraktlich begründet worden zu sein; *Flume*, a.a.O. S. 144.

[32] Näher zum Leistungsbegriff *Rothoeft* AcP 163, 215 (224 f.).

[33] z. B. die Alluvion: „ea quae vi fluminum importata sunt, condici possunt." D. 12. 1. 4. § 2; die Kondiktionen hatten jedoch auch z. Z. Justinians und der Glosse noch nicht den Charakter einer allgemeinen Bereicherungsklage; *Esser* § 187, 2 b; *Wilburg* S. 16; *Flume*, Bereicherung S. 140.

[34] *Savigny*, System V 523.

[35] *Savigny*, a.a.O. S. 526.

[36] Unrichtig *Jakobs* (S. 49), wenn er meint, *Savigny* habe die beiden Klagen nur hinsichtlich der Vermögensverschiebung gleichstellen wollen.

[37] *Savigny*, a.a.O. S. 525.

[38] Vgl. *Brinz*, Lehrbuch der Pandekten, 2. Aufl., Erlangen 1882 Bd. 2 S. 503 f.; *Puchta*, Pandektenrecht S. 471; *Windscheid*, Bd. 2 § 421 ff.

[39] *O. v. Gierke*, Entwurf eines bürgerl. Gesetzbuches S. 259; *Wilburg* S. 18; Motive II 829.

auszudrücken, „daß das Objekt der Bereicherung, ohne bereits in das Vermögen des Kondiktionsberechtigten übergegangen zu sein, seinen Vermögensstand nur zu berühren brauche“[40].

Die Tragweite dieser Entscheidung ist von der h. L bis heute nicht richtig gewürdigt worden[41], da von der damit gegebenen Möglichkeit, den Gedanken der Vermögensverschiebung ganz abzustreifen, kein Gebrauch gemacht wurde. Selbst *Fritz Schulz* meinte, die Formel „auf Kosten“ könne nichts anderes besagen, als daß dem Gewinn des Eingreifers in gleicher Höhe ein Verlust („mindestens lucrum cessans“) des Verletzten gegenüberstehen müsse[42].

Demgegenüber weist *Jakobs*[43] zutreffend darauf hin, daß sich bereits das nachklassische römische Recht durch Anerkennung der Ersparnisbereicherung im Falle grundlos geleisteter Dienste oder des Wohnens auf Grund nichtigen Mietvertrags von diesen ursprünglichen Grenzen der Kondiktionshaftung entfernte. Im 19. Jh. wurde die gegenständliche Bindung der Bereicherungshaftung nicht zuletzt unter dem Einfluß *Savignys*[44] endgültig zugunsten einer abstrakten Werthaftung aufgegeben[45]. Aber wenn auch in der nunmehr durch abstrakte Vermögensrechnung zu ermittelnden Bereicherung ein grundsätzlicher Unterschied des heutigen deutschen zum römischen Rechte liegt[46], den Verzicht auf die nunmehr zur reinen Fiktion werdenden Vermögensverschiebung hat das nicht bewirken können: „Dem Gewinn auf der einen Seite muß Verlust auf der anderen Seite entsprechen[47].“

Mit Recht tadelt *Wilburg*[48], daß die Bereicherungsklage damit „als eine Unterart der Schadensersatzklage und die Bereicherung als ein besonderer Fall der Haftung ohne Verschulden“ erscheint.

b) Durchbrechungen der Fiktionen

Namentlich *Wilburg* und *Mestmäcker*[49] haben auf die zunehmende Diskrepanz zwischen Theorie und Praxis in der Frage der Vermögensverschiebung hingewiesen. Die nach Ausweitung des gegenständlich beschränkten datio-condictio Schemas auf die abstrakte Werthaftung

---

[40] Prot. II, 685; *Esser* § 195, 2 (S. 805); RGRK § 812, 22; vgl. dagegen Italien C. civ. art. 2041 I: „a damno di una altra persona“; Schweiz OR Art. 62 I: „aus dem Vermögen eines anderen“.

[41] Vgl. *v. Caemmerer* (Festschr. Rabel S. 335), der den Satz des *Pomponius* („cum alterius detrimento“) offenbar mit § 812 I 1 BGB („auf Kosten“) und § 1 des amerikanischen Restatements of Restitution auf eine Stufe stellt.

[42] *Schulz* AcP 105, 478.

[43] *Jakobs* S. 47.

[44] *Savigny*, System V S. 522.

[45] *Flume*, Bereicherung S. 147, 165 f.; *Lehmann* JZ 1954, 701.

[46] So *Flume* a.a.O. S. 148.

[47] *Palandt-Gramm* § 812, 4 A; ferner RGRK § 812, 22; *Staudinger-Seufert* § 812 Vorbem. 4.

[48] *Wilburg* S. 98.

[49] *Mestmäcker* JZ 58, 521; zust. *Esser* § 195, 2; *Kleinheyer* JZ 61, 474.

sich ergebende Unklarheit von Vermögens- und Bereicherungsbegriff bot willkommene Gelegenheit, mit dem angeblichen Erfordernis einer Bereicherung durch Entreicherung plus Vermögensverschiebung fast nach Belieben zu manipulieren. Insbesondere unter drei Aspekten wurde der Kampf gegen die Enge der Doktrin geführt:

a) durch Aufweichung des Erfordernisses eines Vermögensnachteils beim Berechtigten (Konstruktion fiktiver Schäden),

b) durch Ausdehnung des Vermögensbegriffs („Auch der Wert der Nutzung bzw. der Gewinn des Eingreifers ‚gehören eigentlich' = ‚gebühren' dem Verletzten.")[50],

c) durch Verzicht auf die Identität von Be- und Entreicherung („Vermögensstand des Verletzten braucht nur ‚berührt' zu sein.").

Alle drei Möglichkeiten können und treten meist vermischt auf. So erleichtert die Ausweitung des Vermögensbegriffs (b) die Konstruktion eines Vermögensnachteils (a), verlangt sie sogar, wenn nicht gleichzeitig auf die Identitätsfiktion (c) verzichtet werden soll. Der Verzicht auf diese Fiktion aber läuft auf die Aufgabe des Dogmas von der Vermögensverschiebung hinaus, denn der Bereicherte haftet nun zugegebenermaßen auf mehr als das, was er aus dem Vermögen des Kondiktionsgläubigers erhalten hat. Der klassische Gedanke der „Rückforderung", der das Dogma der Vermögensverschiebung trägt, kann die Kondiktion hinsichtlich des „Überschusses" daher nicht mehr rechtfertigen.

Das RG hat sich schon im Gleisanlagenfall[51] mit einer Schadensfiktion beholfen. Die unerlaubte Benutzung einer Bahnstrecke führte hier zur Haftung auf eine angemessene Entschädigung; der Kläger sei entreichert, weil er den vom Beklagten bei ordnungsgemäßem Vorgehen zu zahlenden Mietzins nicht erhalten habe. Damit wird der Schaden des Verletzten mit dem Vorteil des Eingreifers identifiziert, denn der Einwand, der Beklagte habe auf keinen Fall Nutzungsentschädigung zahlen wollen und die Anlage ggf. nicht benutzt, wird schon vom RG unter Berufung auf § 242 BGB zurückgewiesen. Ähnlich ist das OLG Köln[52] bei vertragsloser „Abnutzung" fremder Räume verfahren. Es verurteilte zur Zahlung einer Vergütung in Höhe des ersparten Mietzinses, unabhängig davon, ob der Eigentümer die Räume anderweitig hätte vermieten können.

Damit nicht genug: Im Immaterialgüter- und Persönlichkeitsrecht[53], wo die Gewinnhaftung nur im Wege der „Schadens"-berechnung

---

[50] So die „Zuweisungstheorie" und insbesondere auch *Orth* S. 78: Der Begriff „Vermögen" umfasse „jede Verwertungsmöglichkeit".

[51] RGZ 97, 310.

[52] OLGE (Köln) 13, 88; vgl. auch RG HRR 1933 Nr. 1311; BGH NJW 64, 1853.

[53] Im Urheberrecht wird daneben auch nach §§ 812 f. gehaftet; vgl. RGZ 35,

„analog § 687 II BGB“ zugelassen wird, müssen die gleichen Fiktionen sogar zur Begründung dieses „echten“ Schadensersatzanspruchs[54] herhalten. Im Dahlke-Urteil[55] und neuerdings Meßmer-Tee II[56] liegt nach Auffassung des BGH ein „Schaden“ in Höhe einer angemessenen Lizenzgebühr schon dann vor, „wenn die Überlassung solcher Rechte zur Benutzung durch Dritte gegen Entgelt rechtlich möglich und verkehrsüblich ist“.

Das gilt selbst dann, wenn feststeht, daß eine entgeltliche Überlassung im konkreten Fall sicher nicht zustande gekommen wäre[57].

Diese Rechtsprechung bedeutet aber nun nichts anderes, als die klare Abkehr vom Schadenserfordernis selbst in Fällen angeblicher Schadensberechnung. In Wirklichkeit geht es auch gar nicht um Schadensersatz, sondern darum,

„daß der schuldhafte Verletzer eines Immaterialgüterrechts nicht besser gestellt werden soll als derjenige, der sorgfältig fremde Rechte beachtet und sich vorher des Einverständnisses des Rechtsinhabers versichert[58].“

Es setzt sich m. a. W. unter dem Deckmantel des Schadensbegriffs der gleiche Gedanke durch, der im englischen Recht zum constructive trust führte. Sogar die Methode ist die gleiche: in beiden Fällen behilft sich der neue Gedanke mit der fiktiven Überdehnung eines traditionellen Rechtsinstituts (Schadensersatz bzw. trust). Offene Frage ist nur, wieso diese Entwicklung — im Gegensatz zur umfassenden Anwendbarkeit des constructive trust — auf die Verletzung von Immaterialgüterrechten beschränkt bleiben und warum ein Verschulden des Eingreifers erforderlich sein soll. Denn es erscheint nicht nur in bestimmten Fällen, sondern ganz allgemein nicht gerechtfertigt, den rechtswidrig Handelnden — ob schuldhaft oder schuldlos — besser zu stellen als denjenigen, der die Rechtsordnung beachtet.

Offene Frage ist aber auch, wieso gerade „die Fiktion eines Lizenzvertrages der im Verkehr üblichen Art“ das Maß der Ansprüche bestimmen soll. Dadurch wird der schuldhaft rechtswidrige Eingreifer durch eine „quasi-kontraktliche“ Regelung begünstigt, die ihn besser stellt als denjenigen, der sich vorher des Einverständnisses des Rechtsinhabers versichert, es aber aus irgendwelchen Gründen nicht wirksam erhält. Insbesondere aber bedeutet das die Freistellung des Eingreifers von der Verantwortlichkeit in Fällen, wo das Zustandekommen eines

63 f.; 90, 137; 121, 58 (anders RGZ 113, 424) BGHZ 5, 123; 15, 348; *Ulmer* S. 406 f.; zur Bereicherungshaftung im Persönlichkeitsrecht vgl. BGHZ 20, 354; 26, 353.

[54] Das RG war der Auffassung, daß Patent- und GebrMRecht in der Schadensersatzhaftung eine abschließende Regelung enthielten: RGZ 121, 261; dazu *Jakobs* S. 81 f.

[55] BGHZ 20, 345, 353.

[56] BGHZ 44, 372, 374.

[57] BGHZ 44, 379.

[58] BGHZ 44, 379.

Lizenzvertrages „schlechthin als ausgeschlossen erscheinen mußte“, womit die besondere Frechheit des Eingriffs auch noch honoriert wird.

Tatsächlich hat der BGH im Herrenreiterfall, wo „der Abgebildete die Verwendung seines Bildes zu Werbezwecken aus besonderen Gründen niemals gestattet hätte“[59], diese bemerkenswerte Konsequenz gezogen, sich gleichzeitig aber angesichts der untragbaren Konsequenzen mit der Zubilligung eines Schmerzensgeldanspruchs beholfen[60]. Die Zubilligung von Schmerzensgeld bei der Verletzung von Persönlichkeitsrechten ist, obwohl in abenteuerlicher Konstruktion („Freiheitsentziehung“) gewonnen[61], im Ergebnis sicher zu begrüßen[62] und der Entschluß des BGH zu diesem Schritt verdient zumindest vom rechtspolitischen Standpunkt Anerkennung. Die Zubilligung von Schmerzensgeld rechtfertigt jedoch keineswegs die grundsätzliche Ablehnung der Gewinnhaftung, denn einmal erscheint es durchaus möglich, daß der Gewinn des Eingreifers höher ist, als das zuzubilligende Schmerzensgeld, so daß der Rechtsverletzer im Ergebnis doch Vorteile aus seinem Eingriff zieht; zum anderen sind Fälle denkbar, in denen zwar der Abschluß eines Lizenzvertrages nach Ansicht des BGH „schlechthin als ausgeschlossen“ erscheint, die Voraussetzungen eines Anspruchs auf Schmerzensgeld aber ebenfalls nicht vorliegen.

Schließlich ist das Kriterium des „schlechthin ausgeschlossenen Lizenzvertrages“ unklar und unbefriedigend, zumal es „keineswegs erforderlich (ist), daß ein Vertrag bei einwandfreiem Verhalten des Verletzers tatsächlich zustande gekommen wäre“[63], der konkrete Fall also gar nicht zur Debatte steht[64]. Der BGH will offenbar auf die Verkehrsüblichkeit abstellen, aber das erklärt auch nichts, da es doch lediglich eine Frage des guten Geschmacks und der jeweiligen Umstände ist und es jedenfalls allgemein nicht „schlechthin als ausgeschlossen“ erscheint, daß jemand „in der Pose des Herrenreiters“ für ein sexuelles Kräftigungsmittel „reitet“ oder seinen Namen der Kukident- oder Ginseng-Wurzel-Werbung zur Verfügung stellt[65]. Wenn der Maßstab aber irgendwo zwischen konkretem Fall und Verkehrsüblichkeit angelegt werden soll, so ist ungeklärt und, da die Übergänge fließend sind, auch nicht hinreichend definierbar, an welcher Stelle.

Was sich hinter der Fiktion eines Lizenzvertrages verbirgt, sind nichts anderes als die Folgen des alten Dogmas von der Vermögensverschiebung. Dieses Dogma bereitete nicht nur den Boden für die

---

59 BGHZ 26, 352.
60 Dazu *Bötticher* AcP 158, 385 f.
61 Vgl. *Hartmann* NJW 64, 793 f.
62 Vgl. z. B. den Fall „Fernsehansagerin“ BGHZ 39, 124 f.
63 BGHZ 26, 352; 44, 379; widersprüchlich BGHZ 30, 17 (IV. Senat).
64 Ähnlich schon RGZ 97, 310.
65 BGHZ 30, 7; 35, 363.

gedankliche Einordnung der Gewinnhaftung des Immaterialgüterrechts ins Schadensersatzrecht, sondern hält trotz aller Fiktionen auch heute noch den Gedanken des Vermögensschadens lebendig. So heißt es im Herrenreiterurteil[66]:

„Diese Art der Schadensberechnung kommt nur in Betracht, wenn ein Vermögensschaden irgendwelcher Art zugefügt worden ist und nur der oftmals schwierige Nachweis der Höhe dieses Schadens erleichtert werden soll. Sie versagt, wenn eine Beeinträchtigung vermögensrechtlicher Belange überhaupt nicht in Frage steht."

Sie versagt m. a. W. dann, wenn der Lizenzvertrag nicht mehr nur bloße Fiktion[67], sondern reine Illusion geworden ist, weil dem Kläger nicht unterstellt werden kann, „er hätte sich für viel Geld freiwillig in die unwürdige Lage gebracht, gegen die er sich nun wehrt"[68]. Anstatt aber nun die Gewinnhaftung zu verweigern, was schon vom Ergebnis her unverständlich ist, hätte der BGH besser die Gelegenheit wahrgenommen, die unhaltbar gewordene Fiktion des Lizenzvertrages aufzugeben und damit auf einen „Vermögensnachteil" in Form der „entgangenen Lizenzgebühr" als Voraussetzung der Bereicherungshaftung zu verzichten, womit die verfehlte Einordnung in das Schadensersatzrecht leicht aus der Welt geschafft wäre.

Daß das bisher nicht geschehen ist, dürfte nicht zuletzt darauf zurückzuführen sein, daß ein geeignetes Kriterium für die Gewinnhaftung, das anstelle der Vermögensverschiebung und des Vermögensschadens einspringen könnte, bis heute fehlt. Die von *Fr. Schulz*[69] entwickelte „Widerrechtlichkeitstheorie", wonach allein die Rechtswidrigkeit des Erlangens Kriterium der Herausgabepflicht ist, eilte ihrer Zeit weit voraus und wurde trotz ihrer glanzvollen und im Kern zutreffenden Gedankengänge als zu weitgehend mit Recht allgemein abgelehnt[70]. *Wilburgs* Zuweisungstheorie, die den Gedanken des Vermögensnachteils explicite ablehnt[71], ist, wie insbesondere die moderne und von Wilburg gebilligte[72] Ausformung dieser Lehre unter *v. Caemmerer*[73] zeigt, diesen Gedankengängen gleichwohl noch verhaftet. *Wilburgs* „Rechtsfortwirkungsklage"[74] unterscheidet sich im Prinzip nur wenig von der Rückforderungsklage des römischen Rechts.

---

[66] BGHZ 26, 353; ebenso BGHZ 30, 17.

[67] Was er zugegebenermaßen ist; vgl. BGHZ 44, 379.

[68] BGHZ 26, 353.

[69] AcP 105, 1 f.

[70] Vgl. *Wilburg* S. 25 f., 105 f.; neuerdings hat *Jakobs* diese Lehre erneut zur Diskussion gestellt; dazu unten S. 108 f.

[71] *Wilburg* S. 106.

[72] AcP 163, 346 f.

[73] Festschr. Rabel S. 360, wo die Gewinnherausgabe als „eine besondere Sanktion für *deliktischen Eingriff* in fremdes Recht" bezeichnet wird und S. 377: der Bereicherungsanspruch gehe nicht „auf mehr als das Eingebüßte".

[74] *Wilburg* S. 49, 106, 114 und bes. 122 f.

c) Lösungsvorschlag

Demgegenüber soll nach der hier vertretenen Auffassung die Gewinnhaftung wie im englischen und amerikanischen Recht an die *Ausnutzung eines fremden, gegenständlich identifizierbaren Rechtsobjekts* (gleichgültig, ob materieller oder immaterieller Art) anknüpfen, ganz unabhängig von der Entstehung eines Vermögensnachteils. Dieser Gesichtspunkt vermeidet einerseits die die gesamte bereicherungsrechtliche Dogmatik belastende Konstruktion und Fiktion von Vermögensnachteilen, schützt aber andererseits das meist unausgesprochene — durchaus berechtigte — Anliegen dieser Bemühungen, nicht jeden widerrechtlich erzielten Gewinn (z. B. bei Verstoß gegen reine „Verhaltensnormen" wie z. B. das Ladenschlußgesetz) der Gewinnhaftung zu unterwerfen. Anspruchsberechtigt ist derjenige, dessen Rechtsobjekt benutzt wurde, ohne daß es auf eine Beschädigung ankommt. Die Aktivlegitimation ist daher ebenso präzis bestimmbar wie bei der Schadenstheorie und zudem von Unsicherheit und Willkür der sie stützenden Fiktionen entlastet. Die rechtswidrige Benutzung einer Wohnung[75] oder Gleisanlage[76], die unbefugte Anzapfung einer Wasserleitung[77], die unerlaubte Untervermietung[78], die unerlaubte Verwertung eines fremden Namens[79] oder Bildnisses[80] führt unabhängig von evtl. „Abnutzung", „entgangenen" Mietzinsen oder Lizenzgebühren oder sonstigen „Vermögensnachteilen" einfach deswegen zur Gewinnhaftung, weil ein fremdes Rechtsgut rechtswidrig eigennützig verwendet wurde.

Dieser bewußte Verzicht auf eine Vermögensverschiebung vermeidet außerdem die Verlegenheit, in die Rechtsprechung und Lehre geraten, wenn es nicht nur um die Vorteile geht, die der Eingreifer durch „Einsparung" von Lizenzgebühren etc. erzielte, sondern um die Herausgabe des darüber hinaus erzielten positiven Gewinns.

Es ist, wie bereits eingangs ausgeführt, ständige Rechtsprechung[81], daß der Verletzte bei schuldhafter Verletzung von Immaterialgüterrechten im Wege der „Schadensberechnung" anstelle der angemessenen Lizenzgebühr auch den Gewinn des Eingreifers verlangen kann. Das ist nun aber ganz unerklärlich, weil der Gewinn des Eingreifers (etwa aus dem Verkauf der unter Patentverletzung hergestellten Maschinen) mit dem Schaden des Verletzten, der schon mühsam genug als entgangene Lizenzgebühr konstruiert wurde, gar nichts mehr zu tun

---

[75] OLG Köln 13, 88.
[76] RGZ 97, 310.
[77] OLG Braunschweig 18, 48.
[78] BGH NJW 64, 1853.
[79] BGHZ 30, 7; 35, 363.
[80] BGHZ 20, 345; 26, 349.
[81] Vgl. auch *Bussmann, Pietzger, Kleine* S. 247, 400; *Ulmer* S. 405; RG GRUR 1934, 627 (zusammenfassend).

hat. *Ulmer*[82] weist mit Recht darauf hin, daß der Eingriff sogar zur vermögensmäßigen Besserstellung des Verletzten führen kann, wenn z. B. eine Dichtung, die im Druck erschienen ist, gegen den Willen des Verfassers im Rundfunk gesendet und dadurch eine Absatzsteigerung erzielt wird.

Diese offensichtlichen Widersprüche haben ebensowenig wie die Schwierigkeiten mit der „entgangenen“ Lizenzgebühr eine Abkehr vom schadensersatzrechtlichen Denken bewirkt. Die Berechnungen nach der einen oder anderen Methode werden vielmehr ohne Unterschied als „gewohnheitsrechtliche Ergänzung“ des „allgemeinen Schadensersatzrechts“[83] oder als „Rechtsfortbildung“[84], mithin als bloße Modifikationen des Interesseersatzes verstanden. Konsequent verbaut man sich damit den Einblick in den tatsächlichen Rechtsgrund der Herausgabepflicht, die man nur noch mit „Billigkeits-“[85] oder, wie *v. Caemmerer*[86], mit Praktikabilitätserwägungen und Beweisschwierigkeiten des Verletzten zu rechtfertigen weiß.

Steindorff[87] weist demgegenüber mit Recht darauf hin, „daß diese Rechtsprechung nicht einfach mit der Feststellung eines als Schaden zu bewertenden Interesses zu erklären ist“. Anstelle auf konkreten Schadensersatz im Sinne des Ausgleichs einer Differenz im Vermögen des Verletzten (Wiedergutmachung), gehe die Verpflichtung des Eingreifers gerade unabhängig von einem Schaden — „abstrakt“ — auf Zahlung des objektiven Verkehrswertes des verletzten Rechtes. Ausschlaggebend seien „Rechtsverfolgungs-“ und „Bußfunktion“[88], die abstrakte Schadensberechnung demnach nur zuzulassen, „wo zum Schutz leicht verletzbarer Rechte eine scharfe Sanktion erforderlich ist“[89].

Ob sich die damit geschaffene neue Anspruchskategorie noch in das System des BGB einordnen läßt, mag hier dahinstehen[90]. Der Gedanke der Rechtsverfolgung und der Verzicht auf Schadenserfordernis und Vermögensverschiebung berühren jedenfalls wesentliche Elemente der Gewinnhaftung. Allerdings ist der Sanktionsgedanke, wie schon das englische und amerikanische Recht zeigten[91], für die Erklärung der Gewinnhaftung allein nicht ausreichend, denn der Sanktionsanspruch

---

[82] S. 404.
[83] BGHZ 26, 352.
[84] *Ulmer* S. 404.
[85] *Ulmer* a.a.O.; BGH a.a.O.; *Bussmann, Pietzger, Kleine* S. 247.
[86] Festschr. Rabel S. 360.
[87] AcP 158, 431 (452) im Anschluß an *Neuner* AcP 133, 277 (283 f.).
[88] a.a.O. S. 454, 456.
[89] a.a.O. S. 458.
[90] Kritisch *Mertens* 51 f., 76 f., 122 f.; S. 122 f.; vgl. auch oben S. 16 N. 12
[91] Oben S. 55 f., insbes. S. 58.

richtet sich als solcher weder auf die Bereicherung des Eingreifers noch ist er durch diese beschränkt; denn auf den Gewinn des Eingreifers kommt es für die abstrakte Haftung auf den objektiven Verkehrswert (oder was sonst im Sanktionswege gewährt werden kann) ebensowenig an, wie auf den Schaden des Verletzten.

Unsere vorläufige, noch zu vertiefende *These* lautet:

Vermögensverschiebungen und Vermögensnachteile gleich welcher Art sind als Voraussetzungen der Gewinnhaftung überflüssig und störend. Hierbei ist es ganz gleichgültig, ob die Gewinnhaftung im Wege der Eingriffskondiktion (§ 812 I 1) oder im Wege der sog. Schadensberechnung analog § 687 II gewährt wird. Äußeres Kennzeichen der Unzulänglichkeit sind die zahlreichen Fiktionen, die von Rechtsprechung und Lehre zur Überwindung dieser letztlich aus den Anfängen des römischen Rechts stammenden Rechtsauffassungen benutzt wurden.

In allen Gewinnhaftungsfällen wurde ein gegenständlich identifizierbares Rechtsobjekt eigennützig verwertet. Es scheint möglich, diese *Benutzung* fremder Rechtsobjekte (anstelle ihrer Beschädigung) zum maßgebenden Kriterium der Gewinnhaftung zu erheben, wobei Vermögensverschiebungen und Vermögensnachteile völlig außer acht bleiben.

Mit der *„Ausnutzung eines identifizierbaren Rechtsobjekts"* sind die „tatsächlichen" Voraussetzungen oder der „äußere" Ablauf von Handlungen, die die Gewinnhaftung nach sich ziehen können, skizziert. Zusätzlich ist nun noch erforderlich, daß die Ausnutzung dieser Rechtsobjekte von der Rechtsordnung mißbilligt wird, daß m. a. W. der Rechtsinhaber die Ausnutzung seiner Rechtsgüter durch Dritte nicht zu dulden brauchte. Dies konkrete Verwertungsverbot soll nach der heute vorherrschenden Meinung nur durch absolute Rechte konstituiert werden können.

2. Die Verletzung eines absoluten Rechts als Voraussetzung der Gewinnhaftung

a) Entwicklung und Stand der Meinungen

„Entscheidend ist, daß man sich klarmacht, daß in der Anerkennung eines Bereicherungsanspruchs eine ausschließliche Zuweisung des betreffenden Gutes an eine bestimmte Person unter Ausschluß aller anderen am Rechtsverkehr Beteiligten liegt[92]."

Mit diesem Standpunkt findet sich *v. Caemmerer* in Übereinstimmung mit der h. M., insbesondere allen Vertretern der Zuweisungstheorie[93].

---

[92] *v. Caemmerer*, Festschr. Rabel S. 398; vgl. auch S. 352 f., 378 f., 394 f.

[93] Vgl. *Larenz*, Schuldrecht II S. 370, 373 f.; *Esser* S. 806 f.; *Soergel-Mühl* § 812 Anm. 37, 162; *Enneccerus-Lehmann* § 222 II; *Mestmäcker* JZ 58, 523; *Kleinheyer* JZ 61, 475.

Die Frage, ob diese Auffassung richtig ist, ist von erheblicher Bedeutung für alle Bereiche des Zivilrechts, insbesondere aber für das Wettbewerbsrecht, wo *Fritz Schulz* der Lehre die Anwendung „doktrinärer Theorien" vorgeworfen hat[94].

In der Rechtsprechung von RG und BGH scheint die Frage, ob die Gewinnhaftung nur an die Verletzung absoluter Rechte, insbesondere des Eigentums, eigentümerähnlicher Rechte und der Immaterialgüterrechte anknüpfen kann, nirgendwo ausdrücklich diskutiert worden zu sein. Unverkennbar ist dagegen, daß diese Regel sowohl bei der Anwendung von § 687 II wie §§ 812 f. BGB praktisch doch beachtet wurde[95].

Daß der Begriff „Vermögen" mit dem des absoluten Rechts gleichzusetzen ist, scheint eine mehr oder weniger unreflektierte Vorstellung gewesen zu sein, die im bereicherungsrechtlichen Denken wohl noch fester verwurzelt ist als das Dogma der Vermögensverschiebung, mit dem es eng zusammenhängt. Es handelt sich hier offenbar ebenfalls um ein Erbe des römischen Rechts. Als die grundsätzlich an die fehlerhafte Übertragung von Eigentum (datio) anknüpfende condictio im 19. Jh. unter *Savigny* zum generellen Vorbild der Eingriffskondiktion wurde, wurden Vermögen und Eigentum ohne weiteres gleichgesetzt[96].

Zwar hat sich die *Leistungs*kondiktion seitdem zunehmend von allen formalen Fesseln hinsichtlich Be- und Entreicherung befreit. Bald genügte der Gedanke, daß der Kondiktionsgläubiger überhaupt irgendetwas unter fehlerhaften Voraussetzungen geleistet hatte[97]. So hob das RG im Jahre 1927[98] ein Berufungsurteil auf, das eine Leistungskondiktion deswegen verweigern wollte, weil der Kläger (a) nicht eingetragener Eigentümer des auf seine Veranlassung übertragenen Grundstücks gewesen sei und (b) dem Beklagten zwar die Eintragung, aber nicht das Eigentum verschafft habe. Das RG löste sich unter Berufung auf die Protokolle[99] und das Tatbestandsmerkmal „auf Kosten" von dieser typisch römischen Rechtsauffassung und führte aus,

„daß der Gegenstand der Bereicherung ohne bereits in das Vermögen des Kondiktionsberechtigten übergegangen zu sein, seinen Vermögensstand *nur zu berühren* (braucht)." Ferner: „Es ist nicht erforderlich, daß das, was der eine erlangt, schon der vollen rechtlichen Herrschaft des anderen unterworfen war. *Ein Anspruch des Benachteiligten auf den vom Bereicherten erlangten Gegenstand genügt*[100]."

---

[94] AcP 105, 218.

[95] Vgl. *Franke*, Die Herausgabe des Gewinns bei Verletzung absoluter Rechte, Diss. Göttingen 1929; zweifelhaft aber RG JW 35, 512; BGH NJW 63, 2315; vgl. auch *Palandt-Gramm* Einf. 4 a vor § 812; ferner RGZ 112, 268.

[96] Vgl. *Savigny* V 522 und oben S. 77.

[97] Vgl. *Wilburg* S. 50.

[98] RGZ 119, 332.

[99] Prot. II 685.

[100] a.a.O. S. 335; Hervorhebungen vom Verf.

Dem Berufungsgericht sei aber auch darin *nicht* beizutreten, „daß nur das wirkliche Eigentum des Beklagten Gegenstand des Bereicherungsanspruchs sein könnte". Das Bucheigentum als solches sei bereits als herausgabepflichtiger Vermögenswert anzusehen[101].

Obwohl auch der Gegenstand der *Eingriffs*kondiktion seit langem im Wege der abstrakten Vermögensrechnung, also im Prinzip ebenso wie bei der Leistungskondiktion ermittelt wird, ist die Entwicklung hinsichtlich der Voraussetzungen der Gewinnhaftung durch Festhalten am absoluten Recht fast auf dem Stand der Pandektenwissenschaft stehengeblieben. Das ist um so bemerkenswerter, als damit ein und demselben Tatbestandsmerkmal (auf Kosten) eine ganz unterschiedliche Bedeutung beigemessen wird. Bei der *Leistungs*kondiktion ist das Vermögen des Kondiktionsgläubigers schon dann „berührt", wenn ihm eine rechtliche Anwartschaft oder tatsächlich gesicherte Erwerbsaussicht zustand, deren Realisierung durch den Erwerb des Schuldners vereitelt wurde[102]. Bei der *Eingriffs*kondiktion bekennt man sich dagegen zwar formal zum gleichen Prinzip[103], praktisch begründet hier jedoch nur die „Berührung" eines *absoluten* Rechts die Herausgabepflicht. Das führt zu Zweifeln selbst beim Besitzverlust. Zwar kann der fehlerhaft übertragene Besitz ohne weiteres mit der Leistungskondiktion (condictio possessionis) herausverlangt werden[104]. War der Besitzverlust dagegen unfreiwillig, so wird die Eingriffskondiktion weitgehend versagt[105].

Eine ähnliche Doppelgeleisigkeit hat die Rechtsprechung bei der Auslegung des Begriffs „fremdes Geschäft" in §§ 687 II bzw. 677 BGB an den Tag gelegt. Das RG meinte, § 687 II schütze nicht bei Verstößen gegen vertragliche Handlungs- oder Unterlassungspflichten[106]. Das OLG Hamburg präzisierte, § 687 II sei nur bei Verletzung absoluter Rechte anwendbar[107]. Liegt dagegen kein Eingriff, sondern echte Geschäftsführung vor, so wird der Begriff des fremden Geschäfts denkbar weit gezogen[108].

Weder der Begriff „auf Kosten" noch der des „fremden Geschäfts" bieten irgendeinen Anhaltspunkt für die Beschränkung der Gewinnhaftung auf die Verletzung absoluter Rechte[109]. Erst recht ist nicht

---

101 a.a.O. S. 336.

102 RGZ 51, 422; 119, 335; RGRK § 812, 24; *Palandt-Gramm* § 812, Anm. 4 A.

103 Vgl. RGZ 112, 268; in den Kommentaren insbesondere dadurch, daß der Begriff „auf Kosten" ohne Unterscheidung der Kondiktionsarten behandelt wird; *Erman* § 812, 4; *Palandt-Gramm* § 812, 4 A; RGRK § 812, 22 f.

104 *Palandt-Hoche* § 861, 7; *Leonhard* S. 454; RGRK § 812, 11 f.; *Wilburg* S. 50.

105 *Leonhard* S. 455; *Palandt-Hoche* § 861,7; *v. Mayr* S. 129 f.; *Jung* S. 42 f.

106 RG HRR 1933 Nr. 1640; ferner RG GRUR 1942, 352 (357).

107 OLGE 22, 328; ebenso *v. Caemmerer*, Festschr. Rabel S. 395; a.A. OLG Saarbrücken NJW 60, 2339; BAGE 11, 208 = NJW 61, 2036 (Schmiergeld), zust. *Isele* RdA 62, 52 f.

108 Vgl. *Palandt-Gramm* § 677,2 a.

109 Zu § 687 II vgl. insbesondere *Nipperdey*, Festschrift Böhm S. 163 (168 f.).

erklärlich, wieso diese Begriffe, je nach dem, ob echte oder unechte Geschäftsführung, Leistungs- oder Eingriffskondiktion gegeben ist, einen unterschiedlichen Inhalt annehmen und damit die Gewinnhaftung gerade in den Fällen empfindlich einschränken sollten, in denen der Verletzte angesichts der Eigenmächtigkeit des Eingreifers besonderen Schutz verdient.

So ist z. B. nicht ohne weiteres verständlich, daß allenfalls dem Eigentümer oder sonstwie dinglich Berechtigten an einer Wohnung, einem Lagerplatz oder Theater gegen den widerrechtlichen Benutzer die Eingriffskondiktion zusteht, nicht dagegen einem Mieter oder Pächter dieser Einrichtungen. Der in Wahrheit „Betroffene" ist in den letzteren Fällen nicht der Eigentümer, dem es i. a. gleichgültig sein kann, wer die Einrichtungen benutzt. Betroffen sind in erster Linie Mieter und Pächter, deren Wohnung rechtswidrig benutzt und die um Untermietzins und Eintrittsgelder gebracht werden. Das Ergebnis ist um so merkwürdiger, als sie den Kondiktionsanspruch deswegen nicht haben, weil sich der Eingreifer *eigenmächtig* den Zutritt verschafft hat. Hätten sie ihn auf Grund Vertrags freiwillig zugelassen und stellt sich nachträglich die Mangelhaftigkeit der causa heraus, so hätten sie ohne weiteres mit der Leistungskondiktion eine Vergütung für den Wert der Nutzung verlangen können.

Die Rechtsprechung scheint die Gewinnhaftung mehr aus traditionellen Gründen, jedenfalls ohne präzise dogmatische Begründung von der Verletzung absoluter Rechte abhängig gemacht zu haben. Vielleicht fehlte es auch nur an der Gelegenheit, diese Praxis zugunsten einer flexibleren Rechtsprechung zu erweitern.

In der Lehre wurde zwar versucht, die Gewinnhaftung in Analogie zum Schadensersatzrecht[110] und, im Anschluß an eine gemeinrechtliche Doktrin, in Analogie zur Geschäftsführung ohne Auftrag[111] zu erklären, ohne daß dabei jedoch der Frage des absoluten Rechts besondere Beachtung geschenkt wurde. Erst *Franke* bezeichnete als fremd ein solches Geschäft, das gegen ein absolutes Recht verstößt. *Wilburg* soll nach Auffassung der Vertreter der Zuweisungstheorie die Begründung für die Beschränkung der Eingriffskondiktion auf die Verletzung absoluter Rechte nachgeliefert haben.

Das ist jedoch nur bedingt richtig. *Wilburg* beschäftigt sich in seiner Untersuchung in erster Linie kritisch mit den Theorien von Schadensersatz und Vermögensverschiebung[112], die er im Anschluß an *Heck* durch den Gedanken des Zuweisungsgehaltes ersetzen will. Auch

[110] *Kohler*, Patentrecht S. 576 f.; Lehrbuch II S. 131.
[111] Vgl. *Dankwart*, Neg. gestio S. 35 f.
[112] Vgl. S. 5 f., 23 f., 97 f., 106 f., 112 f.

Fr. Schulz' „System der Rechte auf den Eingriffserwerb" kritisiert er in erster Linie unter diesem Gesichtspunkt[113].

Für die Frage des absoluten Rechts legt *Wilburg* hingegen unbesehen den Stand der Rechtsprechung zugrunde. Mit der Behauptung: „Nur absolute Rechte und absolut geschützte Interessen sind das Gebiet der Bereicherungsklage[114]", konstatiert er m. a. W. nur den damaligen Rechtszustand, ohne das „Nur" hinreichend zu begründen. Daß die Eingriffskondiktion „nichts Anderes als eine Fortbildung des Eigentumsschutzes" und daher „in die Reihe jener Ansprüche zu stellen (ist), die dem Eigentumsgedanken dienen"[115], scheint *Wilburg* bei seinen Erörterungen, die sich von vornherein mit der „organischen Entwicklung der Bereicherungsklage aus dem Eigentum"[116] und „anderen absoluten Rechten und rechtlich geschützten Interessen"[117] befassen, für selbstverständlich zu halten.

Heute ist daraus das formelhaft wiederkehrende Argument geworden, daß andere als absolute Rechte keinen Zuweisungsgehalt haben und daher „weder Grundlage einer Bereicherungsklage noch eines Anspruchs aus § 687 II BGB"[118] sein können. Die Zuweisungstheorie ist im wesentlichen aus drei Gründen, die anschließend dargelegt sind, abzulehnen:

1. Rechte mit Zuweisungsgehalt existieren nicht, wenn mit „Zuweisungsgehalt" eine rechtliche Beziehung und nicht ein nur tatsächlicher Reflex gemeint ist.
2. Irgendein sachlicher Grund, bei der Zubilligung der Gewinnhaftung zwischen der Verletzung absoluter und relativer Rechte zu differenzieren, ist nicht ersichtlich, da die für die Gewinnhaftung wesentlichen Elemente ebenso gut bei absoluten wie relativen Rechten anzutreffen sind.
3. Die Zuweisungstheorie hält das Dogma der Vermögensverschiebung als Voraussetzung der Bereicherungshaftung mit Modifizierungen aufrecht und führt damit zu einer unangemessenen Beschränkung des Gegenstandes der Gewinnherausgabepflicht.

b) Der sog. Zuweisungsgehalt

Versteht man die Rechtsordnung, wie es allein sinnvoll ist, als ein System von Sollenssätzen[119], so kann sie sich mit ihren Geboten und

113 *Wilburg* S. 25 f., 105 f.
114 a.a.O. S. 46.
115 a.a.O. S. 35.
116 a.a.O. S. 28 f.
117 a.a.O. S. 35 f.
118 *v. Caemmerer*, Festschr. Rabel S. 396; vgl. auch die Nachweise S. 86, N. 93.
119 „Sollen" setzt dabei nicht notwendig den „freien Willen" des Norm-

Verboten nur an Rechtssubjekte wenden. Das Urteil „rechtmäßig" oder „unrechtmäßig" ist nur in Relation zu diesen Sollenssätzen, mithin nur in Relation zu einem bestimmten Verhalten der Rechtssubjekte möglich und sinnvoll. Es ist daher, wie schon *Fritz Schulz* ausführte[120], „ein schwerer Irrtum, Zustände, Rechte, überhaupt Erfolge von Handlungen als rechtmäßig oder rechtswidrig zu bezeichnen".

Gerade diesem Irrtum aber erliegt die Zuweisungstheorie. *Esser*[121] meint z. B., für die Eingriffskondiktion sei nicht die Rechtswidrigkeit des die Vermögensverschiebung bewirkenden *Vorgangs,* sondern die „Unrechtmäßigkeit des neuen Zustands" bzw. „die fehlende Rechtfertigung für den neuen Vermögensstand" maßgebend. Die „in sonstiger Weise" eingetretene Bereicherung sei unrechtmäßig, wenn sie im Widerspruch zum „Zuweisungsgehalt" eines Rechtes stehe.

Es ist unschwer zu erkennen, daß die Zuweisungstheorie im hier schon mehrfach kritisierten „dinglichen" Rechtsdenken wurzelt. Die Vorstellung einer „zuweisenden Kraft"[122] des dinglichen Rechts, aus der nach Ansicht *Wilburgs*[123] der Bereicherungsanspruch „organisch, gleichsam von selbst hervor(wächst)", gehört in die Tradition des römischrechtlichen dominium und jus ad rem[124], beides Begriffe, die u. E. den Sachverhalt verfälschen, die aber gleichwohl noch heute unter den Namen von „Güterzuordnung"[125] und „Herrschaftsrechten"[126] oder „Bestandssichernden Rechten"[127] fortleben.

Mit Recht haben demgegenüber *Kelsen*[128] und *Schloßmann*[129] darauf hingewiesen, daß das Eigentum (und jedes andere absolute oder dingliche Recht) nichts weiter als ein Ausschließungsrecht „ohne positiven Inhalt" ist. Es „erlaubt" m. a. W. kein „Haben der Sache selbst", sondern ist das Recht, andere von der Einwirkung auf die Sache auszu-

---

adressaten voraus, der wohl kaum mehr als eine fragwürdige Hypothese und bei jur. Personen definitiv nicht vorhanden ist. „Sollen" kann vielmehr umfassender i. S. der Verpflichtung eines konkreten Rechtssubjekts (gleich welcher Art) zu einem bestimmten Tun oder Unterlassen zu verstehen sein; vgl. auch *Kelsen* S. 97 f.

[120] S. 438; unrichtig allerdings, wenn *Schulz* meint, daß der Erfolg auch für die rechtliche Charakterisierung der Handlung „vollkommen unerheblich" ist, denn der Erfolg gehört notwendig zur Handlung. Zwar können Zustände ohne Handlung, Handlungen aber nie ohne Erfolge gedacht werden.

[121] Schuldrecht S. 806.

[122] *Wilburg* S. 29.

[123] *Wilburg* S. 122.

[124] Vgl. *Savigny,* System I 367.

[125] *Westermann,* Lehrbuch § 2 II; *Larenz* II 370; kritisch *Raiser* JR 1955, 118, der zutreffend eher auf die „Rechtsbeziehungen" abstellen will.

[126] *Lent-Schwab* § 22 III, 2; *Wolff-Raiser* § 51 II; *Westermann* § 28 I.

[127] *Fikentscher,* Schuldrecht S. 527.

[128] S. 135 f.; Wie *Bucher* (S. 54) darlegt, sind erlaubende Normen nur als negative Begrenzung einer allgemeinen Verbotsnorm denkbar, die jedoch angesichts der Freiheitsvermutung undenkbar ist.

[129] JDogmJB 45, 289; kritisch dazu *Westermann,* Diss. Göttingen 1933 S. 24 f.

schließen. „Bloße Ausschlußrechte" im Sinne *Raisers*[130] sind also nicht eine seltene Kategorie, sondern eine ganz allgemeine Erscheinung. Mit „Eigentum" etc. ist also nur eine unbestimmte Summe von Unterlassungsansprüchen gegen eine je nach den Umständen (Sozialbindung, Enteignung) mehr oder weniger große Zahl potentieller Adressaten gemeint. Die Summe dieser Ansprüche erzeugt oder erhält[131] als rein tatsächlichen Reflex einen subjektiven Freiheitsraum und damit die *tatsächliche* Herrschaftsmacht des Eigentümers, die keineswegs mit „Herrschaftsbefugnis", „Herrschaftsrecht" oder „Zuweisungsgehalt" verwechselt werden darf[132]. Der Eigentümer „kann" (nicht: „darf") mit der Sache „nach Belieben" verfahren.

Dieser Unterschied wird sofort wesentlich, wenn, wie im Falle der Zuweisungstheorie, aus der falschen Vorstellung unrichtige Schlüsse gezogen werden. Nach unserer Auffassung ist der „Zuweisungsgehalt" eines Rechts lediglich das *faktische Resultat von Unterlassungsansprüchen*. Es ist daher ausgeschlossen, den Bereicherungsanspruch nach den Vorstellungen *Wilburgs* im Sinne einer „Rechtsfortwirkung"[133], nämlich der Fortwirkung des Zuweisungsgehaltes oder „Mutterrechtes"[134] zu interpretieren; wo kein Recht ist, kann auch kein Recht fortwirken oder „fortleben"[135].

Die Unrechtmäßigkeit des Erlangens und damit eine Voraussetzung des Bereicherungsanspruchs ergeben sich vielmehr allein aus der Verletzung der durch das Eigentumsrecht oder sonstigen Rechten statuierten Unterlassungspflichten, insbesondere der Benutzungs- und Verwertungsverbote.

c) Bedeutung der Drittwirkung (sog. Absolutheit)

Erschleicht A den Eintritt in eine Konzert- oder Theatervorstellung, so hängt nach Auffassung der Zuweisungtheorie der Bereicherungsanspruch des Veranstalters V gegen A davon ab, ob A ein absolutes Recht des V verletzt hat. Das wäre der Fall, wenn V Eigentümer des Gebäudes ist, in dem die Veranstaltung stattfindet, nicht dagegen,

---

130 JZ 61, 465 (468).

131 Es ist für unsere Überlegungen keineswegs wesentlich, ob der Freiheitsraum als „verliehen" (Lehenssystem) oder als „vor"- bzw. „naturgegeben" (vgl. *Westermann* § 28 II 4) und vom Gesetzgeber „garantiert" angesehen wird. Entscheidend ist allein, wie dieser Freiheitsraum zu verwirklichen ist.

132 So aber die h. M.; vgl. u. a. *Westermann* § 28 I 2, 3; Diss. S. 24 f.; auch *Jakobs* glaubt an die „ausschließliche Zuweisung" (S. 30) und das „berechtigende Element" (S. 114) des Eigentums und die „Legitimation des Eigentümers", dem es „unter Ausschluß aller anderen allein zusteht, solche Verwendung vorzunehmen" (S. 106). Dadurch verliert seine Argumentation gegen die Zuweisungstheorie erheblich an Überzeugungskraft.

133 S. 49 f., 106, 114, 122.

134 S. 114, 122.

135 S. 29.

wenn V dasselbe Gebäude nur gemietet hat, es sei denn, man konstruierte ein absolutes Recht des V an der Vorstellung als solcher, was nach *H. Lehmann* wohl eine echte „Normenerschleichung" wäre[136].

Das Ergebnis ist merkwürdig, denn es erscheint ganz unsachgerecht, für die Bereicherungshaftung auf die Rechtsverhältnisse am Gebäude und überhaupt zu Dritten abzustellen.

Wer ein fremdes Patent oder in Verwahrung übernommene Sachen rechtswidrig benutzt, haftet bereicherungsrechtlich[137], nicht dagegen, wer ein rechtswidrig erlangtes Betriebsgeheimnis oder rechtswidrig erlangte Vorlagen rechtswidrig ausnutzt[138]. Die Begründung *v. Caemmeres*, die Betriebsgeheimnisse würden sonst in patentähnliche Rechte umgewandelt, überzeugt keineswegs, da unpatentierte Betriebsgeheimnisse, Verfahren und Formeln nur im Falle unlauteren Erlangens geschützt sind (§§ 18, 19 UWG). *Wenn* die Ausnutzung aber rechtswidrig ist, besteht keine Veranlassung, zwischen der Rechtswidrigkeit „auf Grund Patentverletzung" und der „auf Grund §§ 18, 19 UWG" zu unterscheiden und die Versagung der Gewinnhaftung im letzteren Fall wird unverständlich.

Man könnte die Beispiele, in denen die Zuweisungstheorie auf Grund des Dogmas vom absoluten Recht auf unsachgerechte Kriterien oder gekünstelte absolute Rechte angewiesen oder aber die Eingriffskondiktion aus im Ergebnis unverständlichen Gründen zu versagen gezwungen ist, beliebig vermehren.

Ein Verwertungsverbot kann u. E. ebenso gut durch relative wie absolute Rechte statuiert werden. Es ist ja in seinem Wesen nur relativ und das absolute Recht nur eine Zusammenfassung einer größeren Summe dieser relativen Rechte.

Demgegenüber scheint die Zuweisungstheorie besonderen Wert auf den „Ausschließlichkeitscharakter" der absoluten Rechte zu legen. „Bloße Schutzpositionen im Sinne von § 823 Abs. 2 BGB enthalten", wie *v. Caemmerer* unter dem Beifall der Lehre[139] ausführt, „keine derartige Zuweisung, die als Grundlage eines Bereicherungsanspruchs dienen könnte."

„Verstöße gegen Verhaltensnormen, insbesondere also Wettbewerbsverstöße, Verstöße gegen Schutzgesetze im Sinne von § 823 II und Verstöße gegen die von der Praxis herausgearbeitete allgemeine Verkehrspflicht

---

[136] Quasikontraktliche Abhilfen (protestatio facto contraria, faktische Vertragsverhältnisse) oder, was m. E. bei richtigem Verständnis der Willenserklärung am nächsten liegt, die Annahme eines vollgültigen Vertrages, sollen hier einmal außer Betracht bleiben; vgl. auch *v. Caemmerer*, Festschr. Rabel S. 399; *Enneccerus-Lehmann* S. 885.

[137] *v. Caemmerer*, Festschr. Rabel S. 356/358.

[138] *v. Caemmerer* a.a.O. S. 398; vgl. dagegen die anglo-am. Rechtsprechung oben S. 51 f.

[139] *v. Caemmerer* a.a.O. S. 353, 398; *Mestmäcker* JZ 58, 524; *Esser* § 195, 4 a (S. 807).

sind Delikte, aber nicht Eingriffe in ein einem anderen ausschließlich zugewiesenes Gut und daher weder Grundlage einer Bereicherungsklage noch eines Anspruchs aus § 687 II BGB."

Fikentscher[140] will die Eingriffskondiktion im „Bereich des Freiheitsschutzes" versagen und rechnet hierher den unlauteren Wettbewerb, Verkehrspflichten und „Rahmenrechte", wie das Recht am Unternehmen und das allgemeine Persönlichkeitsrecht.

Ein absolutes *Recht am Unternehmen* scheint auch den Vertretern der Zuweisungstheorie suspekt, da, wie *Mestmäcker* richtig erkennt[141], „eine Rechtsordnung, die ihren Subjekten die Freiheit gewerblicher Betätigung gewährt, ihnen nicht gleichzeitig einen Tätigkeitsbereich mit festen Chancen und Erwerbserwartungen durch ein absolutes Recht zuweisen (kann)". Diese sicherlich zutreffende Feststellung zeugt — als Argument gegen das absolute Recht gebraucht — von einem unhaltbaren „gegenständlich-absoluten" Verständnis dieses Rechts, so als gäbe es überhaupt irgendwo einen statisch abgezirkelten Bereich, der nicht der rechtmäßigen Beeinträchtigung Dritter in bestimmten Fällen ausgesetzt sein könnte. Diese Vorstellung identifiziert Recht und Rechtsobjekt, überträgt m. a. W. die ohnehin fragwürdige Behauptung vom absoluten, „gegen alle" wirkenden Recht auf die „Unberührbarkeit" des Rechtsobjekts selbst. *Schulz*[142] hat demgegenüber mit Recht die Notwendigkeit betont, Recht und Rechtsobjekt auseinanderzuhalten:

„Wer unbefugt eine fremde Sache gebraucht, gebraucht eben die Sache, nicht das Eigentum, dieses verletzt er; ebenso braucht der Patentverletzer nicht das Patentrecht, sondern die Erfindung, das Patentrecht verletzt er."

Tatsächlich sind selbst die Objekte des Eigentums, des traditionellen Schulbeispiels absoluter Rechte, nicht gegenständlich-absolut geschützt, sondern unterliegen der „Sozialbindung" und sind sich ständig ausweitenden Angriffen und Beschränkungen (z. B. Bau-, Enteignungs-, Wohnungsrecht)[143] unterworfen, die sich allenfalls graduell von den Einwirkungen der „wettbewerbsrechtlichen Kampfordnung" *(Franz Böhm)* auf einen Gewerbebetrieb unterscheiden. Es macht keinen grundsätzlichen Unterschied, ob durch legalen Wettbewerb eine Marktstellung verschlechtert oder durch ortübliche Immissionen, Verlegung einer Straße, Bau einer U-Bahn oder Umwandlung der Umgebung in ein Industriegebiet die Benutzbarkeit eines Grundstücks beeinträchtigt wird. Was für das Recht am Gewerbebetrieb die Kampfordnung des Wettbewerbs ist, das ist für das Eigentum die Sozialbindung und die Summe der sonst zulässigen oder „sozialadäquaten" Beeinträchtigun-

---

140 Schuldrecht S. 527.
141 a.a.O. S. 526.
142 S. 221.
143 Vgl. Art. 14 GG, 158 Bay. Verf.

gen. *Westermann* spricht hier von einem „naturgegebenen Spannungsverhältnis“, das eine „Patentlösung“ für die Frage nach Inhalt und Grenzen des Eigentums ausschließt[144].

Wenn *v. Caemmerer*[145] daher von der Fiktion eines absoluten Rechts am Unternehmen spricht, so ist dem hinzuzufügen, daß ein Fiktionsvorwurf dieser Art gegenüber jedem absoluten Recht erhoben werden muß. Wenn *v. Caemmerer* letzteres übersieht, so übersieht er damit, daß die „Absolutheit“ einer Rechtsposition nicht nur nicht beim Gewerbebetrieb, sondern niemals Kriterium der Gewinnhaftung sein kann[146].

Nipperdey[147] hat zutreffend festgestellt, daß es einen „generellen Schutz gegen jedweden Eingriff nicht gibt.“ Das Merkmal des absoluten Rechts liege nicht im inhaltlich absoluten, sondern im *personell*-absoluten Schutz, den das Recht dem betreffenden Rechtsobjekt gewährt. Es mag hier dahinstehen, ob die Existenz eines personell-absoluten Schutzes nicht ebenfalls eine viel zu weitgehende Behauptung ist. Eines ist klar: Für den Bereicherungsanspruch des A gegen B wegen rechtswidriger Benutzung eines Kfz. muß es ganz gleichgültig sein, ob und ggf. wie viele andere Rechtssubjekte von der Benutzung des Kfz. ausgeschlossen sind. Es wäre ganz müßig zu fragen, ob und unter welchen Umständen dem A auch Bereicherungsansprüche gegen X, Y oder Z zustehen könnten. Bereits *Mueser*[148] hat zutreffend ausgeführt, daß es für das Merkmal des „fremden Geschäfts“ in § 687 II BGB nicht auf das Verhältnis zu Dritten, außerhalb des Schuldverhältnisses stehenden Personen ankommen könne. Daß „third persons“ keine Rolle spielen, lehrte auch das englische und amerikanische Recht[149].

Das OLG Saarbrücken[150] war auf dem richtigen Weg, als es einen Wirtschafts- und Steuerberater gem. § 687 II zur Gewinnherausgabe verurteilte, weil er einem Wettbewerbsverbot, das beim Verkauf seiner

---

144 S. 116.

145 Festschr. Rabel S. 400.

146 Ob die Absolutheit das passende Kriterium für die Deliktshaftung ist, kann hier dahinstehen. Die Frage ist m. E. schon deswegen zu verneinen, weil es sachlich unangemessen ist, wenn die persönliche Verantwortlichkeit im konkreten Fall von der potentiellen Verantwortlichkeit Dritter abhängen soll. Vielleicht sollte man eher auf die „leichte Erkennbarkeit“ des verletzten Rechtsobjekts abstellen, da das BGB offenbar nur „evidente“ oder „gegenständlich greifbare“ Schädigungen erfassen wollte. Der deliktsrechtliche Schutz von Gewerbebetrieb und „Ausstrahlungen“ der Persönlichkeit läßt sich, obwohl im Ergebnis zu begrüßen, mit dem Gesetzestext unter diesem Gesichtspunkt kaum vereinbaren; vgl. auch *v. Caemmerer*, Die absoluten Rechte in § 823 I BGB; ders., Wandlungen des Deliktsrechts.

147 *Enn.-Nipperdey* § 72 I 3; Gutachten zum Zeitungsstreik S. 38 f.; *Schippel* S. 56 f.

148 S. 19 f.; zust. *Nipperdey*, Festschr. Böhm S. 170.

149 Vgl. oben S. 50 f.

150 NJW 60, 2339 mit zust. Anm. *Gass*.

Praxis vertraglich vereinbart worden war, zuwidergehandelt hatte. *Nipperdey*[151] hat zutreffend bemerkt, daß „bloße Wortinterpretation und formaljuristische Logik" hier nicht weiter führen, daß vielmehr eine vom Grund der gesetzlichen Regelung ausgehende Interessenbewertung die Führung eines fremden Geschäfts nicht nur bei Verletzung von Ausschließlichkeitsrechten[152], sondern ebensogut auch dann annehmen kann, wenn das Verhalten „nach einem Vertrag mit dem Handelnden dem Vertragspartner vorbehalten ist"[153]. Bedeutsame Anwendungsfälle sieht er in Gebietsabtretungs- und Alleinverkaufsabreden[154]. *Nipperdey* geht jedoch nicht weit genug: nicht nur Verträge, sondern alle Rechtsnormen, die einen anderen von der Ausnutzung eines konkreten Rechtsguts ausschließen, erfüllen die Voraussetzungen des Begriffs „fremd" in § 687 II und — was *Nipperdey* nicht behandelt[155] — des Begriffs „auf Kosten" in § 812 I BGB und sind damit geeignete Grundlage der Gewinnhaftung. *Nipperdeys* Begriff des „vorbehaltenen Interessenbereiches" erinnert aber auch zu stark an die Vorstellungen der Zuweisungstheorie, die gewisse „erlaubende" Rechtsnormen verlangt und sich mit der Existenz eines bloßen Unterlassunganspruchs nicht zufrieden geben will. So hält er die *Schmiergeldentscheidung* des BAG[156] zwar für „erwähnenswert", weil darin die Voraussetzungen des § 687 II BGB bejaht werden, „ohne daß versucht würde, das vertragswidrige Verhalten des Arbeitnehmers als einen Eingriff in ein absolutes Recht des Arbeitgebers darzustellen"[157]. Im übrigen sei das Urteil aber „kein geeigneter Beleg" für seine Auffassung, denn das BAG stütze seine Ansicht „nicht auf die — abwegige — Annahme, die Vereinbarung und Entgegennahme von Schmiergeldern sei vertraglich dem Arbeitgeber vorbehalten"[157]. Das BAG hatte aber durchaus recht, daß es diese auch im konkreten Fall abwegige Annahme gar nicht erst anstellte. Ein Schmiergeld ist nicht erst dann herauszugeben, wenn der Arbeitnehmer eine dem Arbeitgeber „vorbehaltene" Position ausnützt, sondern schon dann, wenn der Arbeitnehmer *seine* Position als Arbeitnehmer, die er allein zugunsten des Arbeitgebers auszufüllen verpflichtet ist, rechtswidrig eigennützig ausbeutet. Man braucht sich nur die Position des trustee des anglo-amerikanischen Rechts in Erinnerung zu rufen, um zu sehen, was hier gemeint ist[158].

---

151 Festschr. Böhm S. 165.

152 a.a.O. S. 166 f.

153 a.a.O. S. 171, 174.

154 a.a.O. S. 172 f.

155 *Nipperdey* will seine Erkenntnisse wohl auf § 687 II beschränken, in dem er ungenau „eine eigenständige Ergänzung des Schadensersatz- und Bereicherungsrechts" erblickt (S. 165). U. E. gehört § 687 II ins Bereicherungsrecht, ist dort aber überflüssig, da §§ 812 f. alle Fälle decken.

156 NJW 61, 2036, zust. *Isele* RdA 62, 52 f.

157 *Nipperdey* a.a.O. S. 170.

158 Vgl. oben S. 24 f., 28 f., 31 f.

Nach alledem mag man bei der Deliktshaftung gem. § 823 I BGB zu der nicht unbedenklichen Auffassung gelangen, daß hier die Verletzung eines absoluten Rechts erforderlich ist. Bei der Deliktshaftung spielt — im Gegensatz zur Gewinnhaftung — der angemessene Schutz des schadenstiftenden Schuldners vor unvorhersehbaren Schadensersatzverpflichtungen eine Rolle. Ob die „Absolutheit" der verletzten Rechtsposition hier das geeignete risikobegrenzende Kriterium ist, ist zu bezweifeln, kann jedoch dahinstehen, da der Gedanke der Risikobegrenzung für die Gewinnhaftung, die ja grundsätzlich nur auf die ungerechtfertigte Bereicherung des Schuldners geht, allenfalls bei weggefallener Bereicherung eine Rolle spielt, wo dann aber die Berücksichtigung des Verschuldens eine angemessene Regelung ermöglicht.

Zusammenfassend ist festzustellen, daß anstelle von absoluten und relativen Rechten besser von Rechten mit oder ohne Drittwirkung gesprochen würde. Es leuchtet dann ohne weiteres ein, daß die Existenz eines Rechts mit Drittwirkung die Zahl der potentiell zur Gewinnherausgabe Verpflichteten erhöht, darüber hinaus aber keinerlei Bedeutung für die Zubilligung der Gewinnhaftung im konkreten Fall haben kann.

3. Die gemeinsamen Grundlagen von Leistungs- und Eingriffskondiktion

Wilburg hat seine Lehre geradezu auf einer Antithese von Leistungs- und Eingriffskondiktion aufgebaut[159]. Der Anspruch wegen Bereicherung in sonstiger Weise habe „in seiner Entstehung mit der Leistungskondiktion nichts zu tun"[160]. „Unbedingt notwendig" sei die Erkenntnis, daß „eine vollkommene Verschiedenheit der Grundlagen besteht, die zu verwischen das Ende jeder Klarheit bedeuten würde"[161].

v. Caemmerer meint[162], diese Heraushebung der Leistungskondiktion sei „nicht nur historisch überkommen, sondern innerlich gerechtfertigt"[163].

Die scharfe Antithese von Leistungs- und Eingriffskondiktion ist zweifelsohne notwendig, um die Zuweisungstheorie zu halten, ist aber ebensowenig gerechtfertigt wie diese.

a) Verhältnis der Bereicherung durch Leistung zur Bereicherung in sonstiger Weise

Geht man vom Wortlaut des § 812 I 1 BGB aus, so muß *Wilburgs* Behauptung einer „fundamentalen Verschiedenheit"[164] der Kondik-

---

[159] Vgl. S. 5 f., 22 f., 49 f.
[160] S. 49.
[161] S. 113.
[162] Festschr. Rabel S. 342.
[163] Ferner a.a.O. S. 352; ders., Festschr. Lewald S. 446; *Heck*, Grundriß S. 421; *Esser* § 195,4; *Larenz* II S. 364; unklar *Fikentscher*, Schuldrecht S. 526.
[164] S. 49.

tionsarten bereits auf Bedenken stoßen. In § 823 I BGB steht außer Zweifel, daß das „sonstige Recht" im Sinne der vorher aufgezählten Beispiele (Leben, Gesundheit, Freiheit, Eigentum) zu interpretieren ist. In § 812 I 1 kann nichts anderes gelten. Die Bereicherung „durch Leistung" ist nach dem Wortlaut offensichtlich nur ein besonders wichtiger, aber wesensgleicher Fall der Bereicherung „in sonstiger Weise".

b) Verhältnis der Bereicherung „ohne rechtlichen Grund" zur Bereicherung „auf Kosten eines anderen"

Der von *Wilburg* behauptete fundamentale Unterschied zwischen kausalosem Rechtserwerb (mit der Folge der *Leistungs*kondiktion) und dem Rechtserwerb unter Verstoß gegen den Zuweisungsgehalt eines absoluten Rechts (mit der Folge der *Eingriffs*kondiktion) ist u. E. nur eine Folge, nicht aber geeigneter Ausgangspunkt der Zuweisungstheorie, die erst im Ergebnis zwischen den nur äußerlich unterschiedlichen, aber innerlich wesensgleichen Kondiktionsarten die Gräben aufreißt, von denen sie auszugehen scheint. Ist schon die Aufsplitterung der gleichwertigen Tatbestände des § 812 I 1 in zwei angeblich wesensverschiedene Kondiktionskategorien kaum vertretbar, so bleibt angesichts des Gesetzeswortlauts vollends unverständlich, warum das eine Tatbestandsmerkmal („ohne rechtlichen Grund") lediglich der Leistungskondiktion und das andere Tatbestandsmerkmal („auf Kosten") lediglich der Eingriffskondiktion soll zugeordnet werden können. Selbst wenn man die Existenz von zwei wesensverschiedenen Kondiktionsarten akzeptieren wollte, könnte man sich doch nicht darüber hinwegsetzen, daß das Gesetz für *beide* Kondiktionsarten dieselben Voraussetzungen aufstellt, daß sich m. a. W. in beiden Fällen der Rechtserwerb sowohl „ohne rechtlichen Grund" als auch „auf Kosten eines anderen" vollzogen haben muß. Damit scheitert eine grundlegende Voraussetzung der Zuweisungstheorie bereits am Gesetzeswortlaut. Hinzu kommt, daß auch das von *Wilburg* vorgeschlagene enge Verständnis der „Rechtsgrundlosigkeit" als Fall des Nichtentstehens oder des Wegfalls des Verpflichtungsvertrages *(causa)* einer Nachprüfung nicht standhält. *Wilburg* wiederholt hier bei der Leistungskondiktion den Fehler, den er mit Recht der damaligen bereicherungsrechtlichen Dogmatik zur Eingriffskondiktion vorwarf. Dem sei hier im einzelnen kurz nachgegangen.

aa) Eingriffskondiktion und Mangel der Causa

Unter der „suggestiven Macht"[165] der im römischen Recht vorherrschenden Leistungskondiktion, die historisches Vorbild der Eingriffskondiktion war[166], sollte die Bereicherung in sonstiger Weise aus der

165 *Wilburg* S. 15.
166 Vgl. oben S. 76 f.

Leistungskondiktion erklärt und damit das Merkmal der Rechtsgrundlosigkeit im Sinne des Fehlens der causa verallgemeinert werden[167]. Die von *v. Gierke* beeinflußte Formulierung des BGB („ohne rechtlichen Grund") ist ein Niederschlag dieser Bemühungen und dürfte ihr Teil zur weiteren Stützung dieser Ansichten beigetragen haben. *Savigny*[168] hatte selbst in der condictio ex causa furtiva „eigentlich nur eine einzelne Anwendung der condictio sine causa" gesehen[169].

Demgegenüber weist *Wilburg* mit Recht darauf hin, daß ein Vermögenserwerb auch ohne obligatorische Beziehung zum Benachteiligten gerechtfertigt sein kann[170]. Die Übertragung von Rechten kraft gesetzlicher Vorschrift, der Fruchterwerb des gutgläubigen Besitzers, die Verlegung einer Bahnstrecke, die Anlage einer Straße oder eines Flughafens, die legale Verbesserung einer Wettbewerbsposition, alles das bringt dem einen Vorteile und dem anderen möglicherweise Nachteile, ohne jedoch trotz Fehlens einer causa ungerechtfertigt zu sein. Der Mangel der causa ist daher sicher ein ungeeignetes Kriterium für die Eingriffskondiktion, die sich nun einmal nicht, wie es der *Savigny* folgenden Lehre vorschwebte[171], auf die Leistungskondiktion reduzieren läßt.

Wilburg schießt jedoch über das gesteckte Ziel hinaus, wenn er auf Grund dieser Feststellungen generell jede Übereinstimmung zwischen den Kondiktionsarten leugnet. Wäre das richtig, hätte die Eingriffskondiktion nicht aus der Leistungskondiktion entwickelt und im englischen und amerikanischen Recht nicht beides unter gleichen Gesichtspunkten behandelt werden können. Wie sich herausstellen wird, ist entgegen *Wilburg* auch die Leistungskondiktion nicht allein aus dem Mangel der causa erklärlich. Das von der Zuweisungslehre übersehene und unten noch näher erörterte „tertium comparationis" und damit gemeinsame Grundlage beider Kondiktionsarten ist der dem sine-causa-Denken zwar zugrunde liegende aber von ihm doch nur lückenhaft repräsentierte Gedanke, daß ein Vermögenserwerb auf Kosten eines anderen *ohne dessen Willen oder Zustimmung zu mißbilligen* ist. Liegt gar keine Willensäußerung des Verletzten vor („Eingriff"), so entsteht der Kondiktionsanspruch wegen Bereicherung ohne recht-

---

167 *Wilburg* S. 17; oben S. 78.

168 System V 552; ferner S. 503 f., 523 ff.; ähnlich *Krawielicki* S. 2, 3 und *Jung*, passim; vgl. auch *Barnstedt* S. 100; *v. Lübtow* S. 26; RGRK § 812, 34.

169 Unverständlich *Jakobs* S. 51: Nicht das Fehlen einer causa habe nach *Savigny* die Rückforderung bewirkt, sondern das Vorliegen der causa die Unrechtmäßigkeit des Erwerbs ausgeschlossen. Das ist ein Spiel mit Worten, das auch durch die im übrigen unzutreffende Annahme, bei gegenständlicher Vermögensverschiebung habe „grundsätzlich die Rückforderung" stattgefunden, nicht gestützt wird.

170 *Wilburg* S. 12, 14.

171 Vgl. oben N. 168.

lichen Grund unmittelbar. Hat der Benachteiligte dagegen den Dritten auf Grund eines Vertrags bereichert („Leistung"), so ist in der Regel eine Vorprüfung erforderlich, ob der nach außen in Erscheinung getretene Wille den Vermögenserwerb auf Kosten des Leistenden tatsächlich rechtfertigt oder aber unrichtige Vorstellungen den Willen in rechtlich relevanter Weise so beeinflußt haben, daß er die Bereicherung des anderen auf Kosten des Berechtigten nicht mehr trägt. Die Willensmängel äußern sich dabei technisch meist, aber eben nicht notwendig im Wegfall oder Nichtentstehen der causa. Materiell ist in jedem Falle (auch z. B. wenn der Entreicherte selbst irrtümlich in sein eigenes Vermögen „eingreift"[172]) ein *Willensfehler Grundlage der Kondiktion,* gleich, ob er erst nach Anfechtung oder unmittelbar geltend gemacht werden kann.

bb) Leistungskondiktion und Mangel der Causa

Auch für die Leistungskondiktion ist der Mangel der causa nur technisch-sekundär bedeutsam. Selbst wenn die causa wegen Rechts- oder Sittenwidrigkeit (§§ 134 f. BGB) oder wegen eines unheilbaren Formfehlers (also nicht wegen eines Willensfehlers) entfällt, ist die Kondiktion materiell nicht wegen dieses Mangels in der causa, sondern allein deswegen gerechtfertigt, weil der Berechtigte im irrtümlichen Vertrauen auf die Gültigkeit des Vertrags geleistet hat, also einem rechtlich relevanten Willensmangel erlegen ist. Das zeigt insbesondere § 814 BGB, der die Kondiktion ausschließt, wenn der Berechtigte in Kenntnis der Nichtschuld oder auch nur mit Rücksicht auf eine Anstands- und Sittenpflicht leistet. Schließlich spricht auch die Kondiktion wegen Zweckverfehlung (§ 812 I 2)[173] und ihr Ausschluß, wenn der Leistende die Unmöglichkeit der Zweckerreichung kannte, für die Maßgeblichkeit des Willens und nicht der causa, die, obwohl sie vorliegt, die Kondiktion gerade nicht ausschließt. Es ist daher nur sekundär und auch hier nur teilweise richtig, wenn *Wilburg*[174] meint, für den Leistungsrückgabeanspruch genüge der Gedanke, „daß die Leistung rückgängig zu machen ist, der die erforderliche causa fehlt".

Wie wenig der Mangel der causa mit der Leistungskondiktion zu tun hat, zeigt nicht zuletzt die Vielzahl denkbarer Leistungen, die „rechtsgrundlos" Dritten zugute kommen, ohne jemals zur Leistungskondiktion zu führen[175]:

---

[172] z. B. ein Ladenangestellter veräußert versehentlich die eigene Kamera, die er für die des Geschäftsinhabers hält; vgl. auch die Beispiele unten S. 123.

[173] *v. Caemmerer* (Festschr. Rabel S. 346) hält sie für ein „historisches Überbleibsel".

[174] S. 50; zust. *v. Caemmerer* a.a.O. S. 348 f.; *Ehrenzweig* § 417.

[175] Vgl. *v. Caemmerer,* will einen Teil dieser Beispiele unzutreffend im Sinne der Zuweisungstheorie interpretieren (a.a.O. 379 f.). *Kötter* (AcP 153, 196) will schon den Leistungsbegriff selbst davon abhängig machen, daß der Empfänger „durch Zweckerreichungsabsicht mit dem ... Zuwendenden ver-

Eine Bank räumt Unternehmern Kredite ein, die damit (bewußt) auch den Gläubigern des Kreditnehmers zugute kommen. Ein Idealist legt einen Park an oder baut einen Deich, der der ganzen Umgebung zugute kommen soll. Jemand baut ein großes Kurhotel, dessen Gäste die Fremdenverkehrseinnahmen des ganzen Ortes erhöhen. Ein großer Kfz-Hersteller baut seit mehreren Jahren den gleichen Wagentyp und „sorgt" damit für beträchtliche Gewinne der Zubehörindustrie.

Handlungen und Leistungen, die „rechtsgrundlos" im Sinne des sine-causa-Denkens Dritte bereichern, dürften angesichts der wirtschaftlichen Verflechtung die Fälle, in denen das nicht geschieht (rein deliktisches Handeln), weit übersteigen. Daß in allen diesen Fällen trotz Fehlens einer causa die Kondiktion entfällt, liegt allein daran, daß der Handelnde ohne rechtlich relevanten Willensfehler — „irrtumsfrei" im Rechtssinne — über sein Vermögen verfügte. Die verschafften Vorteile wären wenigstens zum Teil kondizierbar, wenn sie auf Grund eines auf den jeweiligen Erfolg gerichteten Vertrages mit den jeweiligen Begünstigten erbracht worden wären, da dann ein rechtlich relevanter Irrtum des Verfügenden anzunehmen ist, der die Leistungen im generell schutzwürdigen Vertrauen auf die Gültigkeit des Vertrags, praktisch also in der enttäuschten Erwartung einer Gegenleistung erbrachte. Mit diesem Gedanken ließe sich ggf.[176] auch die Ablehnung von sog. Versionsklagen rechtfertigen, die *v. Caemmerer* im Gegensatz zu *Wilburg*[177] noch mit Hilfe des veralteten Kriteriums der Unmittelbarkeit ablehnen will[178]. Wenn A auf Grund des Vertrags mit B eine Leistung erbringt, die gleichzeitig oder durch Vermittlung des B auch dem C zugute kommt, so kann er bei Nichtigkeit des Vertrags mit B von C ebensowenig etwas zurückfordern, wie er es von den Anwohnern seines Parks könnte, gleich ob er den Park im Auftrag der Stadt (der sich als nichtig herausstellt) oder — was im Verhältnis zu den Begünstigten ganz das gleiche ist — aus eigener Initiative angelegt hat.

Wenn *v. Caemmerer* meint, daß mit dem Gesichtspunkt irrtumsfreier Förderung eigener Interessen allein nicht auszukommen sei[179], da der Leistende auch dann nicht kondizieren könne, wenn er in irriger Beurteilung der Sachlage übersehen habe, daß sein Handeln auch zum Vorteil Dritter ausschlägt, so ist dem zu entgegnen, daß selbstverständlich nicht jeder wie immer geartete Irrtum zur Kondiktion führen kann und daß gerade in der Abgrenzung von relevanten und irrele-

---

bunden ist"; eine ähnliche Unterscheidung von „Zuwendung" und „Leistung" findet sich bei *Berg* (AcP 160, 507) und *Esser* SchR 189, 6 m.w.N.; vgl. dazu unten S. 121 f.

[176] Vorausgesetzt, man käme hier überhaupt zu einem Kondiktionsanspruch, was u. E. schon von vornherein zu verneinen ist; vgl. unten S. 115 f.

[177] *Wilburg* S. 113.

[178] Festschr. Rabel S. 371 f.; dazu unten S. 115 f.

[179] a.a.O. S. 380.

vanten Willensfehlern die besonderen Schwierigkeiten des allgemeinen Vertrags- und Schuldrechts, nicht aber des Kondiktionsrechts liegen. *v. Caemmerer*[180] ist daher nicht zu folgen, wenn er (wie *Wilburg*) allein darauf abstellen will, daß sine causa geleistet wurde.

cc) Das Tatbestandsmerkmal „ohne rechtlichen Grund" und seine Bedeutung für beide Kondiktionsarten

„Rechtlicher Grund" einer Bereicherung ist mithin weder bei der Eingriffs- noch bei der Leistungskondiktion notwendig eine vertragliche Vereinbarung zwischen Be- und Entreichertem (causa), sondern das fehlerfreie Einverständnis des Rechtsinhabers mit (oder der fehlerfreie Wille des Rechtsinhabers zu) der Verwertung, Benutzung, Ausnutzung oder Übertragung seiner Vermögenswerte. *Fehlt dies Einverständnis* oder ist der Wille in rechtlich relevanter Weise fehlerhaft — sei es, daß ein diesbezüglicher Wille angesichts der Eigenmächtigkeit des Eingreifers oder der Geschäftsunfähigkeit des Rechtsinhabers gar nicht erst gebildet werden konnte, sei es, daß ein Irrtum oder ein sonstiger Willensmangel (Täuschung, Drohung) des Rechtsinhabers vorliegt, der ihn zur Anfechtung seiner Erklärung berechtigt und veranlaßt — *so fehlt der Rechtsgrund* im Sinne *beider* Kondiktionsarten.

Die Relevanz von Willensmängeln wird, sofern ein Wille überhaupt vorliegt, nach den allgemeinen Regeln des Vertrags- und Schuldrechts im Hinblick auf Bestehen und Bestandskraft des Kausalverhältnisses geprüft und soll hier im einzelnen nicht erörtert werden. Fällt das Kausalverhältnis weg, so ist das ein starkes Indiz dafür, daß ohne rechtlich relevanten Willen geleistet wurde. Daß das Kausalverhältnis nicht unbedingt maßgebend ist, lehren die zitierten Beispiele und § 814, der die Rückforderung ausschließt, wenn der Leistende den Mangel des Rechtsgrunds kannte oder die Leistung einer Anstands- und Sittenpflicht entsprach, ferner § 812 I 2, der die Rückforderung trotz bestehender causa bei Zweckverfehlung zuläßt, und § 815, der die Rückforderung wegen Zweckverfehlung ausschließt, sofern der Leistende die Unmöglichkeit der Zweckerreichung kannte oder den Eintritt des mit der Leistung bezweckten Erfolges wider Treu und Glauben verhindert hat. Das enttäuschte Vertrauen auf den Bestand der causa rechtfertigt im Regelfalle bereits als solches die Kondiktion (Formfehler), doch ist das keineswegs immer so und bedeutet insbesondere nicht, daß eine gültige causa Voraussetzung unkondizierbarer Leistungen ist. Ebenso wie der Eigentümer eine Sache „ohne Rechtsgrund" vernichten oder wegwerfen[181] kann, muß er sie selbst-

[180] a.a.O. S. 348; etwas einschränkend S. 350.

[181] Hierbei kommt es uns nicht auf den sachenrechtlichen Rechtsverlust gem. § 959 BGB (Dereliktion) an. Der fehlende Bereicherungsanspruch (etwa gegen den Finder) beruht nicht hierauf, sondern auf der freiwilligen und ohne Willensmangel erfolgten Aufgabe der Sache. Selbst bei Fehlen einer

verständlich auch „ohne Rechtsgrund" leisten, d. h. bewußt (auch ohne Schenkungsvertrag) einem Dritten zuwenden können, ohne daß der Mangel der causa die Kondiktion auslöst.

Man muß sich darüber klar werden, daß über Leistungs- und Eingriffskondiktion in erster Linie der Wille des Berechtigten im Zeitpunkt des Vermögensverlustes (oder der Vermögensbenutzung) entscheidet und daß, da im Interesse der Verkehrssicherheit nicht jeder Willensfehler berücksichtigt werden kann, die eigentlichen Probleme nicht in der Unterscheidung von Kondiktionsarten, sondern in der Unterscheidung von rechtlich relevanten und irrelevanten Willensfehlern, also besonders im Bereich der §§ 116 f. BGB liegen.

dd) Das Tatbestandsmerkmal „auf Kosten" und seine Bedeutung für beide Kondiktionsarten

Ebensowenig wie das Tatbestandsmerkmal „ohne rechtlichen Grund" ausschließlich der Leistungskondiktion zugeordnet werden kann, kann das Tatbestandsmerkmal „auf Kosten" allein auf die Eingriffskondiktion beschränkt sein. Würde man es aber in der engen Interpretation, die es in der Zuweisungstheorie erfahren hat, auch auf die *Leistungs*kondiktion anwenden, so wären wie ehemals bei *Savigny* nur Gegenstände absoluter Berechtigungen kondizierbar[182], was zu einer offenbar längst überholten und auch von der Zuweisungstheorie sicher nicht beabsichtigten Einengung der Leistungskondiktion führen müßte. Nicht zuletzt diese Konsequenz spricht gegen die Zuweisungstheorie und die von ihr gewählte Auslegung des Tatbestandsmerkmals „auf Kosten", denn der vorgeschlagene Ausweg, unter strikter Trennung der Kondiktionsarten das Tatbestandsmerkmal „auf Kosten" auf die *Eingriffs*kondiktion zu beschränken, findet nirgendwo eine Stütze. Richtiger erscheint es, dem Tatbestandsmerkmal „auf Kosten" eine Auslegung zu geben, die den Bedürfnissen von Leistungs- *und* Eingriffskondiktion in gleicher Weise entspricht. Das führt zu einer Annäherung und Anpassung der Eingriffskondiktion an die Leistungskondiktion, wobei die Eingriffskondiktion diejenige Entwicklung „nachholt", die die heute wesentlich elastischere Leistungskondiktion durchgemacht hat und die nachzuvollziehen nicht zuletzt an der gewaltsamen Trennung der Kondiktionsarten scheiterte.

---

dem § 959 entsprechenden Vorschrift wäre also ein Bereicherungsanspruch zu verneinen. Umgekehrt bleibt bei unfreiwilligem Besitzverlust ein Bereicherungsanspruch trotz evtl. Eigentumserwerbs des Finders (§§ 965 f., 973 BGB) wenigstens zeitweilig erhalten (§ 977). Ähnlich bei Verbindung, Vermischung und Verarbeitung, wo der Eigentümer sein Recht ohne seinen Willen verliert und § 951 klarstellt, daß das allein einen Ber.anspruch nicht ausschließt.

[182] Vgl. oben S. 76 f., 86 f.

Auch die Leistungskondiktion war ursprünglich nur hinsichtlich „absoluter" Rechte möglich. Wenn *Wilburg* und die moderne Zuweisungstheorie heute in der Eingriffskondiktion einen Rechtsfortwirkungsanspruch bzw. eine Fortbildung des Güterschutzes sehen, so entspricht das dem *Savignyschen* „Vindikationsurrogat"[183], mit dem dieser gerade eben die Leistungskondiktion charakterisierte. Während sich die Leistungskondiktion von diesem „sachenrechtlichen" Verständnis zunehmend befreite[184], wandte *Wilburg* die Idee des Vindikationssurrogates auf die Eingriffskondiktion an, indem er die bis dahin theoretisch nicht fundierte Praxis der Rechtsprechung unbesehen zum Ausgangspunkt seiner Überlegungen machte[185].

Für die hier vorzuschlagende Angleichung der Kondiktionsarten ist der Gedanke maßgebend, daß der Kondiktionsschuldner bei eigenmächtigem Eingriff nicht besser stehen darf als bei freiwilliger Leistung des Kondiktionsgläubigers, wo ein größeres Vertrauen in die Bestandskraft des Vermögenserwerbs und damit — wenn überhaupt — ein größerer Schutz des Bereicherten gerechtfertigt erscheint. Die Zuweisungstheorie postuliert das Gegenteil: bei der Leistungskondiktion stellt sie zu weitgehend auf die „tatsächliche Verschaffung" des Kondiktionsgegenstandes durch den Kondiktionsgläubiger ab und läßt das Tatbestandsmerkmal „auf Kosten" zur Bedeutungslosigkeit herabsinken; bei der Eingriffskondiktion genügt es dagegen nicht einmal, wenn das Vermögen des Kondiktionsschuldners nur „berührt" ist, sondern es wird die Verletzung eines absoluten Rechts zur Erfüllung desselben Tatbestandsmerkmals („auf Kosten") verlangt. Mit einem Wort: Nimmt sich der Rechtsbrecher eigenmächtig, was ihm freiwillig nicht geleistet wird, so steht er überall da, wo es nicht gerade um die Verletzung „absoluter" Rechte geht, besser da, als wenn ihm derselbe Gegenstand vom Rechtsinhaber freiwillig, aber ohne Rechtsgrund geleistet worden wäre.

Zum Vermeidung dieser mit dem Gesetzestext nicht in Einklang stehenden Ungereimtheit muß und kann das Tatbestandsmerkmal „auf Kosten" für beide Kondiktionsarten einheitlich interpretiert werden. Dies kann vorläufig[186] bei der Leistungskondiktion im Sinne der „Aufgabe eines eigenen Rechtsgutes", bei der Eingriffskondiktion im Sinne der „Ausnutzung eines fremden Rechtsguts" geschehen.

Das sei an einigen Beispielen verdeutlicht:

Verzichtet jemand auf ein Pfandrecht und rückt der nachstehende Pfandgläubiger auf, so kommt nach Ansicht *v. Caemmerers*[187] nur Lei-

---

[183] System V 515, 519.
[184] Vgl. oben S. 76 f., 86 f.
[185] Vgl. oben S. 89 f.
[186] Näheres unten S. 110 f.
[187] Festschr. Rabel S. 378.

stungskondiktion in Betracht, und zwar dann, wenn der Verzicht auf Grund unwirksamen Vertrags ausgesprochen wurde. Eingriffskondiktion beim Fehlen von Vereinbarungen sei ausgeschlossen, „weil von einem absoluten Schutz dieser Positionen, von einer Zuweisung an einen bestimmten Begünstigten nicht die Rede sein" könne[188].

Nun sind die Möglichkeiten eines nachstehenden Gläubigers, die eigene Rangstelle eigenmächtig zu verbessern (bzw. des Eigentümers, sich eigenmächtig von einem Pfandrecht zu befreien) sicherlich gering, wie denn überhaupt die „Eigenmächtigkeit" als Merkmal der Eingriffskondiktion in vielen Fällen, wo die Leistungskondiktion häufig ist, die Eingriffskondiktion schon deswegen zurückdrängt, weil eigenmächtige Verschaffung der betreffenden Gegenstände und Rechtspositionen praktisch schwierig oder unmöglich ist. Verschafft sich aber der nachstehende Pfandgläubiger (etwa durch Mißbrauch seiner Vertretungsmacht für den vorrangigen Pfandgläubiger) tatsächlich rechtswidrig die bessere Rangstelle, so besteht u. E. nicht die geringste Veranlassung, dem um seine Rangstelle gebrachten Pfandgläubiger die Eingriffskondiktion gegen den nachrückenden Pfandgläubiger zu versagen. Die Versagung der Eingriffskondiktion wegen fehlenden „Zuweisungsgehaltes" ist hier nicht verständlich, ebensowenig wie in den praktisch wohl häufigeren Fällen, wo (etwa durch Täuschung des Grundbuchrichters) nur die bessere Buchstellung erzielt wird.

Hat jemand sein Geschäft samt Kundenstamm auf Grund nichtigen Kaufvertrags veräußert, so stellt die Verschaffung des Kundenkreises, wie *v. Caemmerer* zutreffend ausführt[189], eine kondizierbare Bereicherung dar. Dagegen kann der Versagung der Eingriffskondiktion bei Fehlen einer „vertraglichen" Leistung, etwa wenn sich der Gegner den Kundenstamm eigenmächtig durch unlauteren Wettbewerb verschafft, ebenfalls nicht zugestimmt werden.

Ganz allgemein kann gesagt werden, daß alles, was Gegenstand der Leistungskondiktion ist, auch Gegenstand der Eingriffskondiktion sein kann, daß rechtswidrige Eigenmächtigkeit den Schuldner also nicht besser stellt.

Dazu bedarf die Leistungskondiktion allerdings noch einer Einschränkung, die sie dem Tatbestandsmerkmal „auf Kosten" ebenso unterwirft wie die Eingriffskondiktion. Während *Wilburg* die Leistungskondiktion noch an die rechtsgrundlose Bereicherung „durch Leistung" knüpfte, geht *v. Caemmerer* noch einen Schritt weiter: „Gegenstand der Leistungskondiktion ist alles, was der Leistende dem Empfänger verschaffen konnte und verschafft hat[190]."

---

188 *v. Caemmerer* a.a.O. S. 379.

189 a.a.O. S. 379.

190 Festschr. Rabel S. 350.

Beiden Auffassungen kann nicht zugestimmt werden, da sie die uns unwesentlich erscheinende Art und Weise der Bereicherung („Leistung“ bzw. „Verschaffung“ im Gegensatz zur Bereicherung „in sonstiger Weise“) in den Vordergrund schieben und dabei die Tatsache, daß nur diejenige Leistung bzw. Verschaffung kondizierbar ist, die „auf Kosten“ des Kondiktionsgläubigers erfolgte, außer acht lassen. Der Vermögensstand muß bei der Leistungskondiktion ebenso „berührt“ sein wie bei der Eingriffskondiktion. Derjenige, der aus seinem Vermögen leistet oder die Benutzung seiner wie immer gearteten Vermögensposition durch einen anderen duldet, muß im Hinblick auf die jeweiligen Positionen zumindest dem anderen gegenüber „etwas zu sagen“ haben, präziser, ihm den eigenmächtigen Eingriff verbieten können, da er sonst nicht „sein“ Vermögen aufgibt oder die Benutzung „seines“ Vermögens duldet. Völlig fremdes Vermögen kann zwar „verschafft“, aber nicht kondiziert werden.

Z. B.: A schüttelt rechtswidrig für B Äpfel vom Baum des X. A veranlaßt X durch betrügerische Machenschaften zur Zahlung einer Geldsumme an B. Der Grundbuchrichter A verschafft seinem Freund B durch widerrechtliche Eintragungen Bucheigentum am Grundstück des X. — In allen diesen Fällen liegt trotz tatsächlicher „Verschaffung“ eine kondizierbare Leistung des A an B offensichtlich nicht vor. Das ändert sich sofort, wenn A die Äpfel vorher von X käuflich erworben, X auf Grund einer rechtsgültigen Anweisung des A geleistet oder A als Bucheigentümer „sein“ Bucheigentum an B übertragen hätte[191], da A erst jetzt eigene Rechtspositionen aufgibt, also „auf Kosten“ seines Vermögens „leistet“.

Damit ergibt sich eine starke gegenseitige Annäherung von Leistungs- und Eingriffskondiktion, die man etwa so *zusammenfassen* könnte: Eingriffskondiktion ist überall dort möglich, wo bei fehlerhafter Leistung die Leistungskondiktion gegeben wäre, vorausgesetzt nur, daß sich der Schuldner den betreffenden Gegenstand rechtswidrig eigenmächtig verschafft.

c) Ergebnis

Der einzige, rechtlich aber kaum bedeutsame Unterschied zwischen den beiden Kondiktionsarten ergibt sich demnach aus der Vertauschung der „aktiven“ Rollen[192]. Die Bereicherung „durch Leistung“ zeichnet sich dadurch aus, daß der Kondiktionsgläubiger den Schuldner

---

[191] Vgl. dazu *Palandt-Hoche* § 894, 7 b; RGZ 112, 268; RG JW 31, 2723; ferner RGZ 129, 311.

[192] Diese Rollenvertauschung hat — hier allerdings nur am Rande interessierende — Unterschiede zwischen Leistungs- und Eingriffskondiktion zur Folge. So passen die meisten Vorschriften über die Voraussetzungen der Kondiktion nur auf die Leistungskondiktion (§§ 812 I 2, 813—815, 817; vgl. *Berg* AcP 160, 507). Besonderheit der Leistungskondition ist angeblich auch die Einschränkung des Begriffs des Leistenden in Versionsfällen, Dreiecksverhältnissen und Bereicherungsketten. Das sind aber Randkorrekturen, die

aus eigener Initiative — „bewußt und gewollt“[193] — eben durch „Leistung“ bereichert, während in den Fällen der Eingriffskondiktion der Schuldner idR. eigenmächtig eingegriffen hat. Die Leistungskondiktion ist gegeben, wenn der Wille des Leistenden bei Verschaffung des Gegenstandes „fehlerhaft“ (im weitesten Sinne) war, die Eingriffskondiktion, wenn der Wille des Berechtigten der fremdnützigen Verwertung des Gegenstandes entgegenstand (oder fehlte)[194]. Aber selbst diese Unterscheidung läßt sich nicht einwandfrei durchführen, da es Grenzfälle gibt, die weder der einen noch der anderen Kondiktionskategorie überzeugend zugeordnet werden können.

Z. B. ein Ladenangestellter veräußert versehentlich seine eigene Kamera an einen Kunden, da er irrtümlich glaubt, sie gehöre dem Geschäftsinhaber. Ein Geschäftsunfähiger „veräußert“ einen Gegenstand seines Vermögens[195].

Für eine eindeutige Zuordnung dieser Fälle zur einen oder anderen Kondiktionsart besteht aber gar kein Bedürfnis, da nach der hier vertretenen Auffassung beide Kondiktionsarten gleichartig und völlig gleichwertig sind. Gerade die Beispielsfälle zeigen, wie wenig sinnvoll eine unterschiedliche Behandlung der Kondiktionsarten ist, denn warum sollte ein etwa nur beschränkt Geschäftsfähiger, ein Getäuschter oder ein Bedrohter seine Leistung nach anderen Grundsätzen zurückfordern können als ein Geschäftsunfähiger oder derjenige, dem man sein Vermögen einfach wegnimmt?

Das gemeinsame Prinzip beider Kondiktionsarten, auf das es uns hier ankommt, hat ein amerikanischer Richter formuliert:

"It is a general principle of the law of personal property that the title of the owner cannot be divested without his consent[196]."

---

sich entgegen mannigfachen Versuchen nicht aus dem Bereicherungsrecht als solchem ableiten lassen, sondern auf eigenständigen Gedanken des Verkehrsschutzes beruhen; vgl. unten S. 115 f.

[193] Nicht „zweckgerichtet“ wie *Berg* (AcP 160, 507), *Kötter* (AcP 153, 196) und *Esser* § 189, 6 mwN meinen; dazu unten S. 121 f.

[194] Zu beachten ist, daß sich ein rechtsgültiger Erwerb auf Kosten eines anderen kraft Gesetzes auch gegen dessen Willen vollziehen kann. Maßgebendes Kriterium ist hierbei, ob mit der betreffenden Vorschrift eine endgültige Neuordnung der Güterlage erstrebt wird (*Esser* § 187, 4 a; RG JW 1929, 2598; BGH LM § 812 Nr. 25); so z. B. bei Zwangsvollstreckung und gutgläubigem Erwerb (kritisch *Kötter* AcP 153, 209 N. 58), ferner §§ 955, 988, 993 I 1 BGB, nach h. M. auch § 879 BGB (vgl. RGZ 57, 277; BGH NJW 56, 1314; a. A. *Esser* § 187, 4 a (cc); *Westermann* JZ 56, 655; str. namentlich bei Ersitzung (§ 937 BGB): *für* Bereicherungsanspruch *Larenz*, II S. 370; *Heck*, Sachenrecht § 61, 5; *Palandt-Hoche* § 937 Vorbem. 1 a; *Erman-Hefermehl* § 937, 6 *Soergel-Oechsler* § 937, 4; RGRK § 812 Vorbem. 8; *Esser* § 187, 4 a (aa); *gegen* Bereicherungsanspruch z. B. *Westermann* § 51 III 2 b; *Wolff-Raiser* § 71 IV; RGZ 130, 69 (72).

[195] Vgl. auch die Beispiele unten S. 123.

[196] *Newton v. Porter et al.* (1877) 69 N. Y. 133 (136) per Justice *Andrews*; vgl. auch die Randbemerkung *Wilburgs* (S. 118): „Das Bereicherungsrecht schützt den nicht, der sich freiwillig und ohne Willensmangel eines Rechtsguts begibt.“

In diesem Sinne könnte man sowohl in Leistungs- wie Eingriffskondiktion eine „Fortbildung des Güterschutzes" sehen und *Wilburg* hat denn auch seinen Kritikern *Barnstedt*[197] und *v. Lübtow*[198] zugestanden, daß die „Kraft der Rechtsfortwirkung in der Regel" mit dem „Schutz gegen fehlgeschlagene Leistung" zusammentrifft[199]. Wenn die Rechtsordnung den einzelnen gegen eigenmächtige, ohne oder gegen seinen Willen erfolgende Ausnutzung seiner Rechtspositionen mit der Eingriffskondiktion schützt, so ist es nur konsequent, ihm diesen Schutz auch dann zu gewähren, wenn er unter falschen Voraussetzungen gewisse Rechtspositionen aufgegeben hat (und umgekehrt). Beide Konditionsarten sind Ausdruck desselben Grundgedankens, wie sie denn auch im englischen und amerikanischen Recht bis heute kaum auseinandergehalten werden.

Eine Unterscheidung ließe sich allenfalls aus Praktikabilitätserwägungen vertreten, da die Frage, *wann* der Wille des Berechtigten trotz äußerlich freiwilliger Hingabe des Kondiktionsgegenstandes („Leistung") als rechtlich fehlerhaft anzusehen ist, zahlreiche Probleme eigener Art enthält. Das Vorfeld der Willensprüfung wird jedoch im deutschen Recht[200], darauf weist auch *v. Caemmerer* mit Recht hin[201], „außerhalb des technischen Bereicherungsrechts" behandelt und rechtfertigt daher, wie hinzuzufügen ist, keine differenzierende Behandlung von Leistungs- und Eingriffskondiktion. Eine Unterscheidung dieser Kondiktionsarten ist also nicht einmal praktisch, da das materiell auf die nichtssagende Unterscheidung von rechtlich irrelevantem (meist bei einer „Leistung") und gar nicht vorhandenem Willen (meist bei einem „Eingriff") hinauslaufen würde und die Zubilligung der Kondiktion nicht beeinflußt.

Zusammenfassend könnte man also, ohne an der Rechtslage etwas zu ändern, *beide Kondiktionsarten zu einem Anspruch „wegen Bereicherung ohne rechtserheblichen Willen desjenigen, auf dessen Kosten sie geht", zusammenfassen*[202].

4. Gewinnhaftung aus widerrechtlichem Handeln?

Einen beachtlichen Fortschritt gegenüber den Versuchen, die Eingriffskondiktion mit Vermögensverschiebungen und Zuweisungsgehalt

---

197 S. 100.

198 S. 26.

199 AcP 163, 349.

200 Andes das engl. und am. Recht; vgl. *Friedmann* S. 32 f.

201 a.a.O. S. 343.

202 *Schulz* (S. 435, 479) hat beide Kondiktionsarten unter Eliminierung des Tatbestandsmerkmals „auf Kosten" zu weitgehend auf die Grundlage der widerrechtlichen Handlung allein stellen wollen. *Jakobs* (S. 155) hält das zutreffend für eine „unnötige Übersteigerung", kehrt aber fälschlich zum sine-causa-Denken zurück; vgl. nachfolgend im Text.

zu erklären, haben *Fritz Schulz* und ihm folgend *Jakobs* erzielt[203]. Sie gehen allerdings zu weit, wenn sie die Gewinnhaftung allein von der Widerrechtlichkeit des Erlangens abhängig machen wollen[204].

Der Bereicherungsanspruch setze „nur eine Vermögensvermehrung durch widerrechtliches Handeln" voraus[205]. Die Verletzung bloßer „Verhaltensnormen" reiche aus. Der widerrechtlich Handelnde hafte „auf alles, was er kausal durch den Eingriff hat, aber auch nur auf das, was er allein infolge des Eingriffs hat"[206]. Der Eingreifer dürfe aus seinem Vorgehen keinen Gewinn haben[207], die Anerkennung des Gewinnherausgabeanspruchs sei als Sanktion geboten[208].

Schulz ist mit seiner Lehre auf Ablehnung gestoßen, weil das die Widerrechtlichkeit als alleiniges Kriterium über die erwünschten Grenzen weit hinausging[209]. So wurde ihm nicht zu Unrecht entgegengehalten, daß nach seiner Lehre ein Schmied, der sich gegenüber einem Komponisten vertraglich verpflichtet, zu bestimmten Zeiten nicht zu hämmern, im Falle des Verstoßes gegen diese Pflicht den Gewinn seiner Arbeit ausliefern müsse[210]. Ähnlich müßte auch der Verdienst, den ein Anwalt oder Arzt unter pflichtwidriger Vernachlässigung anderer Mandanten oder Patienten erzielt, der Gewinnhaftung unterliegen. Das ist schon vom Ergebnis her untragbar, außerdem, wie *Schulz* selbst sieht[211], unvereinbar mit dem Gesetzestext, der nun einmal einen Vermögenserwerb „auf Kosten" eines anderen verlangt. Auf dieses Tatbestandsmerkmal zu verzichten, wie es *Schulz* vorschwebt[212], wäre allenfalls de lege ferenda möglich.

Jakobs hat diese Einwände nicht widerlegt. Er glaubt zwar im Gegensatz zu *Schulz*, daß sich die Widerrechtlichkeitstheorie mit dem Tatbestandsmerkmal „auf Kosten" vereinbaren läßt, dem „Genüge

---

203 *Schulz* AcP 105, 1 f.; *Jakobs* a.a.O. Die Arbeit von *Jakobs* enthält sowohl in der Auseinandersetzung mit der h. M. als auch bei der Verteidigung der *Schulz*schen Theorien mehrere Unklarheiten und Widersprüche (unverständlich u. a., daß dem Eigentümer „Handlungen" „zugewiesen" sein sollen; a.a.O. S. 30; dazu *Larenz* II S. 371). Im Rahmen dieser Arbeit kann darauf im einzelnen nicht eingegangen werden, zumal die entscheidenden Einwendungen gegen *Fr. Schulz* von *Jakobs* nicht entkräftet werden.

204 *Schulz* S. 431 f., 443; *Jakobs* S. 113, 115, 122.

205 *Jakobs* S. 115; widersprüchlich S. 28: „Das Verbotensein" sei „allein keine ausreichende Legitimation zur Kondiktion" (vgl. auch S. 64). Was zusätzlich erforderlich ist, sagt *Jakobs* nicht.

206 *Jakobs* S. 128; vgl. *Schulz* S. 430.

207 *Schulz* S. 443.

208 *Jakobs* S. 106; widersprüchlich S. 28.

209 *Wilburg* S. 26.

210 *Orth* S. 118; *Wilburg* S. 105; vgl. auch unten S. 115.

211 Seine Auffassung, das Tatsachenbestandsmerkmal „auf Kosten" verlange, daß Be- und Entreicherung sich decken (vgl. S. 478), ist allerdings nicht richtig.

212 Vgl. S. 68, 137, 206, 478.

geschehen“ sei, wenn der Erwerb „im Widerspruch zu einem Recht des anderen mit vermögensrechtlicher Tragweite steht“[213]. Nachdem ihm jedoch ebenso wie *Schulz* „die Rechtsverletzung allein genügt, um den Anspruch auf den Verletzungserfolg zu begründen“[214], ändert sich bei *Jakobs* im Ergebnis nichts.

Die Widerrechtlichkeitstheorie übersieht bei der Ablehnung der bisher vertretenen Anschauungen deren richtigen Kern. So ist es vorschnell, aber charakteristisch, wenn *Jakobs*[215] meint:

> „Die einfache Tatsache, daß in einem nach allgemeiner Überzeugung so typischen Falle ungerechtfertigter Bereicherung wie dem Verbrauch fremder Sachen eine Vermögensverschiebung fehlt, führt — denkt man sie zu Ende — zu dem Prinzip Fr. Schulz': der Bereicherungshaftung aus widerrechtlichem Handeln.“

Jakobs übersieht dabei, daß die Gewinnhaftung zusätzlich an die Ausnutzung eines konkret identifizierbaren Rechtsobjekts — eben der fremden Sachen — geknüpft ist.

5. Gewinnhaftung auf Grund rechtswidriger Ausnutzung eines fremden identifizierbaren Rechtsobjekts

Der vorhergehende Überblick über den Stand der bereicherungsrechtlichen Dogmatik und Praxis hat deutlich werden lassen, daß man dieses hochbedeutsame Rechtsinstitut bis heute nicht richtig in den Griff bekommen hat. Die Grundgedanken sind ebenso unklar wie die praktische Handhabung der Details, und Fiktionen müssen Begründungen ersetzen. Die Widerrechtlichkeitstheorie geht dagegen über die zu setzenden Grenzen weit hinaus.

Stellt man, wie es im englisch-amerikanischen Recht praktiziert wird und auch hier vorzuschlagen ist, auf die rechtswidrige Ausnutzung eines konkreten fremden Rechtsobjekts ab, so verfügt man über eine Kompromißformel, die die Enge der Doktrinen von Vermögensverschiebung und Zuweisungsgehalt überwindet, gleichzeitig aber den richtigen Kern dieser Auffassungen bewahrt und damit die Grenzenlosigkeit der Widerrechtlichkeitstheorie vermeidet. Damit sind selbstverständlich längst nicht alle Probleme des Bereicherungsrechts gelöst. Der vorstehende Gedanke ist vielmehr als eine Art Leitfaden gedacht, der sich in der Fülle der praktischen Probleme erst noch zu bewähren haben wird. Er zielt auf eine möglichst umfassende und elastische Handhabung des Gewinnhaftungsrechts.

Die Kategorie der Rechte mit identifizierbarem Rechtsobjekt ist durch eine *konkrete Gegenstandsbeziehung* gekennzeichnet, wie sie in

---

[213] S. 64; widersprüchlich wiederum S. 110, wo es nicht auf vermögensrechtliche Tragweite, sondern allein darauf ankommen soll, „ob durch die widerrechtliche Handlung ein Gewinn erzielt worden ist“.

[214] S. 113.

[215] S. 55.

der engeren Form der „Sachbeziehung“ bei dinglichen Rechten existiert. Die meisten Rechte haben ein derart identifizierbares Rechtsobjekt, doch ist der Gegenstand der Berechtigung auch häufig derart unbestimmt, daß von einer Identifizierbarkeit nicht gesprochen werden kann (z. B. Anspruch auf Lieferung einer nur der Gattung nach bestimmten Sache). Forderungen, die sich auf ein Tun oder Unterlassen richten, sind i. a. ohne identifizierbares Rechtsobjekt, da sich menschliche Tätigkeit als solche meist nicht als Gegenstand einer fremden Berechtigung darstellen läßt (s. unten). Die Forderung als solche ist hingegen eindeutig auch als Gegenstand der Berechtigung des Forderungsinhabers zu identifizieren. *Larenz*[216] spricht hier von „Gläubigerschaft“, *Leonhard*[217] sogar von „Eigentum“ an der Forderung. Allerdings wird hierbei wieder die Drittbeziehung für wesentlich gehalten, auf die es u. E. nicht ankommt[218].

Körperlich greifbare Sachen sind die am leichtesten konkret feststellbaren Rechtsobjekte, was wohl entscheidend zu der hier besonders verbreiteten Identifizierung von Recht und Rechtsobjekt beigetragen hat (Dies Haus, dies Kfz. „ist“ mein Eigentum). Vermeidet man beim Eigentum das dingliche Rechtsdenken und sieht man von „Absolutheit“ und „Zuweisungsgehalt“ ab, so bleibt die konkrete Beziehung der im Eigentum enthaltenen Unterlassungsansprüche auf ein bestimmtes Rechtsobjekt, die als Modell für jedes Recht mit identifizierbarem Rechtsobjekt dienen kann. — „Du hast die Benutzung meines Kfz. zu unterlassen.“ — Die Benutzung des Kfz. zusammen mit einem Verstoß gegen das Unterlassungsgebot lösen die Gewinnhaftung aus.

Da es nur auf die Statuierung des Eingriffsverbotes ankommt, genügt die Verletzung *jeder* Rechtsnorm, die einen anderen von der Benutzung eines konkreten Rechtsobjekts ausschließt. Vermietet A ein Zimmer an B, so ist A während der Mietzeit von der Benutzung des Zimmers ausgeschlossen. Nutzt A dennoch eine längere Abwesenheit des B, um das Zimmer selbst in Anspruch zu nehmen oder ein zweites Mal an X zu vermieten, so kann B die von A auf diesem Wege rechtswidrig erzielten Vorteile herausverlangen. Das gilt auch dann, wenn A das Zimmer während der Abwesenheit des B zum doppelten Preis an X vermieten konnte.

Hierbei kann jedoch nicht mechanisch vorgegangen werden, das Grundverhältnis ist vielmehr sorgfältig zu berücksichtigen. Durfte A laut Mietvertrag das Zimmer des B während dessen Abwesenheit z. B. zum Abstellen von Möbeln, nicht aber zur Weitervermietung an X

---

216 Schuldrecht I § 2 II (S. 12).

217 *Leonhard* Allg. Teil S. 60 f.

218 Vgl. oben S. 86 f., 90 f., 92 f.

benutzen, so kommt ein Bereicherungsanspruch nur im letzteren Fall in Betracht.

Verletzt ein Eingriff sowohl Rechte des Eigentümers wie des Mieters oder Pächters, so muß der Eigentümer insoweit zurücktreten, als das Miet- oder Pachtrecht betroffen ist.

Schleicht sich X in das dem A gehörige, aber von B gemietete Theatergebäude, um dort einer Vorstellung beizuwohnen, so steht der Bereicherungsanspruch nicht A sondern B zu. Das gleiche gilt, wenn sich X in das dem A gehörige, aber von B gemietete Landhaus oder Hotel einschleicht, um dort einige Tage kostenlos zu wohnen. Hierbei knüpft die Gewinnhaftung nicht an die Verletzung von Besitzschutzansprüchen (§§ 858 f. BGB)[219]. Wäre das der Fall, müßte man dem Eigentümer als dem „wahren" Berechtigten den Vorzug vor dem Besitzer geben und ein Ausgleich wäre nur im Innenverhältnis möglich.

Entscheidend ist, daß dem obligatorisch Berechtigten aus seiner zunächst rein relativ gedachten Rechtsstellung *eigene Abwehransprüche* gegen Dritte erwachsen, seine Rechtsstellung also Drittwirkung entfaltet[220]. So wie dem bailee des englischen Rechts „special property" zusteht, könnte man beim Miet- und Pachtrecht von einem „Eigentumssplitter" sprechen, denn das Mietrecht beschränkt das Recht des Eigentümers, der, soweit der jeweilige Vertrag reicht, nicht nur zur Duldung des Gebrauchs der Mietsache verpflichtet ist, sondern auch seine Abwehrrechte gegen Dritte vorübergehend zugunsten des Mieters suspendiert (vgl. § 986 BGB). Miet- und Pachtverträge können grundsätzlich mit den „dinglichen" Lizenzen im Patent- und Urheberrecht verglichen werden[221]. Daß diese Rechtsfigur bisher nicht auf Mieter und Pächter ausgedehnt wurde, ist wohl darauf zurückzuführen, daß man deren Interessen durch die Besitzschutzvorschriften als hinreichend oder abschließend geschützt ansah. Das Besitzrecht dient jedoch in erster Linie der provisorischen Bewahrung des Rechtsfriedens durch Verhinderung verbotener Eigenmacht. Zum Schutz des rechtmäßigen Besitzers reicht es nicht aus, wie der von der Praxis eingeführte ergänzende deliktsrechtliche Schutz des rechtmäßigen Besitzers über § 823 I BGB deutlich zeigt[222]. Das Dogma vom numerus clausus absoluter Rechte, das angesichts der Vielfalt und Variabilität dieser Rechte ohnehin bedenklich erscheint, hat die Entwicklung der

---

[219] Besitzansprüche können allerdings, sofern nicht die „Konkurrenz" des Eigentümers zu befürchten ist, durchaus Grundlage der Gewinnhaftung sein.

[220] In diesem Sinne wohl auch *Larenz*, Festschr. für Nipperdey 1965, S. 500 N. 33; Lehrbuch II. Bd. §§ 36 I, 66 I a.

[221] Vgl. dazu RGZ 57, 38; 76, 236; 82, 431; *Bussmann, Pietzker, Kleine* S. 266 f.; *Ulmer* S. 294 f.; *Hubmann*, Urheber- und Verlagsrecht S. 183 f. und neuestens die gesetzliche Anerkennung in § 31 URG 1966.

[222] Vgl. RGZ 59, 326 (328); 105, 213 (218); *v. Caemmerer*, Wandlungen des Deliktsrechts S. 81 f.

„dinglichen" Lizenzen des Immaterialgüterrechts nicht verhindern können. Es ist im übrigen nur aus Gründen des Verkehrsschutzes gerechtfertigt, die beim Schutz von Mietern und Pächtern gegenüber Eingriffen Dritter nicht durchgreifen. Zudem könnte statt von einer Neuschöpfung von einer „partiellen Übertragung" eines anerkannten absoluten Rechts (des Eigentums) gesprochen werden.

Ulmer[223] hat ausgeführt, anders als bei Miet- und Pachtverträgen, die der Sacheigentümer abschließt, werde „das Urheberrecht durch die Einräumung einer Nutzungsbewilligung unmittelbar betroffen". Das Eigentum ist aber durch einen Miet- oder Pachtvertrag kaum weniger stark und unmittelbar betroffen als ein Immaterialgüterrecht durch eine Lizenz. Der Mieter erhält wie der Lizenznehmer partiell und vorübergehend eine Stellung ähnlich der des Eigentümers bzw. Patentinhabers. Seine Stellung ist insbesondere mit der des Anwartschaftsberechtigten vergleichbar[224], nur daß sie nicht eines Tages „zum Vollrecht erstarkt". Die im Urheber- und Immaterialgüterrecht gebräuchliche bildhafte Begründung der Zubilligung eigener Abwehrrechte — Verleihung eines „positiven"[225], „gegenständlichen"[226] oder „dinglichen"[227] Rechts — sollten zur Begründung eigener Abwehrrechte von Mieter und Pächter allerdings nicht herangezogen werden, da es weder auf „Dinglichkeit" noch „Absolutheit", sondern allein auf die Drittwirkung ankommt. Entscheidend ist der Gedanke, daß beim Rechtsschutz gegenüber eingreifenden Dritten keine Veranlassung besteht, den Mieter oder Pächter während der Vertragszeit schlechter zu stellen als den Eigentümer, den Lizenznehmer oder etwa den Eigentumsvorbehaltskäufer.

Der Besitz an Sachen durch obligatorisch Berechtigte ist nur *ein* Anwendungsfall der Identifizierbarkeit, keinesfalls der einzige. So sind *immaterielle Güter*, an denen Besitz ausgeschlossen ist, gleichwohl identifizierbar und damit brauchbare Grundlage der Gewinnhaftung:

Vertraut A dem B ein *privates Geheimnis* an mit der rechtsverbindlichen Vereinbarung, es nicht zu veröffentlichen, so unterliegt B der Gewinnhaftung, wenn er es trotzdem tut.

Ein Dritter, der das Geheimnis zufällig erfährt, kann es dagegen ungehindert veröffentlichen, es sei denn, die Veröffentlichung verletze nach dem Inhalt des Geheimnisses (Intimsphäre) und nach Art und Weise der Veröffentlichung das allgemeine Persönlichkeitsrecht. Wie

---

[223] Urheber- und Verlagsrecht S. 297.

[224] Zur sehr str. „Dinglichkeit" des Anwartschaftsrechts vgl. jetzt OLG NJW 66, 885 (gegen BGHZ 10, 69); dazu *Stoll* JuS 67, 12 f.; zutr. wohl *Serick* I S. 272, 276.

[225] RGZ 57, 38 (40).

[226] *Ulmer* a.a.O. S. 297.

[227] *Hubmann*, Urheber- und Verlagsrecht S. 184.

bereits oben[228] an Hand von Beispielen erläutert, sind rechtspolitische Bedenken wegen einer möglichen „Kommerzialisierung“ von Persönlichkeitsinteressen unbegründet, da die Ablehnung der Gewinnhaftung in jenen Fällen, wo nicht nur kommerzielle, sondern höher zu bewertende Persönlichkeitsinteressen auf dem Spiel stehen, auf eine durch nichts gerechtfertigte Privilegierung des Eingreifers hinauslaufen würde. Die Grenzen der Gewinnhaftung sind erst dort zu ziehen, wo die Verwendung des Rechtsgutes auch durch den Rechtsinhaber selbst („absolut“) rechtswidrig wäre (z. B. Verwendung eines Lkw für Schmugglerzwecke).

Handelte es sich bei dem Geheimnis um ein *Betriebsgeheimnis* oder um Vorlagen, so ist ein „Anvertrautsein“ nicht erforderlich. Es genügt, wenn B Geheimnis oder Vorlagen rechts- oder sittenwidrig oder z. B. als Angestellter „vermöge des Dienstverhältnisses“ erlangt hat, um für ihn ein gesetzliches Verwertungsverbot (§ 17 UWG) zu begründen, dessen Verletzung wiederum die Gewinnhaftung nach sich zieht. Ein Dritter, der das Geheimnis zufällig erfährt, ist an seiner Ausnutzung nicht gehindert.

Handelt es sich um eine *patentierte Erfindung*, so ist eine unbestimmte Vielzahl von Personen von der Verwertung der Erfindung (nicht des Patentrechts, das gar nicht verwertet werden kann) ausgeschlossen und die Zuwiderhandlung führt zur Gewinnhaftung, es sei denn, das Verwertungsverbot sei im konkreten Fall (Zwangslizenz, Erlaubnis des Berechtigten) außer Kraft gesetzt.

Schwierigkeiten macht die Identifizierung der menschlichen *Arbeitskraft*. Ein Nebenbeschäftigungsverbot für einen Beamten genügt sicher nicht, um jeden außerdienstlichen Erwerb der Gewinnhaftung zu unterwerfen. Der Verdienst ist zwar verbotswidrig erzielt, die eingesetzte Arbeitskraft ist aber sicher nicht mit derjenigen identifizierbar, auf die der Dienstherr Anspruch hat. Wahrscheinlich muß man alle Fälle, in denen der Arbeitnehmer bewußt nicht im Interesse des Dienstherrn handelt, von der Gewinnhaftung ausnehmen, denn die Vorstellung des Arbeitnehmers, wem er seine Arbeitskraft widmet, erscheint für die Identifizierung wesentlich. Anderes wäre Sklaverei. Wenn aber A den Lehrling des Gärtners X durch Täuschung verleitet, anstelle des Rasens des B den des A zu schneiden, so wird man dem Dienstherrn X ähnlich wie im englischen Fall *Lightly v. Clouston*[229] einen Kondiktionsanspruch gegen A zubilligen müssen. Ähnlich, wenn X selbst auf Grund nichtigen Vertrages oder Irrtums Leistungen an A erbringt. Arbeitet der Lehrling dagegen

---

[228] Oben S. 53 f.

[229] (1808) 1 Taunt 112; vgl. oben S. 46; ferner *Exparte Lacey* oben S. 27 N. 29 m. w. N.

bewußt im eigenen Interesse für A, so kann man im Regelfalle, d. h. sofern nicht andere Umstände hinzutreten, nicht behaupten, daß A bzw. X ein identifizierbares Rechtsgut des Dienstherrn für sich ausgenutzt hätten. X haftet zwar u. U. wegen Vertragsverletzung auf Schadensersatz, nicht aber auf den vertragswidrig erzielten Gewinn.

Reine Unterlassungspflichten sind ebenfalls keine identifizierbaren Rechtsobjekte, sondern dienen nur deren Schutz. Wie die Abwehransprüche aus Eigentum die betreffende Sache schützen, auf die sich das Eigentum bezieht, so schützt der vertragliche Unterlassungsanspruch des Komponisten gegen den Schmied, zu gewissen Zeiten nicht zu hämmern, die Ruhe des Komponisten. Bloße Zuwiderhandlung gegen die Unterlassungspflichten ist keine „Ausnutzung der Ruhe". Gewinnhaftung wäre jedoch auch hier denkbar, wenn etwa eine Firma die hergestellte Ruhe in sittenwidriger und damit rechtswidriger Weise zur Verbreitung lautstarker Werbung benutzt.

Daß die Früchte rechtswidrig eingesetzter Arbeitskraft nicht kondizierbar sind, darf nicht darüber hinwegtäuschen, daß die rechtswidrige *Ausnutzung günstiger Positionen*[230] ihrerseits die Gewinnhaftung nach sich ziehen kann. Ein Beamter oder Angestellter, der Bestechungsgelder annimmt, nutzt eine identifizierbare Position rechtswidrig eigennützig aus. Ebenso unterliegt der Gewinnhaftung, wer seine Stellung als Angestellter, Treuhänder, Anwalt, Verwalter oder Vertreter rechtswidrig zur Erlangung persönlicher Vorteile benutzt[231]. Die mit Gewinnhaftung sanktionierten gesetzlichen Wettbewerbsverbote des Gesellschafters einer Personengesellschaft (§ 112 HGB), der Handlungsgehilfen und Handlungslehrlinge (§§ 60, 76 HGB) sollen ebenfalls verhindern, daß diese Personen Wissen und Kenntnisse, die sie durch Einblick in den Geschäftsbetrieb erhalten, eigennützig verwerten. Sie ordnen keine Gewinnhaftung an, wenn ein Lehrling seine Arbeitskraft für ganz anders geartete gewinnbringende Nebentätigkeiten verwertet, selbst wenn das auf Kosten der Arbeitszeit geschieht.

6. Der Vertrauensschutz gegenüber Kondiktionsansprüchen

Es versteht sich eigentlich von selbst, daß nach Wegfall einer Vermögensverschiebung als Voraussetzung bereicherungsrechtlicher Verbindlichkeiten auch die „Unmittelbarkeit" dieser Vermögensverschiebung — in der Zuweisungslehre mit einer gewissen Akzentverschiebung auch als „Einheitlichkeit des Bereicherungsvorgangs" bezeichnet[232] — keine Rolle für Voraussetzung und Umfang der Gewinnhaftung spielen kann. Hinzu kommt, daß „dem Begriff der Unmittelbarkeit sowohl die juristische Präzision als auch eine stützende Gesamtauffassung

[230] Vgl. dazu oben S. 28 f.
[231] Vgl. dazu oben S. 37.
[232] So *Larenz* II § 62 II b (S. 377).

(fehlt)“[233]. Die „Unmittelbarkeit“ scheint denn auch nicht zuletzt unter dem Einfluß *Wilburgs* an Bedeutsamkeit zu verlieren. So wird eine neuere BGH-Entscheidung[234] namentlich mit dem Argument kritisiert, bei der Leistungskondiktion spiele der Gesichtspunkt der Unmittelbarkeit der Vermögensverschiebung keine Rolle[235].

Demgegenüber meint *v. Caemmerer*[236], die „Unmittelbarkeit“ wirke zwar wie eine „Daumenregel“, ihre Funktion sei aber klar: Das Prinzip der Unmittelbarkeit wende sich gegen die Zulassung der Versionsklage und den unmittelbaren Durchgriff bei sog. Bereicherungsketten. Die „Unmittelbarkeit“ hat jedoch auch hier mehr Schaden als Nutzen gestiftet, da ein zudem unklarer Begriff die wahren Entscheidungsgründe verdeckt. Das gleiche gilt für die gänzlich unbegründete Behauptung einer „Subsidiarität“ der Eingriffskondiktion gegenüber der Leistungskondiktion. „Unmittelbarkeit“ und „Subsidiarität“ suggerieren fälschlich, daß die Lösung der zu besprechenden Sonderfälle nach den allgemeinen Grundsätzen des „technischen“ Bereicherungsrechts möglich ist. Das hat Rückwirkungen auf das Verständnis des Bereicherungsrechts im ganzen und könnte gegen die hier vertretenen Auffassungen ins Feld geführt werden. Den anstehenden Fragen sei daher kurz nachgegangen.

a) Versionsfälle und Doppelmangel

Ein Scheinproblem sind die Fälle der Versionsklage und des „einfachen“[237] Doppelmangels, wo die h. M. den Kondiktionsanspruch besonders häufig mit der „Unmittelbarkeit“ des Bereicherungsvorgangs bekämpfen zu müssen glaubt.

Verkauft und übereignet A eine Sache an B[238], so kann A bei Nichtigkeit des Vertrages nicht gegen C vorgehen, an den B die Sache weitergegeben hat[239]. Ein Scheinproblem ist diese Frage deswegen, weil ein Bereicherungsanspruch in diesen Fällen von vornherein ausgeschlossen ist[240] und daher auch nicht besonders bekämpft zu werden braucht. Da B Eigentümer war, hat C mit der Empfangnahme der Sache kein Recht des A verletzt. A hat C auch nichts „geleistet“. Sowohl Eingriffs- wie

---

233 *Wilburg* S. 112.

234 BGHZ 36, 30; vgl. jetzt auch BGHZ 46, 260 (263).

235 *Flume* JZ 62, 281; *Berg* NJW 62, 101; JuS 64, 137 f.; *Esser*, Fälle und Lösungen S. 124 f.; abl. auch mit abweich. Begr. *v. Caemmerer* JZ 62, 389.

236 Festschr. Rabel S. 372; vgl. *Larenz* a.a.O. S. 374.

237 Unter „einfachem“ Doppelmangel wird die Nichtigkeit beider Vertragsbeziehungen bei einer Wertbewegung A—B, B—C verstanden. Die übrigen Fälle des Doppelmangels s. u.

238 Ob B für Rechnung des C handelt oder nicht, ist für diese Überlegungen grundsätzlich gleichgültig.

239 Vgl. *Enn.-Lehmann* § 221 III 2 b; RGRK § 812, 3; *Heck*, Schuldrecht S. 432; *Wilburg* S. 109; *Larenz* II S. 374 (§ 62 II b).

240 *Wilburg* S. 115 f.

Leistungskondiktion A—C entfallen daher nach allgemeinen Grundsätzen, wobei es ganz gleichgültig ist, ob der Vertrag B—C wirksam ist oder nicht.

Um eine Kondiktion A—C zu bekämpfen, müßte sie erst glaubhaft begründet werden. In Versionsfällen könnte man eine solche *Ausdehnung* der Bereicherungshaftung in bestimmten Fällen — insbesondere wenn B als mittelbarer Stellvertreter oder Treuhänder oder sonst für Rechnung des C handelt — auf Billigkeitserwägungen (etwa analog § 822 BGB), in Fällen des Doppelmangels (Verträge A—B, B—C sind beide nichtig) auf prozeßökonomische Überlegungen stützen[241]. Eine Ablehnung der dabei gewonnenen Ansichten wäre dann nur durch (rechtspolitische) Auseinandersetzung mit ihnen und nicht durch Pochen auf Unmittelbarkeitserfordernisse möglich.

b) Verfügungen eines Nichtberechtigten[242]

Schwieriger ist die Situation, wenn der Erwerb des C gleichzeitig Rechte des A verletzt. Das ist insbesondere dann der Fall, wenn A bei der Verfügung des B noch Eigentum an der Sache hatte, das C kraft guten Glaubens erwirbt. In diesen Fällen ist aus Gründen der Verkehrssicherheit eine Einschränkung der an sich gegebenen Eingriffskondiktion erforderlich.

Beispiel: B übergibt auf Grund gültigen oder unwirksamen Kaufvertrags mit C eine Sache des A an C, der auf Grund guten Glaubens Eigentum erwirbt. Hat A einen Bereicherungsanspruch gegen C?

Grundsätzlich wäre in diesen Fällen die Kondiktion zwar deswegen zu bejahen, weil der Erwerb des C dem Eigentumsrecht des A widerspricht und A der Verfügung nicht zugestimmt hat. Der Mangel der Zustimmung des A könnte auch durch einen gültigen Vertrag B—C nicht ausgeglichen werden. Gegeben wäre die Eingriffskondiktion des A gegen C, gerichtet auf Rückübertragung der gutgläubig erworbenen Sache.

Daß eine *Leistungs*kondiktion des A gegen C nicht in Betracht kommt, ergibt sich allein schon daraus, daß A das Vermögen des C nicht willentlich vermehrt, also nichts „geleistet" hat. Es ist überflüssig und sogar irreführend, wenn hier in der Argumentation gegen die *v. Thur*sche Einheitskondiktionslehre eine fehlende „Unmittelbarkeit der Vermögensverschiebung" behauptet wird. „Unmittelbarer" hätte die Vermögensverschiebung hier kaum sein können, denn derselbe Gegenstand, der vorher dem A gehörte, gehört auf Grund der-

---

241 Vgl. dazu die Vorschläge *Hedemanns*, Festschr. Thon 1911 S. 78 f.; *Siber* S. 422; *Nebenzahl* S. 77 ff.; zum österreichischen Recht *Wilburg* S. 60 f.; zum französischen Recht (Arrêt Boudier Cass. Juin 15, 1892) *Wilburg* S. 78 f.; *v. Caemmerer*, Festschr. Rabel S. 341, 369.

242 Dazu besonders *Boehmer*, Grundlagen II 2 S. 6 ff.

selben Handlung (der Verfügung des B) nunmehr dem C[243]. Davon abgesehen hängt die Leistungskondiktion sonst aber auch durchaus nicht von einer unmittelbaren Vermögensverschiebung ab: wenn A (aus *seinem* Vermögen!) auf Anweisung des B an C eine Geldsumme zahlt, hat bei Wegfall des Zuwendungsverhältnisses B/C nach herrschender Meinung B die Leistungskondiktion gegen C und das, obwohl B hier allenfalls mittelbar, nämlich über A an C geleistet hat[243a].

Von der Regel, die nach unserer Auffassung die Eingriffskondiktion trägt, daß nämlich niemand ohne fehlerfreie Zustimmung seines Vermögens verlustig gehen soll, statuieren jedoch die Vorschriften über den gutgläubigen Erwerb eine Ausnahme. Gutgläubiger Erwerb „ersetzt" im Interesse der Verkehrssicherheit generell die Zustimmung des Eigentümers und verhindert damit nicht nur die Vindikation, sondern sinnvollerweise auch die Kondiktion. Zu einem ähnlichen Ergebnis kommt *Berg*[244] mit der allerdings zweifelhaften Begründung, in „analoger Anwendung des § 816 I 1 BGB" sei nicht C, sondern B als „Eingreifer" anzusehen.

Die evtl. Ungültigkeit des Vertrags B/C rechtfertigt keine Ausnahme von dieser Regel, da C wegen seiner Rückabwicklungsansprüche gegenüber B ein berechtigtes Interesse daran hat, ggf. ein Zurückbehaltungsrecht ausüben zu können[245].

Es handelt sich hier um eine echte, im Interesse der Verkehrssicherheit begründete *Modifizierung* des Bereicherungsrechts. Fehlt ein berechtigtes Verkehrsschutzinteresse, so lebt der Bereicherungsanspruch wieder auf, so insbesondere bei Unentgeltlichkeit (§§ 816 I 2, 822 BGB). Bei Bösgläubigkeit des C oder in Fällen, wo gutgläubiger Erwerb generell ausgeschlossen ist („Übertragung" eines fremden Patents) ist der Berechtigte (A) wirksamer durch Ansprüche aus dem ihm verbliebenen Grundrecht (Eigentum, Patentrecht) geschützt.

c) Bereicherungsausgleich in den Fällen des § 951 BGB

Auch ohne seine Zustimmung kann der Eigentümer A sein Eigentum an den C verlieren, wenn C bewegliche Sachen des A unter den Vor-

---

243 Wie man dabei den gutgläubigen Erwerb des C konstruiert — als „derivativen" Rechtserwerb von B oder (ausgehend von dem Grundsatz nemo plus iuris transferre potest quam ipse habet) als originären Eigentumserwerb oder schließlich als Sonderfall derivativen Erwerbs von A — mag konstruktiv interessant, dürfte für die Frage der Unmittelbarkeit aber bedeutungslos sein.

243a Vgl. dazu und zur Frage der angeblichen Subsidiarität der Eingriffskondiktion unten S. 120 f.

244 AcP 160, 525 ff.

245 *Larenz* SchR § 62 II 3 (S. 381); A ist natürlich nicht gehindert, gem. § 816 I 1 von B die Abtretung des Bereicherungsanspruches des B gegen C zu verlangen; so auch die Doppelkondiktionslehre; vgl. *Staudinger-Seufert* § 816 Anm. 8 bb m. w. N.

aussetzungen des § 946 ff. BGB mit eigenen beweglichen oder unbeweglichen Sachen verbindet, vermischt oder verarbeitet. Diese im überindividuellen Interesse an der Erhaltung volkswirtschaftlicher Werte getroffene Regelung ist nicht dazu gedacht, dem widerrechtlich handelnden C die vermögensmäßigen Vorteile seiner Eigenmächtigkeit zu belassen. § 951 I BGB[246] stellt dementsprechend klar, daß derjenige, der infolge der §§ 946—950 einen Rechtsverlust erleidet, vom Eingreifer „Vergütung in Geld nach den Vorschriften über die Herausgabe einer ungerechtfertigten Bereicherung fordern" kann.

Die h. L.[247] beschränkt diesen Bereicherungsanspruch des A gegen C auf die Fälle, in denen der durch die Verbindung, Vermischung oder Verarbeitung bereicherte C selbst in das Vermögen des A eingegriffen hat. Hat dagegen B (durch rechtswidrigen Einbau von Material des A in das Haus des C) oder A selbst als Subunternehmer des B den Rechtsverlust des A und die Bereicherung des C herbeigeführt, so sollen Ansprüche des A gegen C entfallen. Der Begründung dieser im Ergebnis zutreffenden Auffassung kann, soweit sie auf Unmittelbarkeitserfordernisse oder eine angebliche Subsidiarität der Kondiktionsarten gestützt wird, allerdings nicht gefolgt werden[247a]. Auch die Einschränkungen der Kondiktionshaftung in den Fällen des § 951 erfolgen vielmehr aus Gründen des Vertrauensschutzes, die nicht aus den Grundprinzipien des Bereicherungsrechts ableitbar sind, sondern es „von außen" her modifizieren.

Verbaut B ohne Zustimmung Material des A im Hause des C, so erwirbt C unter den Voraussetzungen der §§ 946 ff. BGB Eigentum an den eingebauten Materialien, und zwar auf Kosten des A, so daß nach der hier vertretenen Auffassung an sich keine Bedenken bestehen, dem A wegen des Wertes der eingebauten Materialien die Eingriffskondiktion gegen C zu gewähren. Alternativ könnte A auch gegen B vorgehen und ebenfalls im Wege der Eingriffskondiktion oder auch in Analogie zu § 816 den durch B für die Materialien von C erzielten Erlös verlangen.

Der Kondiktionsanspruch gegen C begegnet jedoch dem Bedenken, daß C gutgläubig und, wie unter b) dargelegt, ungefährdet durch Kondiktionsansprüche des A, Eigentum hätte erwerben können, wenn B ihm die Materialien vor oder ohne Einbau gem. §§ 929 ff., 932 ff. BGB übereignet hätte. Wenn man in konsequenter Befolgung des Rechtsgedankens der §§ 932 ff. BGB bei wirksamer Verfügung eines Nichtberechtigten den Kondiktionsanspruch ausschließt, so muß das ebenso, ja erst recht gelten, wenn B die Materialien gleich bei C einbaut.

---

246 Das Verhältnis von § 951 zu den in § 951 II genannten und sonstigen Ansprüchen kann hier unberücksichtigt bleiben.

247 Vgl. *Baur-Wolf* JuS. 66, 394; *Pal.-Degenhart* § 951, (1).

247a Vgl. dazu insbesondere unten S. 120 f.

Wenn daher auch im Falle der Verbindung, Vermischung und Verarbeitung die Rechtsänderung kraft Gesetzes und nicht kraft Rechtsgeschäftes eintritt, so liegt es doch nahe, den Schutz des C analog an den Vorschriften über den gutgläubigen Erwerb vom Nichtberechtigten zu orientieren[248], dem C mit anderen Worten den Schutz vor Kondiktionsansprüchen dann zu gewähren, wenn er als Bauherr „das eingebaute Material als Gegenstand der Leistung des von ihm beauftragten Handwerkers ansieht und ansehen darf“[249], ihm den Schutz aber dann zu versagen, wenn er bösgläubig ist[250] oder dem A die Sachen abhanden gekommen sind[251]. Dies gilt wie in den Fällen zu b) selbst dann, wenn sich Cs Vertrag mit B als ungültig herausstellen sollte(Doppelmangel)[252], denn hinsichtlich der Rückabwicklung besteht ein legitimes Interesse des C, sich nur mit seinem Vertragspartner auseinandersetzen zu müssen[253]. Wenn ein Dritter (B) fremdes Material einbaut, sind die Fälle der Bereicherung gem. § 951 also im Prinzip ebenso zu lösen wie die der Verfügung eines Nichtberechtigten (oben b). Baut der Materialeigentümer (A) dagegen selbst als „Subunternehmer“ des B *eigenes* Material bei C ein, so liegt ein sog. Dreiecksverhältnis vor, dessen Besonderheit nach unserer Auffassung[254] in der Leistung des A an C und damit in der Möglichkeit einer von A gegen C gerichteten Leistungskondiktion liegt.

d) Dreiecksverhältnisse

Schon vom Ergebnis her scheint es nicht gerechtfertigt zu sein, dem A einen Kondiktionsanspruch gegen C nur deswegen zu gewähren, weil er selbst geleistet hat. Der BGH hat dementsprechend die Heranziehung eines Sub-Unternehmers „nach den gleichen Grundsätzen“ behandelt wie die Fälle, wo ein Bauunternehmer fremdes Material verwendet[255]. Dem ist zuzustimmen, denn an der für die Fallbeurteilung allein maßgebenden Schutzbedürftigkeit des Bauherrn C ändert sich dadurch sicher nichts, daß A als Subunternehmer des B die Sachen selbst einbaut. Ob das selbst dann gilt, wenn A irrtümlich glauben

---

[248] So *Erman-Hefermehl* § 951, 3 b; *Pal.-Degenhart* § 951, 1 d; *v. Caemmerer* a.a.O. S. 351, 391 Anm. 217; *Scheyhing* JZ 56, 14; dagegen *Baur*, Sachenrecht § 53 II 2 c; *Wolff-Raiser*, Sachenrecht (10. Aufl.) § 74 N. 4 u. a.; unentschieden BGHZ 40, 279; vgl. auch *Schuler* NJW 62, 1843; *Berg* AcP 160, 521; gegen diese Begründung *Flume* JZ 62, 282; *Berg* JuS 64, 140.

[249] BGHZ 40, 272 (279) unter Berufung auf *Esser*, Fälle und Lösungen S. 127 f.; vgl. auch BGHZ 36, 35.

[250] Guter Glaube an die Verfügungsbefugnis dürfte im Regelfall analog § 366 HGB genügen.

[251] Vgl. *v. Caemmerer* a.a.O. S. 391.

[252] a. A. *Westermann*, Lehrbuch § 54, 3 (S. 264).

[253] Vgl. *v. Caemmerer*, Festschr. Rabel S. 373.

[254] str. vgl. *Berg* AcP 160 S. 507.

[255] BGHZ 40, 279.

sollte, selbst Vertragspartner des C zu sein, kann hier dahinstehen. Eine typisch bereicherungsrechtliche Frage ist das nicht, sondern ebenfalls ein Problem der Interessenabwägung zwischen A und C. Im allgemeinen dürfte es wohl eher zu Lasten des A gehen, wenn er gegenüber C nicht zweifelsfrei klarstellt, ob er für B oder selbst als Vertragspartner des C aufzutreten gewillt ist. C muß allerdings nach den Umständen auch wirklich glauben dürfen[256], daß A Subunternehmer ist und nicht etwa selbst mit ihm in eine Vertragsbeziehung eintreten will. Bergs Kritik[257] geht an der Problematik vorbei, da sie unzutreffend auf den Begriff „Leistung" und nicht auf diese Interessenabwägung abstellt. Insbesondere kommt es nicht auf den inneren Willen des A an, eine zweckgebundene (causa-orientierte) Leistung zu erbringen.

Damit ergibt sich ein besonderes *System des bereicherungsrechtlichen Vertrauensschutzes,* das sich teilweise ergänzend an die allgemeinen Vorschriften anlehnt, teilweise (Schutz des guten Glaubens an den Vertragspartner) darüber hinausgehen kann.

Baut also A eine Sache des X in das Haus des C ein und mußte C annehmen, daß A als Subunternehmer des B handelte und war C ferner hinsichtlich Eigentum bzw. Verfügungsbefugnis des A bzw. B gutgläubig, so ist er keinem Bereicherungsanspruch des A oder X ausgesetzt. Ist X die Sache abhanden gekommen, so bleibt ihm allerdings sein Anspruch aus §§ 946 ff., 951, 812 ff. analog § 935 BGB erhalten.

Entsprechendes gilt, wenn A lediglich Gegenstände anliefert oder, wie im Falle der *Anweisung,* an C eine bestimmte Geldsumme leistet. C kann Bereicherungsansprüche des A zurückweisen, wenn er nach den Umständen, insbesondere auch nach der Art und Weise, wie A ihm gegenüber auftrat, zu Recht annahm oder annehmen durfte, die Leistung erfolge im Rahmen seines Vertrages mit B.

Im Falle des Doppelmangels im Dreiecksverhältnis gelten die Ausführungen zu a), b), c) entsprechend. Auch hier ist im Interesse des C ein unmittelbarer Durchgriff abzulehnen[258].

e) Unzulänglichkeit anderweitiger Erklärungsversuche

Versuche, die vorhergehenden Fallgruppen anders als aus dem Vertrauensschutz des C zu erklären, sind u. E. verfehlt. Die verbreitete Argumentation mit der Unmittelbarkeit und die Manipulation des

---

[256] Richtig BGHZ 40, 278, wo darauf abgestellt wird, „als wessen Leistung sich die Zuwendung bei objektiver Betrachtung in den Augen des Bauherrn darstellt".

[257] NJW 64, 720.

[258] a. A. RGZ 86, 347; *Enn.-Lehmann* § 221 III 1 b; die Lösung der h. M. verstößt nicht gegen das Gesetz, wie *Esser* (§ 190 4) meint und *Enn.-Lehmann* a.a.O. N. 12 „zugibt". Die Leistungskondiktion A—C ist vielmehr grundsätzlich gegeben, nur im Interesse des C wieder zu beseitigen.

Leistungsbegriffs sind in sich widersprüchlich und bleiben an konstruktiven Äußerlichkeiten haften. Der Rechtsgedanke des Gutglaubensschutzes ist dem Bereicherungsrecht eben nicht von vornherein inhärent und kann daher auch nicht aus ihm herausinterpretiert werden.

Larenz[259] führt aus: „Das Erfordernis der Unmittelbarkeit besagt, ... daß der Leistende sich nur an den halten kann, dem er auf Grund eines vermeintlichen Rechtsgrundes geleistet hat." Um nun bei einer Leistung A—C auf Grund nichtiger Anweisung des B nicht zu einer Leistungskondiktion A—C zu gelangen, konstruiert er „eine doppelte Wertbewegung ... mit dem Ergebnis, daß sich bei (C) Gewinn und Verlust ausgleichen"[260], C also trotz Leistung des A nicht bereichert erscheint. Durch Leistung des A werde nämlich entweder eine Schuld des B gegenüber C getilgt (Entreicherung durch Forderungsverlust) oder eine Forderung des B gegenüber C begründet (Entreicherung durch Schuldentstehung).

Diese „Entreicherung" des C tritt jedoch nur ein, wenn A vollwirksam an C geleistet hat, also insbesondere keinen Rückforderungsanspruch aus Bereicherung gegen C geltend machen kann. Unterstellt, A könnte zurückfordern, so hätte B nicht ordnungsgemäß erfüllt, so daß der Anspruch des C gegen B unverändert weiterbesteht (bzw. die Schuld C—B nicht entsteht). C kann sich folglich nicht auf eine „Entreicherung" berufen. *Larenz* setzt also das Ergebnis, das es erst zu begründen gilt, voraus. Die entscheidende Frage, warum sich C nicht auf sein Rechtsverhältnis zu B, das bei durchgreifendem Bereicherungsanspruch des A unverändert fortbestehen würde, verweisen zu lassen braucht, wird nicht erörtert. Sie ist nur damit erklärlich, daß C nicht mit dem Risiko des Vertrags A—B belastet werden soll.

Berg[261] meint, wenn A auf Anweisung des B eine Geldsumme an C zahle, so entfalle eine Leistungskondiktion, „da A durch seine Zuwendung an (C) eine Leistung an B erbringen wollte". Diese Unterscheidung von „Zuwendung" und „Leistung" erklärt — hypothetisch akzeptiert — jedoch nichts: Unterstellt, A hätte C trotz „direkter Zuwendung" nichts „geleistet", so ist doch nicht zu leugnen, daß C dann wenigstens „in sonstiger Weise" etwas auf Kosten des A erlangt hat[262]. Um nun mit der gleichen Argumentierweise die Eingriffskondiktion abzulehnen, müßte man die unmögliche Behauptung aufstellen, C hätte auch in sonstiger Weise nichts auf Kosten des A erlangt. Wenn *Kötter*[263] dies Problem mit der Behauptung lösen will, die abstrakt gege-

---

259 Schuldrecht II S. 375.
260 a.a.O. S. 376.
261 AcP 160, 507; vgl. auch *Larenz* S. 375; *Esser* § 190, 3.
262 Vgl. dazu *Kötter* AcP 153, 193 f. (207/8, 223).
263 *Kötter* a.a.O. S. 223.

bene Möglichkeit der Leistungskondiktion schließe bereits die Eingriffskondiktion (des durch die Leistung verletzten Dritten) aus, so ist das ein aus dem Bereicherungsrecht nirgendwo ableitbarer Kunstgriff, um trotz konstruktiv verfehlten Ausgangspunktes zum richtigen Ergebnis zu gelangen. Nach unserer Auffassung[264] sind die beiden Kondiktionsarten im Gegenteil völlig gleichwertig und können durchaus auch untereinander konkurrieren, geschweige denn, daß bereits die „abstrakte" Möglichkeit der einen Kondiktion die andere ausschließt.

Aber die ganze Unterscheidung[265] von „Zuwendung" und „Leistung" entbehrt der Grundlage und hat ihre Ursache in der von *Berg*[266] selbst kritisierten unzureichenden Unterscheidung „zwischen dem Erfordernis der Vermögensverschiebung und des rechtlichen Grundes im Sinne des § 812 BGB". Der tatsächliche Bereicherungsvorgang durch Ausnutzung oder Übertragung identifizierbarer Rechtsobjekte ist vom rechtlichen Hintergrund dieser Vorgänge zu trennen[267]. Die Leistung als solche ist nicht mehr und nicht weniger als die bewußte Vermehrung fremden Vermögens auf Kosten des eigenen und unterscheidet sich vom Eingriff, in den sie bei Willensunfähigkeit gelegentlich übergehen mag, nur durch dieses Bewußtsein.

Z. B.: A läßt B die verkauften Bäume selbst fällen und abholen: Leistung. A ist geisteskrank und übergibt B einen Gegenstand: Eingriff. A verbrennt als Hausmeister versehentlich eigene Kohlen in der Heizung des B: Leistung oder Bereicherung „in sonstiger Weise"? A verkauft B nichtig ein Kfz. B benutzt es stark: Leistung, Eingriff oder beides?

Es ist klar, daß von der Qualifikation „Leistung", „Eingriff" oder Bereicherung „in sonstiger Weise" nicht die Verpflichtung zur Herausgabe abhängen kann — dazu genügt die Feststellung der „ungerechtfertigten Bereicherung". Folglich ist es, wie bereits dargelegt, verfehlt, zwischen den Kondiktionsarten tiefe Gräben aufzureißen und jeweils unterschiedliche bereicherungsrechtliche Prinzipien zu postulieren.

Leistet A auf Anweisung des B an C und stellt sich die Beziehung A—B als nichtig heraus, so hat A unter falschen Voraussetzungen geleistet. Von *seinem* Standpunkt aus müßte die Rückforderung von C ebensogut möglich sein, wie sie möglich wäre, wenn er an B persönlich geleistet hätte, denn *seine* Interessen sind dadurch daß er an Dritte leistet, nicht weniger schutzbedürftig und schutzwürdig. Es ist genauso, als hätte er die Ware an einen Angestellten des B übergeben, was in der Praxis die Regel ist. Es ist unrichtig und lebensfremd, wenn *Kötter*[268] behauptet, daß „die unmittelbare Zuwendung (A—C) von keiner

[264] Vgl. oben S. 97 f., 106 f.
[265] *Kötter* a.a.O. S. 195 f. hat sie bes. eingehend verteidigt.
[266] AcP 160, 525.
[267] Vgl. oben S. 100 f., 106 f.
[268] a.a.O. S. 196.

über die Mehrung des Empfängervermögens hinausreichenden gleichgerichteten Zweckverfolgung begleitet" sei. A handelt, ob er die Sache nun dem B persönlich, einem seiner Angestellten, einem seiner selbständigen Handelsvertreter oder dem unabhängigen C übergibt, eindeutig nur zum Zwecke der Tilgung des Schuldverhältnisses mit B. Folglich müßte er — wenn nicht der Vertrauensschutz zugunsten des C durchgreift — bei Verfehlung dieses „Zwecks" die Leistungskondiktion auch gegen C haben. Würde die Theorie der „Zweckverfehlung" in diesem weiteren Sinne verstanden, so käme sie der hier vertretenen Theorie des rechtlich relevanten Willensfehlers als Voraussetzung der Bereicherungshaftung nahe. Die Theorie der Zweckverfehlung ist jedoch nur eine Umformulierung der oben (S. 100 f.) bereits als unrichtig kritisierten These, wonach die causa Voraussetzung gültiger Leistung und ihr Wegfall Kriterium der Leistungskondiktion ist (Leistung sine causa = Zweckverfehlung). „Die bewußte Mehrung fremden Vermögens", schreibt nämlich *Kötter*[269], ist „nur gegenüber demjenigen Empfänger einer solchen Zuwendung als Leistung im Sinne des § 812 BGB anzusehen, der durch Zweckerreichungsabsicht (m. a. W. durch causa!) mit dem ... Zuwendenden verbunden ist".

Auch die Leugnung einer „Leistung" im Verhältnis A—C kann daher die erforderliche Ablehnung der Leistungskondiktion A—C nicht überzeugend rechtfertigen, trägt jedoch ihr Teil zur unnötigen Komplizierung der bereicherungsrechtlichen Dogmatik im ganzen bei.

7. *Gewinnhaftung auf Grund faktischer Vertragsverhältnisse?*

Besteigt ein Passant die Straßenbahn oder parkt ein Autofahrer sein Fahrzeug auf einem bewachten Parkplatz, so kann dieses Verhalten nach verbreiteter Auffassung meist „nicht mehr ohne gefährliche Überdehnung des Begriffs als Willenserklärung bewertet werden"[270]. Diese Meinung, verbunden mit dem Bedürfnis, auch in diesen Fällen trotz angeblich fehlender Vertragsbeziehungen dem Berechtigten ein Nutzungsentgelt zu gewähren, ist Ansatzpunkt der nunmehr auch vom BGH[271] übernommenen Lehre, wonach Schuldverhältnisse auch aus „sozialtypischem Verhalten", also ohne entsprechende Willenserklärungen, entstehen können[272].

---

[269] a.a.O., S. 198.

[270] Vgl. *Raiser*, DJT-Festschr. 1960 I S. 126.

[271] BGHZ 21, 319 (Parkplatz); 23, 175 (Elektrizität); ferner 23, 261 (Hofübergabe); vgl. auch BGHZ 41, 282.

[272] *Haupt*, Über faktische Vertragsverhältnisse 1941; *Larenz*, Die Begründung von Schuldverhältnissen durch sozialtypisches Verhalten, NJW 56, 1897; SchR I § 4 II; *Simitis*, Die faktischen Vertagsverhältnisse, Frankfurt 1957; *Siebert*, Fakt. Vertr.verh., Jur. Stud. Ges. Klrh. 1958 Heft 41; *Nikisch*, Festschrift für Dölle 1963 S. 79 f.; kritisch namentlich *Flume*, Allgemeiner Teil S. 95 f.

Der in manchen Fällen naheliegende Gedanke, diese Konstruktion zur Begründung der Gewinnhaftung heranzuziehen, ist u. E. schon aus den nachfolgend skizzierten grundsätzlichen Erwägungen zu verwerfen, denn wo man glaubt, ein „faktisches" Vertragsverhältnis konstruieren zu müssen, liegt in Wahrheit ein ganz normaler, „rechtsgeschäftlicher" Vertrag vor (a). Davon abgesehen bestünde für diese Konstruktion angesichts ausreichend vorhandener anderweitiger Lösungsmöglichkeiten auch kein praktisches Bedürfnis (b) und schließlich würden die „faktischen" Vertragsverhältnisse den Gedanken der Gewinnhaftung nur sehr lückenhaft verwirklichen (c).

a) Der verfehlte Ansatzpunkt

Die Schwierigkeiten, die man mit der Lehre von den faktischen Vertragsverhältnissen zu überwinden hofft, liegen im willenstheoretischen Ausgangspunkt und sind u. E. nur Folge der hier aufgetretenen, aber durchaus vermeidbaren konstruktiven Mängel. Nach der vorherrschenden, auf *Savigny*[273] und *Windscheid*[274] zurückgehenden Theorie der Willenserklärung hat der (erklärte) Wille als solcher, speziell der „Geschäftswille", rechtserzeugende Kraft.

„Der Wille, von dem wir reden, das ist immer ein normierender Wille, es ist immer die Statuierung eines Sollens und Dürfens ... Ganz ebenso wie das Gesetz eine abstrakte Norm statuiert, statuiert in der rechtsgültigen Willenserklärung der private Wille irgendeine konkrete Norm, er statuiert diese Norm eben durch die Kundgebung[275]."

Fehlt ein aktueller „Geschäftswille" bzw. eine feststellbare „Geltungserklärung" oder wird sie, wie im Parkplatzurteil, ausdrücklich geleugnet, so muß diese Lehre die Existenz einer Willenserklärung und damit eines Vertragsverhältnisses verneinen[276].

Demgegenüber haben bereits *Lenel*[277] und *Bechmann*[278] die Meinung vertreten, daß die rechtsgeschäftliche Willenserklärung nicht auf ein „rechtliches Sollen", sondern auf die Verwirklichung eines tatsächlichen Erfolgs, auf eine „empirische Absicht" gerichtet sei. *Schmidt-Rimpler*[279] erkennt zutreffend, daß der Wille als solcher eine „rechtliche Gewährleistung nicht hervorrufen" kann: „Es ist der Wille des Gesetzgebers

---

[273] System III (1840) §§ 140, 141.

[274] Lehrbuch I §§ 69, 75; Wille und Willenserkl. AcP 63, 72 ff.

[275] *Hölder*, Verhandlungen des 20. dt. Juristentages, Bd. IV S. 87; vgl. auch *Flume*, Allg. Teil S. 51 f., 53 und 58: „Daß die Willenserklärung ihrem Inhalt nach Geltungserklärung ist, versteht sich nach der Willenstheorie von selbst."

[276] Anders allerdings *Flume* a.a.O. S. 95 f., jedoch, da auf der Willenstheorie basierend, mit nicht ganz überzeugender Begründung aus protestatio facto contraria (S. 99); dazu unten.

[277] Parteiabsicht und Rechtserfolg, Jher Jb 19, 154 f.

[278] System des Kaufs nach gemeinem Recht II, 1 S. 1 f., 9 f.; vgl. ferner *Enn.-Nipperdey* § 145.

[279] AcP 147, 130 (163).

oder des Rechts", das seinen Befehl lediglich an die *Tatsache* knüpfe, „daß mehrere gemeinschaftlich oder einer allein bei besonderen Gründen die Rechtsfolge wollen". Wenn, wie *Schmidt-Rimpler* richtig bemerkt[280], der einzelne „grundsätzlich ein Sollen nur für sich selbst nach seinem Gewissen bestimmen kann", so ist eine rechtliche Verpflichtung Dritter (auch bei vertraglichen Vereinbarungen) eben nur über die Rechtsordnung möglich.

Tatbestand und Rechtsfolge sind also auch bei der Willenserklärung genau auseinanderzuhalten, und darüber darf auch nicht die Tatsache hinwegtäuschen, daß Willenserklärung und Rechtsfolge inhaltlich häufig (sicher nicht immer) weitgehend übereinstimmen. Der Wille ist niemals selbst Rechtsnorm, sondern ähnlich wie etwa ein Delikt nur Tatbestand oder „Anknüpfungspunkt" für eine Rechtsnorm. Das Rechtssubjekt braucht daher in jedem Falle nur „Faktisches", nichts „Rechtserhebliches" zu wollen. Entgegen der Annahme *Haupts*[281] ist es allein Sache der objektiven Rechtsordnung, keineswegs Sache des Rechtssubjekts (sozusagen als Richter oder Gesetzgeber in eigener Sache) über die normative Tragweite einer faktischen Erklärung zu entscheiden. Diese „objektiv-normative" Beurteilung der Willenserklärung läßt eine Berücksichtigung der subjektiv abweichenden Ansicht des Rechtssubjekts über die „Rechtsverbindlichkeit" seiner Erklärung grundsätzlich nicht und wenn, dann allenfalls nach Irrtumsgrundsätzen zu. Die Lehre von den fakt. Vertragsverhältnissen ist m. a. W. auf dem falschen Weg, wenn sie in der „Faktizität" der rechtsverbindlichen Willenserklärung eine Besonderheit sieht.

Diese Auffassung wird durch die Schulbeispiele der Lehre von den fakt. Vertragsverhältnissen nur bestätigt.

Es ist nicht zu verstehen, daß ein Fahrgast beim Lösen einer Fahrkarte *vor* Antritt der Fahrt eine „rechtsgeschäftliche" Willenserklärung abgeben soll (*Larenz:* Vertrag!) beim bloßen Besteigen einer Straßenbahn dagegen nicht oder nur ausnahmsweise (*Larenz:* faktischer Vertrag). Der Fahrgast wird beides mehr oder weniger unreflektiert tun und sich schon gar nicht über die „rechtliche" Bedeutung seines Tuns Gedanken machen. In dem Bewußtsein, daß es „Geld kostet" erklärt er vielmehr nur, mit der Tram fahren zu wollen. Ob der Fahrgast die Fahrkarte vor oder nach Antritt der Fahrt löst, ob er sie beim Schaffner kauft oder aus einem Automaten zieht, ob er die Tram mit oder ohne Fahrkarte besteigt, „faktisch" will er nur eins: die Beförderung, keinen „Vertragsschluß". Der Fall liegt nicht anders, wenn A am Kiosk oder Automaten eine Zeitung ersteht, B ein Auto oder eine Wohnung mietet und C sich einen Schrank anfertigen läßt. Sie

[280] a.a.O. S. 164.
[281] a.a.O. S. 10.

alle wollen nur faktisch etwas und wissen, daß es die vereinbarte Geldsumme kostet. Auch die „Erklärung" der anderen Seite ist regelmäßig nur auf einen tatsächlichen Erfolg gerichtet. Es wäre reine Fiktion, wollte man etwa im Anhalten einer Straßenbahn ein „Angebot zum Abschluß eines Beförderungsvertrages" erblicken. Diese Qualität wird dem Verhalten erst durch die Rechtsordnung *beigelegt*. Wollte man mit *Larenz*[282] und der wohl h. M. verlangen, daß sich der Wille der Beteiligten auch „auf die Begründung einer Rechtsfolge" richtet, so wären wohl die meisten Verträge des täglichen Lebens unwirksam, denn der Laie wird sich der Rechtsordnung, die für ihn meist erst im Konfliktsfall auf den Plan tritt, allenfalls nur latent bewußt sein und meist nicht einmal wissen, was ein „Vertrag" ist. Schließlich ist es für die Theorie vom Geschäftswillen nicht ohne Widerspruch erklärlich, warum etwa bei Leistungsstörungen detaillierte Rechtsfolgen eintreten können, die von den Beteiligten nicht vorhergesehen und daher auch nicht „normierend gewollt" sein konnten.

Die Theorie vom „Geschäfts-" oder „Geltungswillen" wird denn auch mit Hilfe der protestatio facto contraria häufig einfach umgangen[283]. So waren Reichsgericht und BGH sicherlich auf dem richtigen Wege, als sie in den Elektrizitätsurteilen[284] dem Beklagten den Einwand, er habe das objektiv Erklärte nicht „rechtsverbindlich" gewollt, mit der protestatio facto contraria abschneiden. Diese Lösung ist praktisch brauchbar, theoretisch aber insofern bedenklich, als sie den fehlenden Geschäftswillen fingiert. Besser wäre es, auf dies Erfordernis ganz zu verzichten[285].

b) Praktische Lösungsmöglichkeiten

Sieht man von diesen nur kurz skizzierten Einwendungen ab, so bleibt mit *Blomeyer*[286] festzustellen, daß sich auch bei Zugrundelegung der herrschenden Willenstheorie die meisten Probleme auch ohne Re-

---

[282] DRiZ 1958, 246.

[283] So auch *Flume* (Allg. Teil S. 99), dessen Argumente gegen die fakt. Verlagsverhältnisse im übrigen auf die wenig überzeugende, der hier vertretenen Auffassung entgegengesetzte These hinauslaufen, ein Geschäftswille sei auch bei den Leistungsbeziehungen des Massenverkehrs idR. gegeben.

[284] RGZ 111, 130; BGH MDR 59, 924, Urteile, die von den Vertretern der fakt. Verlagsverhältnisse zu Unrecht in Anspruch genommen werden (vgl. *Larenz* I S. 34).

[285] Vgl. zur Kritik der fakt. Verlagsverhältnisse *Blomeyer* MDR 57, 153; *Nipperdey* MDR 57, 129; *Wieacker* JZ 57, 61; *Fikentscher* § 18 III 3, 4; *Flume* § 8, 2; auf die bedenklichen Auswirkungen, die die „im Regelfall ungefährliche Jurisprudenz der Trambahnfahrt" auf das Vertragsrecht im ganzen haben kann und in der Hofübergabe-Entscheidung des BGH (BGHZ 23, 261) bereits gehabt hat, weist namentlich *Flume* hin (Allg. Teil S. 100, 103 f); vgl. auch die merkwürdige Entscheidung des LG Bremen, unten N. 293.

[286] MDR 57, 153; ebenso *Lehmann* NJW 58, 1 f.

kurs auf die „rechtsschöpferische Überzeugung der Verkehrsgemeinschaft“ lösen lassen, und zwar mit Hilfe des Bereicherungsrechtes.

Der BGH hatte im Parkplatzurteil einen Bereicherungsanspruch dem Grunde nach bereits anerkannt, da der Beklagte „die ihm zugute gekommene Abstellmöglichkeit dem Verfügungsrecht der Klägerin unberechtigt entzogen“ und daher eine evtl. Vermögensvermehrung „auf Kosten“ der Klägerin erlangt habe.

Erst angesichts der Feststellung des Bereicherungsumfangs kommen ihm wegen der angeblich „erheblichen praktischen Schwierigkeiten“ Bedenken. Die Höhe der Bereicherung solle davon abhängen,

„wieviel Treibstoff in derartigen Fällen verbraucht und wieviel Zeit aufgewendet werden muß, um bei Beginn und bei Beendigung des Parkens einen geeigneten Abstellplatz außerhalb der Parkfläche auszusuchen.“

Wie der BGH auf diese, von ihm selbst als „wirklichkeitsfremd“ bezeichnete Methode der Gewinnberechnung gekommen ist, bleibt unerfindlich, zumal derselbe (V.) Senat noch wenige Monate zuvor[287] dem Eigentümer eines unerlaubt als Taxistandplatz benutzten Bahnhofsvorplatzes einen Anspruch auf den Betrag zugebilligt hat, den der Benutzer auf Grund seines ordnungswidrigen Vorgehens an Nutzungsentgelt ersparen konnte. Dieser „quasikontraktliche“ Gedanke wurde wenig später bei unerlaubter Benutzung eines Bauzaunes zur Reklame wieder aufgenommen[288]. Was hätte näher gelegen, als im völlig gleich gelagerten Fall der ordnungswidrigen Benutzung eines Parkplatzes ebenso zu verfahren, d. h. einen Anspruch auf die ersparten Parkgebühren zuzubilligen?

Hinzu kommt, worauf *Blomeyer* hinweist, daß der BGH im Parkplatzurteil incident den schon längst als unzulässig erkannten Einwand zuläßt, der Beklagte hätte im Zweifelsfalle anderswo unentgeltlich geparkt und sei daher nicht bereichert. Diesen Einwand hatte vor 35 Jahren bereits das RG im Gleisanlagenfall[289] mit der Begründung zurückgewiesen, der Benutzer einer fremden Sache müsse sich „an der Sachlage, wie er selbst solche geschaffen hat“, festhalten lassen. Dieser Grundsatz gehört seither namentlich im Immaterialgüterrecht zum festen Bestand der bereicherungsrechtlichen Dogmatik[290].

Im Ergebnis stellen die sog. faktischen Vertragsverhältnisse einen — wenn auch lückenhaften — Anwendungsfall der Bereicherungshaftung dar, die man umständlich und wenig überzeugend zu begründen sucht, da über das Prinzip der Gewinnhaftung Unklarheit herrscht. Das tarifliche Parkentgelt des Parkplatzurteils entspricht der angemessenen Nutzungsgebühr im Taxistandplatzfall und beider Verwandt-

---

287 BGHZ 20, 270 (275).
288 BGHZ 22, 400.
289 RGZ 97, 310 (312).
290 Vgl. BGHZ 20, 355 (Dahlke).

schaft mit der „angemessenen“ (= ersparten) Lizenzgebühr des Immaterialgüterrechts ist eigentlich nicht zu übersehen. Daß im einen Fall ein „tarifliches“ und im anderen Fall ein „angemessenes“ Entgelt geschuldet wird, bedeutet keinen Unterschied. Ersteres ist lediglich eine Konkretisierung des letzteren, denn sachlich unangemessene Bestimmungen des „Tarifs“ können auf dem Wege über ein faktisches Vertragsverhältnis ebensowenig rechtliche Verbindlichkeit erlangen, wie sie es im Wege der Gewinnhaftung könnten. Beides unterliegt der richterlichen Angemessenheitskontrolle[291], wobei der Tarif bzw. das (unwirksam) vereinbarte Entgelt (Mietzins, Lohn) idR die Angemessenheit indizieren, die man i. a. wohl mit dem Verkehrswert gleichsetzen kann[292].

Auch wenn sich damit die meisten Fälle der fakt. Vertragsverhältnisse mit gleichem Ergebnis nach allgemeinen Grundsätzen lösen ließen, könnten sie unter einem zweiten, bisher kaum diskutierten Aspekt möglicherweise ihre Daseinsberechtigung behalten — die Begründung faktischer Vertrags*rechte*. Zwar wäre es kaum akzeptabel, wollte man mit Hilfe des fakt. Vertragsverhältnisses etwa im Parkplatzfall dem Autofahrer „vertragliche“ Rechte auf Bewachung zudiktieren, die dieser expressiv verbis nicht in Anspruch nehmen will. Jedoch wird das allgemeine Vertragsrecht bei der Inanspruchnahme öffentlicher Versorgungsleistungen durch Minderjährige (Trambahnfahrt) den praktischen Bedürfnissen nicht ganz gerecht, so daß man an eine Erweiterung der Geschäftsfähigkeit denken könnte („faktische“ Geschäftsfähigkeit). Dahingehende Überlegungen wird man allerdings nicht an der „Sozialtypizität“, sondern — das leuchtet ohne weiteres ein — in erster Linie am Schutz des Minderjährigen zu orientieren haben[293]. Diese Fragen können hier, wo es nur um die Pflichtigkeit des Bereicherten geht, dahinstehen.

c) Die lückenhafte Verwirklichung des Gedankens der Gewinnhaftung durch faktische Vertragsverhältnisse

Unabhängig von den vorgetragenen Bedenken gegen die Konstruktion fakt. Vertragsverhältnisse überhaupt, eignen sie sich auch nur unvollständig zur Begründung der Gewinnhaftung.

---

[291] Vgl. für das fakt. Vertragsverhältnis *Larenz* SchR I S. 35.

[292] Ähnlichen Bedenken wie das Parkplatzurteil unterliegt auch BGHZ 41, 282 (fakt. Anstellungsverhältnis), wo die Bereicherungshaftung ebenfalls wegen angeblicher Schwierigkeiten bei der Feststellung des Bereicherungsumfangs abgelehnt wird (a.a.O. S. 288).

[293] Die Konstruktion einer „sozialtypischen“ Geschäftsfähigkeit, an die man in Analogie zu der von *Fabricius* (Relativität der Rechtsfähigkeit, München 1963 S. 186 f., 198) vorgeschlagenen „sozialtypischen Rechtsfähigkeit“ denken könnte, ist daher ebenfalls wohl verfehlt, zumal die kürzlich veröffentlichte Entscheidung des LG Bremen (NJW 1966, 2360) lehrt, zu welch unerfreulichen Ergebnissen die Begründung der Leistungspflicht aus sozialtypischem Ver-

Mit Hilfe des fakt. Vertragsverhältnisses erhält der Berechtigte zwar einen Anspruch auf das übliche oder tarifliche Entgelt, keineswegs aber auf den vom Eingreifer erzielten Gewinn[294]. Damit tritt im Ergebnis eine Beschränkung der Herausgabepflicht auf den erlangten Wert, möglicherweise auch darunter, ein, wozu, wie noch darzulegen ist, keine Veranlassung besteht. Die mit dem fakt. Vertragsverhältnis angestrebte quasikontraktliche „Sanktionierung" von Eingriffen in fremde Interessensphären ist namentlich gegenüber schuldhaft-rechtswidrigen Eingriffen unangebracht, und die Aussicht auf einen fiktiven Vertragsschluß hat auf die Eigenmächtigkeit des Rechtsverletzers eher ermutigende als abschreckende Wirkung.

Auch in seinen Voraussetzungen ist das fakt. Vertragsverhältnis zu eng, um geeignete Grundlage der Gewinnhaftung zu sein. Zwar ist die Frage, wann im Einzelfall ein faktisches Vertragsverhältnis anzunehmen ist, durchaus ungeklärt[295]. Die von *Haupt* ins Auge gefaßten Leistungsbeziehungen des Massenverkehrs (nach *Larenz:* sozialtypische Beziehungen), die „Vertragsverhältnisse kraft sozialen Kontakts" (z. B. Gefälligkeitsfahrt) sowie die faktischen Gesellschafts- und Arbeitsverhältnisse decken jedoch auch bei weiter Auslegung nur einen geringen Bruchteil der Fälle, in denen ein Gewinnherausgabeanspruch gerechtfertigt erscheint. So müßte der Verletzte bei deliktischem oder deliktsähnlichem Verhalten (z. B. rechtswidriger Ausnutzung fremder Immaterialgüterrechte, Diebstahl oder furtum usus) regelmäßig schutzlos bleiben, denn man wird dieses Verhalten kaum als „sozialtypisch" bezeichnen wollen. Im übrigen ist es aber auch gänzlich unverständlich, warum nur sozialtypische Rechtsverletzungen erfaßt werden sollten, da der Verletzte doch auch (oder erst recht) gegenüber weniger „üblichen" Eingriffen Schutz verdient und bestimmt kein Anlaß besteht, die Originalität des Eingriffs mit einer Verringerung des Haftungsrisikos zu honorieren.

B. Gegenstand der Gewinnhaftung

1. Der Zuweisungsgehalt als Kriterium für den Umfang der Herausgabepflicht

Wilburg[296] hat gemeint, die Eingriffskondiktion richte sich

„als Rechtsfortwirkung auf alle Güter, die in den Zuweisungsgehalt des (verletzten) Grundrechts fallen."

---

halten führen kann: ein 8jähriger, der ohne Bezahlung eine Straßenbahn benutzte, wurde nicht nur zur Nachzahlung des Fahrgeldes, sondern auch zur Bezahlung des in den Beförderungsbedingungen vorgesehenen Strafgeldes (!) verurteilt; vgl. dazu die kritische Anm. *Berg,* MDR 67, 448.

[294] Dazu unten; vgl. auch S. 142 f.

[295] Vgl. *Schreiber,* NJW 68, 627: „ideale Funktion als Leerformel".

[296] S. 122.

Der Zuweisungsgehalt ist jedoch, wie erörtert, reine Fiktion und hat sich in der Praxis als Leerformel herausgestellt. So ist unter den Vertretern der Zuweisungslehre, wie *Jakobs*[297] hervorhebt, nicht einmal klar, welche Rechte überhaupt Zuweisungsgehalt haben und welche nicht, ganz abgesehen von den Zweifeln, wie weit dieser Zuweisungsgehalt gehen soll. *Mestmäcker*[298] will den Rechten des Kennzeichenschutzes (§§ 24, 25 WZG), den „Persönlichkeitsrechten" wie Name, Firma, Recht am eigenen Bild und dem Recht am eingerichteten und ausgeübten Gewerbebetrieb jeden Zuweisungsgehalt absprechen, während *Wilburg* noch umgekehrt den „Gütern der Persönlichkeit"[299] und den „Normen des Wettbewerbs"[300] Zuweisungsgehalt zusprach, wobei allerdings ungeklärt bleibt, wo und wie Normen des Wettbewerbs den Charakter absoluter Rechte erhalten sollen, an deren Verletzung nach *Wilburgs* Ansicht allein die Gewinnhaftung anknüpft. Folgt man *Orth*, so ist „jede Verwertungsmöglichkeit eines Gutes Vermögensbestandteil"[301] und damit im Sinne der Zuweisungstheorie „zugewiesen".

Wilburg hat aus dem Zuweisungsgehalt sowohl einen Anspruch auf „angemessenes Entgelt"[302] (Wertersatz) wie einen Anspruch auf Gewinnherausgabe unter „verhältnismäßiger Verteilung des Erfolges nach den Beitragswerten"[303] hergeleitet, während *v. Caemmerer* denselben Zuweisungsgehalt ohne sich mit *Wilburg* auseinanderzusetzen als Argument gegen die Gewinnhaftung und für die Beschränkung der Bereicherungshaftung allein auf „Wertersatz" benutzt[304].

An diesen Konsequenzen *v. Caemmerers*, der „die Vorstellung ..., der Bereicherungsanspruch gehe auf mehr als das Eingebüßte", expressis verbis ablehnt[305], zeigt sich, daß *Wilburg*, der auch das „Maß der Ansprüche" im ausdrücklichen Gegensatz zur Schadenstheorie er-

---

297 S. 103 f.

298 JZ 58, 521 f.

299 S. 43.

300 S. 44.

301 S. 88; die von *Orth* entwickelte Lehre, durch Ausdehnung des Vermögensbegriffs im Patentrecht die Gewinnhaftung einzuführen, ist ein echter Vorläufer der Zuweisungstheorie, der von *Wilburg* gänzlich unbeachtet blieb.

302 *Wilburg* S. 133.

303 S. 128.

304 Festschr. Rabel S. 377, 379; die zusätzliche Berufung auf die allgemeine Regelung in §§ 818 II, 951 (S. 357) überzeugt nicht, da § 818 II erst sekundär Wertersatz für das nicht herausgebbare „Erlangte" anordnet; das „Erlangte" kann aber sowohl der Gewinn als auch der Wert sein. Im übrigen könnte, worauf *Jakobs* (S. 19/20) hinweist, statt § 818 II ebensogut § 816 I 1 als „allgemeine Regelung" angesehen werden; allerdings beschränken *v. Caemmerer* (Festschr. Lewald S. 447 f.) und *Esser* (S. 810 mwN) sogar die Haftung aus § 816 auf Wertersatz. A. A. jedoch BGHZ 29, 157 f.; *Erman* § 816, 5; *Pal.* § 816, 4.

305 Festschr. Rabel S. 377.

mitteln wollte[306], das Dogma der Vermögensverschiebung ebenso wie *Orth* zwar aufweichen, nicht aber beseitigen konnte. *Wilburg* spendet der Beschränkung der Bereicherungshaftung auf Wertersatz auch heute keinen Beifall:

„Sie nähert sich dem Gedanken des Schadensersatzes und wird dem Wesen der Bereicherungsklage nicht gerecht[307]."

Der Zuweisungsgehalt ist nach alledem kein geeignetes Kriterium für die Bestimmung des Haftungsumfanges.

2. *Die Rolle des Verschuldens (Gewinn oder Wert?)*

Wilburg stellte die Ansprüche auf „verhältnismäßigen Gewinnanteil" und „angemessenes Entgelt" nebeneinander, ohne die Frage zu klären, wann das eine oder andere in Betracht kommt. Er sah darin keine Gegensätze: „Je nach der Lage des einzelnen Falles erscheint bald der eine, bald der andere Gesichtspunkt als besser verwendbar[308]."

Nun ist es aber ein großer Unterschied, ob bei rechtswidriger Patentbenutzung nur auf ein angemessene Lizenzgebühr oder auf den anteiligen Gewinn gehaftet wird.

v. Caemmerer[309] will demgegenüber die Gewinnhaftung ganz aus dem Bereicherungsrecht verbannen und die Gewinnherausgabe unter Berufung auf § 687 II BGB nur bei schuldhaftem, außerhalb des Immaterialgüterrechts sogar nur bei vorsätzlichem Eingriff zulassen.

Damit wird der unzutreffenden Behauptung, § 812 ginge nur auf Wertersatz, die nirgendwo begründete Behauptung, § 687 II gehe nur auf Gewinnherausgabe, an die Seite gestellt. Für diese Gegenüberstellung fehlen die Anhaltspunkte. § 687 II (in Verbindung mit §§ 681, 667) geht ebenso wie § 812 auf Herausgabe des „aus der Geschäftsbesorgung" bzw. aus dem Eingriff „Erlangten". M. a. W.: der Gegenstand der Herausgabepflicht wird vom Gesetzgeber weder im einen noch im anderen Fall genauer definiert. Die Berufung *v. Caemmerers* auf § 818 II[310] geht fehl: Wertersatz, wenn das „Erlangte" nicht herauszugeben ist, schuldet der unechte Geschäftsführer ebensogut wie der Eingriffsbereicherte. § 818 II sagt für das allgemeine Schuldrecht nur Selbstverständliches — die Verpflichtung zum Schadensersatz bei Unmöglichkeit der Leistung beruht auf dem gleichen Prinzip. Er ist im Bereicherungsrecht nur sinnvoll, weil es sich gegenüber der konkret-gegenständlichen Haftung des römischen und gemeinen Rechts um die Einführung einer Neuerung, nämlich der abstrakten Ver-

---

306 S. 127.

307 AcP 163, 350.

308 S. 136.

309 Festschr. Rabel S. 359; ferner Festschr. Lewald S. 447; *Esser* S. 810, 815; *Larenz* II S. 391; a. A. *Jakobs* S. 17 f.

310 a.a.O. S. 357.

mögensrechnung handelte[311]. Seine Existenz kann daher keine Grundlage für die unterschiedliche Beurteilung von unechter Geschäftsführung und Eingriffskondiktion sein.

Die Berufung auf § 951 überzeugt schon deswegen nicht, weil es sich um eine Spezialregelung handelt, die im Bereicherungsrecht nicht verallgemeinert werden kann. Entscheidend aber ist, daß § 951 sich zum Umfang der Herausgabepflicht gar nicht äußert. Seine Funktion erschöpft sich darin, demjenigen, der infolge der §§ 946 ff. einen Rechtsverlust erleidet, der *Art* nach auf einen Geldanspruch zu verweisen. Über die Höhe dieses Anspruchs, der „nach den Vorschriften über die Herausgabe einer ungerechtfertigten Bereicherung" gefordert werden kann, ist damit gar nichts gesagt.

Davon abgesehen ist es auch vom Ergebnis her wenig sinnvoll, Gewinnhaftung und Wertersatz nach dem Verschulden zu differenzieren. Wenn der unschuldig Bereicherte geschont werden soll, ist sogar die Werthaftung inkonsequent. Bei der Leistungskondiktion, deren Anspruchsgegenstand sogar nach *Wilburg*[312] „starke Ähnlichkeit" mit der Eingriffskondiktion aufweist, spielt aber ein Verschulden des Bereicherten überhaupt keine Rolle. Ebenso sinnlos ist ein Verschulden, wenn ein Beauftragter oder Treuhänder im Rahmen seiner Tätigkeit Vorteile erzielt. Demgegenüber ist kein Grund ersichtlich, den — zudem rechtswidrig handelnden — Eingreifer nicht ebenfalls ohne Rücksicht auf Verschulden haften zu lassen, wie das auf Grund ähnlicher Gedankengänge ja auch der Standpunkt der englischen und amerikanischen Rechtsprechung ist[312a]. Die Gewinnhaftung ist eben keine deliktsrechtliche Sanktion, wie *v. Caemmerer*[313] meint, sondern lediglich Konsequenz des Verbots, mit fremdem Vermögen keinen Gewinn zu machen. „Eine weitere Begründung dieses Prinzips ist", wie *F. Schulz*[314] feststellte, „nicht möglich."

Selbst wenn man aber *v. Caemmerers* Sanktionsgedanken, der u. E. die Gewinnhaftung nicht „rechtlich", sondern nur als „zweckmäßig" rechtfertigen kann, akzeptiert, so bleibt die Beschränkung der Gewinnhaftung auf — mit Ausnahme des Immaterialgüterrechts — vorsätzliche Eingriffe viel zu eng, denn wenn schon bei levissima culpa auf Schadensersatz gehaftet wird, so wird man den Eingreifer erst recht auf Herausgabe seiner widerrechtlich erzielten und regelmäßig auch tatsächlich noch vorhandenen (§ 818 III) Vermögensvermehrung in Anspruch nehmen können. Damit wäre das Problem des Haftungs-

---

[311] Vgl. *Flume*, Bereicherung S. 140 f.
[312] S. 125.
[312a] Vgl. oben S. 58, 62 f., insbes. S. 67 f.
[313] Festschr. Rabel S. 360.
[314] AcP 105, 444.

umfangs aber zumindest praktisch gelöst, denn ganz schuldlos-eigennützige Verwertung fremden Vermögens wird praktisch nur selten vorkommen.

3. Kausalprinzipien

Schulz[315] und *Jakobs*[316] wollen demgegenüber allein auf den Kausalzusammenhang zwischen Eingriff und ungerechtfertigter Vermögensvermehrung abstellen. Alles, was kausal durch den Eingriff erlangt sei, sei grundsätzlich auch herauszugeben.

Diese Auffassung ist ein Fortschritt gegenüber den anderen Lehren insofern, als sie sich konsequent von der Vorstellung einer Vermögensverschiebung zur Bestimmung des Gegenstandes der Herausgabepflicht löst. Allerdings ist der Kausalzusammenhang ein ungeeignetes Kriterium, hinter dem ganz anders geartete Überlegungen stehen.

a) Die theoretische und praktische Fragwürdigkeit des Kausalaxioms

Zunächst kann man mit guten Gründen feststellen, daß „Kausalität" eine durch nichts beweisbare philosophische Hypothese ist, die für Natur- und Rechtswissenschaft keine Bedeutung haben sollte. *David Hume*, der in der Kausalität lediglich eine Denkgewohnheit sieht, hat u. E. zu diesen Fragen alles Erforderliche gesagt und ist auch durch *Kant* (Kausalität als „Kategorie des Verstandes") nicht widerlegt worden. Das Denken in „Ursache"- und „Wirkungs"-Zusammenhängen ist im Prinzip ebenso verfehlt wie der in primitiven Kulturen und vielen religiösen Vorstellungen verwurzelte Finalismus[317]. Für die Konjunktionen „weil" bzw. „damit", durch die nach diesen Anschauungen zeitlich aufeinanderfolgende Naturereignisse verknüpft werden sollen, fehlt jeder Anhaltspunkt. Ihre Entstehung ist nur der Projektion subjektiv empfundener kausaler oder finaler „Sinnzusammenhänge" in das Naturgeschehen, m. a. W. einer anthropomorphen Interpretation der Umwelt zu verdanken.

Davon abgesehen leistet das Kausalprinzip auch praktisch nichts, stellt aber schwierige „eigengesetzliche" Probleme, die die wahren Problemstellungen verdecken. *Lundstedt*[318] hat etwas boshaft, aber treffend bemerkt, der Jurist brauche

> „wahrlich keine anderen Kenntnisse hinsichtlich des Ursachsbegriffs als sie jeder vernünftige Bauernknecht besitzt."

Für den Juristen ist eben allein das normativ-wertend zu lösende Problem der *Zurechnung* wesentlich.

Verabreicht A dem B eine Ohrfeige, so ist durchaus nicht sicher, was „Ursache" für die Körperverletzung des B ist. Im Sinne der

---

315 AcP 105, 430.
316 a.a.O. S. 65, 123 f., 128, 136 f.
317 Dazu *Topitsch*, Ursprung und Ende der Metaphysik, passim.
318 Die Unwissenschaftlichkeit der Rechtswissenschaft, Bd. 1, S. 78.

condicio-sine-qua-non-Formel ist z. B. nicht nur A, sondern auch B für die Körperverletzung „ursächlich", denn ohne die Anwesenheit Bs in Reichweite des A hätte es gar nicht so weit kommen können. Die „Gründe", die für die Körperverletzung „ursächlich" waren, kann man bekanntlich bis ins Unendliche „zurückverfolgen". Aber auch die Zahl der „Ursachen", die „gleichzeitig" wirken, um die Körperverletzung zu ermöglichen, ist unendlich groß. Nicht nur das äußere Verhalten von A und B, auch Gesundheitszustand, Herzschlag etc. einschließlich beliebiger Vorgänge des atomaren Bereichs sind „Ursachen", wenn ihr hypothetischer Wegfall den Erfolg auch nur beeinflußt. Damit zerfließt der Kausalbegriff ins Nichts. Das Resultat ist völlig unbrauchbar.

Modifizierungen und Einschränkungen, insbesondere die Adäquanztheorie, ändern an der grundsätzlichen Unbrauchbarkeit des Kausaldogmas nichts. *v. Kries*[319] meinte, als „Basis" seiner Überlegungen den Satz voraussetzen zu müssen — „mögen wir ihn als Axiom oder etwas Anderes ansehen" —, „daß jedes Ereignis, welches thatsächlich eintritt, durch die Gesammtheit der zuvor bestehenden Verhältnisse mit Nothwendigkeit herbeigeführt ist".

Wem nützt aber ein zudem ungesichertes Wissen um die „Nothwendigkeit", wenn „die Gesammtheit der bedingenden Umstände" nicht erkennbar und mit Sicherheit niemals erkennbar sein wird, wenn also jedes Kausalurteil in der Praxis reine Hypothese ist und bleibt?

v. Kries glaubte, das Kausaldogma wenigstens im Kern mit Hilfe der „objektiven Möglichkeit" retten zu können. Er meint, daß man bei Roulette und Würfelspiel zwar die Bedingungen nicht kenne, aber generell sagen könne, daß ein bestimmter Erfolg eintreten „mußte" (S. 10). Dieses Urteil stützt sich jedoch auf die Lebenserfahrung und nicht, wie *v. Kries* meint, auf ein noch so abstrahiertes Kausaldogma. Auch die „objektive Möglichkeit" ist also kein „Wissen nomologischen Inhalts" (S. 6) da statistisch (durch Lebenserfahrung) festgestellte Regelmäßigkeiten auch unter generellen Voraussetzungen niemals „Gesetzmäßigkeiten" werden. Das „Muß"-Urteil ist daher *immer* hypothetisch, nicht nomologisch.

Wenn *v. Kries* die „objektive Möglichkeit" jedoch nur dann würde annehmen wollen, wenn *alle* den Erfolg bedingenden Umstände vorausgesetzt sind, so liegt ein reiner Zirkelschluß im Rahmen des vorausgesetzten und ebenfalls unbewiesenen Kausalaxioms vor.

Versteht man die „Objektivität" der Möglichkeit dagegen in dem Sinne, daß die Möglichkeit des Erfolges allgemein oder von einer Mehrheit der Menschen angenommen wird, so handelt es sich ebenfalls nicht um „Wissen nomologischen Inhalts", sondern nur um eine allgemeine Überzeugung, die richtig oder falsch sein kann, für den juristischen Gebrauch jedoch in vielen Fällen ausreicht, dann aber besser gleich als „adäquate" Möglichkeit bezeichnet würde.

Daß ein Kausalurteil nicht „nomologisches Wissen", sondern Ausdruck der Lebenserfahrung ist, ergibt sich ferner daraus, daß „die Frage

---

319 S. 4.

der Causalität ... gleichbedeutend (ist) mit der, was geschehen wäre, wenn in dem Complexe der Bedingungen jenes Reale (ein bestimmter Theil) gefehlt, alles Uebrige aber sich genau gleich verhalten hätte"[320].

Jedes Kausalurteil muß mithin den *hypothetischen* Verlauf berücksichtigen und wird dadurch — eine Kette ist so stark wie ihr schwächstes Glied — selbst in vollem Umfang hypothetisch. Die Unterscheidung von „realer" und „hypothetischer" Kausalität ist folglich rein äußerlich[321]. Wenn folglich über den hypothetischen Verlauf zugegebenermaßen „keinerlei logische Analyse", sondern das *„arbitrium boni viri"* entscheidet[322], so gilt das uneingeschränkt auch für die „reale" Kausalität.

Das illustriert z. B. folgender Fall: A und B schießen gleichzeitig auf X. Jede der den X treffenden Kugeln wäre auch allein tödlich. Nach der condicio-sine-qua-non-Formel wäre daher (!) keine Kugel Todesursache.

Entgegen einer verbreiteten Ansicht[323] kann die condicio-sine-qua-non-Formel daher nicht zur Feststellung von Ursachen im Rechtssinne verwendet werden, da es sich um eine nicht verifizierbare philosophische Theorie handelt. Was Ursache ist, entscheidet auch dort, wo man sich auf den „Kausalzusammenhang" beruft, faktisch allein der *Maßstab des einsichtigen Menschen,* dem das Erfahrungswissen seiner Zeit zur Verfügung steht. Das „Kausalurteil" ist daher wegen fehlender „objektiver" Gewißheit auch in seinem innersten Kern notwendig hypothetisch und wegen der notwendigen Auswahl[324] unter den im Einzelfall „relevanten" Ursachen immer auch werthaft.

Das Kausaldogma ist demgemäß eine Leerformel, die beliebige Inhalte aufnehmen kann und damit der von *Heck*[325] kritisierten begriffsjuristischen Scheinbegründung dient. Es verschleiert die hinter dem Kausalurteil stehenden Werturteile, läßt Theorie und Praxis auseinanderklaffen und ist daher abzulehnen, denn „die allein zulässige Form der Darstellung ist die wahrheitsgemäße"[326].

b) Die Adäquanztheorie

Ein zweifelloses Verdienst *v. Kries'* ist die Entwicklung der Adäquanztheorie, die eindeutig — wenn auch nur als Modifizierung des als

---

320 S. 23.

321 Das wird in der Diskussion um den Schadensbegriff vielfach zu wenig beachtet; vgl. z. B. *Mertens* S. 224; richtig *v. Caemmerer,* Überholende Kausalität S. 2, 14 f. Realer Schaden und Interesse, unmittelbarer und mittelbarer Schaden sind darauf fußende Unterscheidungen von zweifelhaftem Wert. Sinnvoll kann man dem Interesse nur den abstrakt-normativ berechneten „Schaden" gegenüberstellen; dazu *Steindorff* AcP 158, 448 f.; *v. Caemmerer* a.a.O. S. 19 f.

322 *v. Kries* S. 38.

323 Vgl. *v. Caemmerer,* Kausalzushg. S. 12.

324 *v. Kries* S. 16/17, 29 f.

325 Begriffsbildung S. 98 ff.

326 *Heck* a.a.O., S. 100.

„Basis" angesehenen Kausaldogmas — die wertende Zurechnung in den Vordergrund stellt. Der Täter einer strafbaren Handlung haftet nach seiner Ansicht nur für die adäquaten („zumutbaren")[327] Folgen seiner Tat (S. 42).

Diese Beschränkung des Haftungsrisikos ist jedoch nur im Straf-[328] und Schadensersatzrecht, m. a. W. dort, wo das Recht Sanktionen verhängt, wertvoll[329]. Im Bereich der Gewinnhaftung besteht für eine derartige Haftungsbeschränkung kein Bedürfnis, da die Herausgabe einer Bereicherung dem Schuldner „unschädlich" ist[330]. Es ist daher nicht unbillig, wenn auch ganz ungewöhnliche — inadäquate — Gewinne herauszugeben sind.

Für *Schulz, Jakobs* und *Moser* war das Anlaß, zum „natürlichen" Kausalzusammenhang, zur sog. „Äquivalenztheorie" zurückzukehren[331], die sie allerdings spätestens bei den sog. Kombinationseingriffen wieder aufzugeben gezwungen sind. *v. Caemmerer*[332] hält aus ähnlichen Erwägungen die Anwendung der *v. Kries*schen Adäquanztheorie bei Vorteilsausgleichung und ungerechtfertigter Bereicherung sogar für „absurd". Selbst die Begründung der Saldotheorie aus „ursächlichem Zusammenhang" sei „fragwürdig"[333], da es sich um eine „Auswirkung des Synallagmas" handle[334].

4. *Am Zweck der Gewinnhaftung orientierte wirtschaftliche Betrachtungsweise*

a) Grundlegung

Man wird sich damit abfinden müssen, daß eine für alle Fälle präzise, „objektive" Bestimmung des Gegenstandes der Gewinnhaftung nicht möglich ist. Unter Berücksichtigung des Zwecks der Gewinnhaftung kann man nur Richtlinien aufstellen, die dem richterlichen Rechtsgefühl in Zweifelsfällen einen gewissen Spielraum geben und konkrete Regelbildungen erst an Hand einer entwickelten Kasuistik und deren wissenschaftlicher Verarbeitung zulassen.

---

[327] Vgl. dazu BGHZ 3, 261 (266); 18, 288; *Lange* AcP 156, 114.

[328] Im Strafrecht kann dieser Gedanke besonders nach Einführung des § 56 StGB i. a. unter der Rubrik „Schuld" berücksichtigt werden. In Grenzfällen („erfolgreiches Wahndelikt") muß man jedoch auch hier im Ergebnis auf die Adäquanztheorie zurückgreifen; vgl. *Lorenz*, Der Maßstab des einsichtigen Menschen, Diss. Mchn 1964 mwN.

[329] *v. Caemmerer* (Kausalzusammenhang S. 12) betrachtet allerdings „alle" Versuche, durch Aufstellung eines besonderen Begriffs jur. Kausalität, der Schadensersatzhaftung vernünftige Grenzen zu ziehen, als gescheitert.

[330] *Jacobi*, Jher. Jahrb. 4, 159, 183; *Jakobs* S. 66; *Moser* S. 191.

[331] *Schulz* S. 443; *Jakobs* S. 64 f., 123 f.; *Moser* S. 191.

[332] Kausalzushg. S. 11.

[333] Festschr. Rabel S. 385.

[334] a.a.O. S. 386.

Die generalklauselartige Formulierung eines Zwecks, die dem Richter Spielraum bei der Entscheidung des Einzelfalles läßt, ist nicht so problematisch, wie es zunächst scheinen mag. Die Adäquanztheorie arbeitet bei der Bestimmung des zu ersetzenden Schadens seit langem so[335] und selbst bei der Äquivalenztheorie ist es, wie erörtert, nur theoretisch und selbst da nur scheinbar anders. Auch Vorteilsausgleichung, die sog. hypothetische Kausalität, die unkontrollierbare Abgrenzung sog. unmittelbarer und mittelbarer Schäden, der Rechtswidrigkeitszusammenhang und das mitwirkende Verschulden (§ 254 II BGB) sind „Einbruchsstellen" einer am Schutzzweck der verletzten Norm orientierten wirtschaftlichen Betrachtungsweise in den im Kern leider auch von *Mertens* wieder vertretenen kausalistischen Schadensbegriff; sie korrigieren nicht nur, wie *Mertens*[336] meint, Grenzbereiche, sondern sind geeignet, den ganzen herkömmlichen Schadensbegriff als Fiktion zu entlarven.

In der anglo-amerikanischen Rechtsprechung, wo mit Ausnahme der eher als Richtlinien zu wertenden tracing rules generelle Theorien zur Bestimmung des Gegenstandes der Herausgabepflicht noch heute fehlen, hat es wohl kaum je echte Schwierigkeiten deswegen gegeben[337]. Sie treten auch im deutschen Recht meist erst dort auf, wo ein ins Uferlose weisendes Kausaldogma nach Einschränkungen verlangt.

Läßt man sich vom Zweck der Gewinnhaftung leiten, nach welchem jeder, aber auch nur der „mit" fremdem Vermögen erzielte Gewinn (bzw. die wesensgleiche Ersparnis) herauszugeben sind, so lassen sich bei wirtschaftlicher Betrachtungsweise wohl die meisten Fälle ohne Schwierigkeiten lösen.

Gebraucht jemand eine fremde Sache (Kfz., Wohnung), so haftet er auf angemessenen Mietzins, „gebraucht" er die Sache dadurch, daß er sie an einen Dritten vermietet, so haftet er auf den erzielten Mietzins, jedoch mindestens auf den angemessenen Mietzins. Erschleicht jemand den Eintritt zu einer Theatervorstellung oder Trambahnfahrt, so hat er Eintritts- oder Beförderungsentgelt nachzuentrichten. Verfeuert jemand privat oder in seinem Betrieb fremde Kohlen, so hat er den Wert der Nutzung, d. h. i. a.[338] den Wert der Kohlen zu ersetzen. Die

---

335 Vgl. statt vieler die Ausführungen von *Mertens* (S. 206 f.) zur Handhabung der Adäquanztheorie.

336 *Mertens* S. 171.

337 Die praktische Berechnung des tatsächlich erzielten Gewinns wird im Regelfalle einfacher sein als die Berechnung eines Schadens. Zweifellos wird auch die Feststellung des Gewinns gelegentlich Schwierigkeiten machen. Das ist aber weder ein Grund für die Ablehnung der Gewinnhaftung noch für die Einführung komplizierterer Theorien; zur Situation im anglo-am. Recht vgl. oben S. 62 f.

338 Anders, wenn der Wert der Kohlen höher ist als der konkrete Gebrauchswert, wenn der Eingreifer also mit demselben Erfolg billigere Kohlen

schon merkwürdig anmutende Frage, ob der Gewinn aus dem auf Grund Trambahnfahrt (condicio sine qua non) ermöglichten Geschäftsabschluß oder der Gewinn aus dem mit fremden Kohlen in Gang gehaltenen Fabrikationsunternehmen[339] herauszugeben ist, taucht bei wirtschaftlicher Betrachtung nicht erst auf und braucht daher nicht mit komplizierten und zudem unschlüssigen „Korrekturen", die die Aufgabe des Kausalprinzips verdecken, „ausgeschlossen" zu werden[340].

Was bei materiellen Gütern gilt, gilt entsprechend bei der Benutzung immaterieller Rechtsobjekte. Jemand verkauft ein ihm zur Geheimhaltung anvertrautes fremdes Geheimnis an eine Zeitung oder späht sittenwidrig unpatentierte Betriebsgeheimnisse des Gegners aus. Herauszugeben sind ein angemessenes Entgelt bzw. im ersteren Fall der Verkaufserlös.

b) Kombinationseingriffe[341]

Die Aufführung einer Oper kann zugleich das Urheberrecht des Librettisten wie des Komponisten verletzen, „so daß der Gewinn irgendwie verteilt werden muß"[342]. Der Eingriffserwerb kann aber auch auf der Verletzung eines fremden und zugleich auf der Benutzung eines eigenen Patents[343] oder auf der Verletzung von zwei verschiedenen Personen zustehenden Patenten beruhen[344]. Hat ein Unternehmer unter rechtswidriger Benutzung eines fremden Warenzeichens, hauptsächlich aber zufolge eigenen Kapitalaufwandes und eigener Geschicklichkeit einen Gewinn erzielt, so „müssen diese Gewinnfaktoren des Verletzers bis zu einem gewissen Grade mitberücksichtigt werden"[345].

Bei konsequenter Anwendung des Kausaldogmas müßte jeder Eingriff als Kombinationseingriff erscheinen, da immer auch die Tätigkeit des Eingreifers (neben der Benutzung fremder Rechtsobjekte) für den Erfolg „ursächlich" ist. Wenn *Schulz* die persönliche Tätigkeit des Eingreifers nur berücksichtigen will, „falls sie eine geldwerte war" (S. 33), so deutet das auf eine für seinen Ausgangspunkt inkonsequente rein wirtschaftliche Betrachtungsweise. Die Heraushebung der Kombinationseingriffe als Sondergruppe und die dort getroffene Feststellung, daß „dieser Kausalbegriff für uns nicht brauchbar" ist (S. 114), sind dafür der beste Beweis.

---

hätte nehmen können. Hier wird für den Wert der Kohlen nur im Wege des Schadensersatzes gehaftet, für den Gebrauchswert im Wege der Gewinnhaftung.

339 Vgl. *Jakobs* S. 23.

340 Vgl. *Moser* S. 195, 200 f.; nur „notwendige Bedingung" soll entscheiden.

341 Dazu *Schulz* S. 23, 102, 125, 361; *Moser* S. 194; *Jakobs* S. 124 f.

342 *Moser* S. 195; ferner *Schulz* S. 188.

343 Vgl. RGZ 156, 321.

344 Vgl. RGZ 126, 127; *Jakobs* S. 124.

345 *Moser* S. 195, 200; Schweizer BGE 35 II 660.

F. Schulz verkennt jedoch, daß seine Feststellung, wonach es unmöglich ist „den Ertrag auf die Ertragsfaktoren ursächlich zurückzuführen und zu verteilen“ (S. 110) nur unter dem Kausaldogma richtig ist. Er kommt daher in Analogie zur Regelung der Verbindung und Vermischung (§§ 946 f. BGB) zu dem Ergebnis, daß auch bei Kombinationseingriffen der Verletzte den ganzen Nettogewinn erhält, während der Eingreifer für seinen Beitrag nur mit einer angemessenen (Wert-)Vergütung abgefunden werden soll[346]. Damit erhält seine Theorie eine schwere Inkonsequenz, nämlich die untragbare Forderung, daß der Eingreifer mehr herausgeben muß als er „mit“ fremdem Vermögen erworben hat, nämlich auch den „Mehrwert“ seines eigenen Arbeits- und/oder Kapitalbeitrages. Gerade auch dies Ergebnis, dem *Jakobs* „nichts Besseres entgegenzustellen weiß“ (S. 126), dürfte wesentlich zur Ablehnung der Lehre von *Schulz* beigetragen haben.

Bei wirtschaftlicher Betrachtung und bewußter Außerachtlassung aller Kausaltheorien ist es aber durchaus möglich, den Eingriffserwerb in seine „Ertragsfaktoren“ oder „Beitragswerte“ zu zerlegen und entsprechend zu verteilen.

Verkauft A ein Auto des B, so ist der Erlös bei wirtschaftlicher Betrachtung nicht auf die Tätigkeit des A, sondern auf den Wert des Wagens zurückzuführen. Nur wenn A unter erheblichem Werbungsaufwand oder besonderem Geschick einen ungewöhnlich hohen Preis erzielt, wird man ihm für seine Tätigkeit einen Anteil am Mehrerlös zusprechen können. Ähnlich liegt es, wenn A unter hohem Arbeits- und Kapitalaufwand Maschinen herstellt, die Patente des B verletzen. Der Gewinn wird in dem Verhältnis aufzuteilen sein, wie der Wert des Patents zum Wert des Arbeits- und Kapitalaufwandes steht.

Man wird generell sagen können, daß nach der Auffassung des Verkehrs ein *Gewinn regelmäßig proportional auf den Wert der Ertragsfaktoren zurückzuführen* ist. Wertvolle Beitragswerte wirken sich in einer entsprechenden Beteiligung am Erfolg aus, weniger wertvolle und allgemein zugängliche dagegen nur minimal oder gar nicht. Elektrizität ist für einen Betrieb sicher lebensnotwendig, eine Beteiligung des E-Werks am Gewinn des Unternehmens aber ebenso sicher abzulehnen. Verarbeitet ein Juwelier einen fremden Edelstein zu einer Brosche, so wird man den Eigentümer auch über den Wert des Steines hinaus am Erlös der Brosche beteiligen. Betrug der Wert der Verarbeitung 100, der Wert des Steines 200 und der Erlös aus der Brosche 600, so ist folglich dieser Erlös zwischen Juwelier und Eigentümer im Verhältnis 1 : 2 aufzuteilen. Ähnlich verfährt auch die anglo-amerikanische Rechtsprechung[346a].

---

[346] S. 118; ebenso *Jakobs* S. 125 f.

[346a] Vgl. oben S. 65 f.

Wilburg[347] weist zutreffend darauf hin, daß die verhältnismäßige Verteilung des Erfolges nach den Beitragswerten in zahlreichen gesetzlichen Bestimmungen ihren Ausdruck gefunden hat[348]. Am besten dürfte sie sich u. E. mit der Gewinnverteilung im Gesellschaftsrecht vergleichen lassen: Die Gesellschafter einer Kapitalgesellschaft sind entsprechend ihrer Beteiligung am Gesellschaftskapital auch am Erfolg ihrer Gesellschaft beteiligt. Wir können uns der (übrigens nicht auf die Zuweisungstheorie gegründeten)[349] These *Wilburgs*, wonach der Eingriffsgewinn verhältnismäßig nach den Beitragswerten zu verteilen ist, demnach ohne weiteres anschließen.

Die Kritik von *Jakobs*[350] an der hier vertretenen Auffassung wäre allenfalls vom Standpunkt des Kausaldogmas richtig und ist mit diesem abzulehnen. Die Berufung auf nationalökonomische Theorien geht ebenfalls fehl, da es nicht um diese, sondern um Fragen der *rechtlichen* Zurechnung geht. *Jakobs*[351] und auch *Schulz*[352] ziehen aus der durchaus zutreffenden Feststellung, daß „naturwissenschaftlich" nicht zu ermitteln ist, „in welchem Verhältnis die Beitragswerte zu dem Gewinn tatsächlich auch beigetragen haben", die voreilige Schlußfolgerung, daß auch rechtlich keine Aufteilung nach den Beitragswerten erfolgen könne.

Das Recht als „Sollen" leitet sich aber bekanntlich nicht aus dem „Sein" ab. Es ist durchaus in der Lage, die Forderung nach einer gerechten (nicht kausalen) Verteilung des Gewinns durch *Setzung* eines Verteilungsmaßstabes durchzusetzen, ohne hierbei auf kausal-naturwissenschaftliche Theorien Rücksicht nehmen zu müssen. Wäre rechtliche Zurechnung vom Kausalzusammenhang abhängig, so wäre sie nirgendwo möglich, da Kausalität, wie erörtert, theoretisch eine fragwürdige Hypothese und praktisch nirgendwo verifizierbar ist.

Der vom Recht gesetzte Verteilungsmaßstab muß praktikabel sein. Das ist hier in der weit überwiegenden Zahl der Fälle, wo die Beitrags-

---

347 S. 128 f.

348 §§ 722, 743; zu ergänzen insbes. § 471; vgl. ferner RGZ 35, 75; 75, 361.

349 *Wilburg* erwähnt seine Zuweisungslehre nur in der Einleitung seiner Erörterungen zum Maß der Ansprüche (S. 122 f.), stützt seine Thesen jedoch, ohne die Zuweisungstheorie überhaupt zu erwähnen, auf die „wirtschaftliche Zurechnung nach den Grundsätzen des praktischen Lebens" (S. 131) und die „Auffassung des Lebens" (S. 134). Erst *v. Caemmerer* zieht aus der Zuweisungslehre die (allerdings auch naheliegende) Konsequenz, die Gewinnhaftung aus dem Bereicherungswert zu verbannen, da die Zuweisungstheorie nur die Haftung auf den Wert (nicht den Mehrwert) des Erlangten zulasse. Er rückt damit die Bereicherungshaftung wieder in den Bereich des Schadensersatzes, eine Konsequenz, die Wilburg mit derselben Zuweisungslehre gerade vermeiden wollte; vgl. auch *Wilburg* AcP 163, 346 f. und oben S. 130 f.

350 S. 124 f.

351 S. 125.

352 S. 110.

werte einen Verkehrswert haben, der Fall. Fehlt ein Verkehrswert (z. B. beim Verkauf eines privaten Geheimnisses an die Presse), so muß der Wert nach den Umständen und an Hand vergleichbarer Fälle gem. § 287 II ZPO geschätzt werden[353]. Im Beispielsfalle entspricht der Verkaufserlös dem Wert des Geheimnisses. Der Beitragswert des Eingreifers ist gleich Null, was der innere Grund dafür ist, in diesen und vergleichbaren Fällen keinen Kombinationseingriff anzunehmen. Völlig sichere Kriterien sind ebenso wenig möglich wie im Schadensersatzrecht, das dem Gegenstand nach ja nur Spiegelbild der Gewinnhaftung ist. „Ganz ohne das Ermessen des Richters ist", wie auch Jakobs gelegentlich bekennt[354], „eben nicht auszukommen."

Am Rande sei vermerkt, daß selbst *Schulz* den Gedanken des Beitragswertes verwendet, und zwar bei Veräußerung fremder und eigener Gegenstände zu einem Gesamtpreis (S. 383) bzw. bei Veräußerung fremder, verschiedenen Personen „gehörender" Gegenstände zu einem Gesamtpreis (S. 23 f.). Hier sei § 471 BGB analog anzuwenden „und demnach der Kaufpreis nach dem Verhältnis des Wertes der Sachen an die verschiedenen Eigentümer zu verteilen" (S. 383). Während schließlich *Schulz* die geldwerte Tätigkeit des Eingreifers noch lediglich mit einer (Wert-)Vergütung abfinden wollte (S. 34), kommt *Jakobs* im Ergebnis auch hier zu einer Beitragswerttheorie: „Dem Eingreifer verbleibt ein Gewinn nur insoweit, als er dem Geldwert seiner Tätigkeit entspricht" (S. 132). *Jakobs* stellt allerdings nicht unmittelbar auf den Mehrwert der Arbeitsleistung ab, sondern auf die „Gewinnmöglichkeiten", die der Eingreifer ohne den Eingriff realisiert hätte.

c) Der Anspruch auf „Angemessene Vergütung"

Wilburg hat der verhältnismäßigen Verteilung des Erfolges den Gedanken eines angemessenen Entgelts „zur Seite" gestellt, ohne das Verhältnis dieser Gesichtspunkte zueinander zu klären[355]. Es wäre unrichtig daraus zu schließen, daß ein derartiger Anspruch, wie *Moser*[356] gemeint hat, unabhängig neben den Gewinnherausgabeanspruch tritt. Der Anspruch auf angemessenes Entgelt (ortsübliche Vergütung, Lizenzgebühr, Mietzins etc.) ist vielmehr mit der Gewinnherausgabe wesensgleich. Man könnte sagen, das ersparte Entgelt ist der regelmäßige Minimalgewinn, den die Ausnutzung fremder Rechtsgüter mit sich bringt[357].

Die Zubilligung eines angemessenen Entgelts ist also lediglich eine Form der Gewinnberechnung, die auch die Herausgabepflicht hinsichtlich

---

353 Vgl. BGH GR 62, 261.

354 S. 131.

355 Vgl. jetzt AcP 163, 350 f.

356 S. 221.

357 Auf diesem Gedanken beruht auch § 557 BGB, der fälschlich ins Schadensrecht eingeordnet wird; *Schmidt-Futterer* NJW 62, 471.

weiterer, „positiver“ Gewinne nicht ausschließt, jedoch darauf angerechnet werden muß. Beweismäßig steht der Verletzte, wenn er das angemessene Entgelt verlangt, besser, denn die Beitragswerte des Eingreifers spielen keine Rolle. Häufig läßt sich ein „positiver“ Gewinn des Eingreifers auch gar nicht feststellen, so bei privatem Ge- und Verbrauch fremder Sachen oder Arbeitsleistung in einem größeren Unternehmen[358]. Hier ist der Anspruch auf die Ersparnisbereicherung die regelmäßige und vor allem praktikable Abhilfe.

Keine Besonderheit der Ersparnisbereicherung ist die mögliche Beschränkung des Einwands vom Wegfall der Bereicherung. *Wilburg* hat ausgeführt, daß der Eingreifer insbesondere bei Wissentlichkeit des Eingriffs „das Risiko des Erfolges zu tragen habe, auch wenn die Verwendung für ihn nicht die Ersparnis eigener Güter bedeutet“[359]. Dieser Gedanke dürfte jedoch nicht nur für die Ersparnisbereicherung, sondern allgemein gelten und im Rahmen der §§ 818 f. ohne weiteres zu berücksichtigen sein[360].

Im Immaterialgüterrecht wird die angemessene Lizenzgebühr als eine Art „Schadensberechnung“ anerkannt[361]. Als Form des Schadensersatzes ist die Zuerkennung einer angemessenen Lizenzgebühr jedoch allenfalls dann möglich, wenn die Voraussetzungen des § 252 BGB erfüllt sind, wenn m. a. W. die „entgangene“ Lizenzgebühr „nach dem gewöhnlichen Lauf der Dinge ... mit Wahrscheinlichkeit erwartet werden konnte“. Wenn sich die Rechtsprechung unter Berufung auf Gewohnheitsrecht darüber hinwegsetzt, so handelt es sich in Wahrheit um die Anwendung von Grundsätzen der Gewinnhaftung. Das ist systematisch falsch und, da Verschulden verlangt wird, im Ergebnis zu eng. Im Urheber- und Persönlichkeitsrecht wird man allerdings darüber hinwegsehen können, da die „angemessene Lizenzgebühr“ gleichzeitig auch bereicherungsrechtlich zugebilligt wird[362].

C. Ergebnis

Zusammenfassend ist festzustellen, daß das deutsche Bereicherungsrecht bei richtiger Auslegung mit den Grundprinzipien des angloamerikanischen Gewinnhaftungsrechts übereinstimmt. Die für das anglo-amerikanische Recht getroffenen allgemeinen Feststellungen[363] gelten also auch für das deutsche Recht und brauchen hier nicht wiederholt zu werden. Statt dessen sei noch kurz auf das im Hinblick auf die Gewinnhaftung besonders umstrittene Wettbewerbsrecht eingegangen.

---

[358] *Wilburg* S. 136 Anm. 612.
[359] AcP 163, 357.
[360] Vgl. insbesondere die Vorschläge *Flumes*, Bereicherung S. 166 f.
[361] Vgl. BGHZ 20, 353 mwN.
[362] Vgl. BGHZ 15, 338; 20, 354.
[363] Vgl. oben S. 69 f.

Vierter Teil

Gewinnhaftung im Wettbewerbsrecht

Der BGH hat in dem eingangs erwähnten Fall (Handstrickverfahren)[1] die Frage, ob die gewinnbringende Verletzung wettbewerbsrechtlicher Vorschriften zur Gewinnherausgabe führt, offengelassen. In der Literatur haben sich insbesondere die Vertreter der Zuweisungstheorie gegen die Gewinnherausgabe ausgesprochen[2]. Die wettbewerbsrechtliche Spezialliteratur setzt sich dagegen überwiegend mit wechselnden, meist rechtspolitischen Begründungen und in verschiedenem Umfang für die Gewinnhaftung bei Wettbewerbsverstößen ein[3].

I. Zulässigkeit der Gewinnhaftung

Man könnte die Meinung vertreten, das UWG habe als Spezialgesetz mit der Zubilligung von Schadensersatz- und Unterlassungsansprüchen eine grundsätzlich alle weitergehenden Vorschriften ausschließende Regelung treffen wollen. Das wäre aber ein ebensolcher Formalismus, wie ihn bereits *Callmann*[4] mit guten Gründen der Rechtsprechung gegenüber Patent-, Gebrauchsmuster- und Warenzeichengesetz[5] vorgeworfen hat. Der Satz „lex specialis derogat legi generali" ist logisch sicher bestechend, praktisch aber nicht brauchbar, da er als reiner Zirkelschluß darüber hinwegtäuscht, daß Konkurrenzen nicht „logisch", sondern nur teleologisch, d. h. ausschließlich nur durch Auslegung zu lösen sind[6].

---

[1] BGH GR 60, 554.

[2] *Mestmäcker* JZ 58, 521; *v. Caemmerer*, Festschr. Rabel S. 396 f.; *Raiser* JZ 61, 465 (468); *Wilburg* (S. 44) hat die Gewinnhaftung bemerkenswerterweise bejaht, ohne das allerdings mit seiner Zuweisungstheorie in Einklang zu bringen. Für Eingriffskondiktion *Schulz* S. 218 f.; *Jakobs* S. 116 f.; *Moser* S. 267 f.; RGRK-*Scheffler* § 812, 33.

[3] *Lobe* I 359; *Callmann* S. 86; *Rosenthal* S. 96 f.; *Reimer*, Wettbewerbsrecht S. 858 f.; *Baumbach-Hefermehl*, Einl. zu § 1 UWG Anm. 286 f.; ferner RGRK-*Scheffler* § 812 Anm. 3.

[4] *Callmann* S. 123; vgl. RGZ 108, 6.

[5] Vgl. jetzt aber BGHZ 34, 320 (Vitasulfal).

[6] Der Ansicht *Fikentschers* (S. 231), Kollisionen seien durch Güterabwägung, Konkurrenzen aber auf logischem Wege zu lösen, kann nicht gefolgt werden. Beide Konflikte sind ihrem Wesen nach Konkurrenzen. Ein Unterschied ergibt sich erst bei den angeordneten Rechtsfolgen, die im Kollisionsfall divergieren, bei der Konkurrenz aber auch konvergieren können. *Fikentscher* selbst wertet, wenn er sich zwischen den angeblich logischen Möglichkeiten

Im Wege der Auslegung ergibt sich aus dem UWG nichts, was gegen die Gewinnhaftung sprechen könnte. Zwar ist ein solcher Anspruch im Gesetz nicht erwähnt. Das spricht aber nicht gegen, sondern gerade für die Anwendbarkeit der allgemeinen bürgerlich-rechtlichen Vorschriften, da sich die Ausschaltung „an sich" anwendbarer Regeln unzweideutig aus dem Gesetz ergeben müßte. Die Gewinnhaftung widerspricht auch nicht dem Sinn und Zweck des UWG, sondern würde, wie viele Beispiele lehren, eine dringend ausfüllungsbedürftige Lücke im Rechtsschutz gegen unlautere Wettbewerber schließen und damit dem Zweck des Gesetzes in vielen Fällen erst den erforderlichen Nachdruck verleihen.

Die Bedenken *Reimers*[7], eine vom Verschulden unabhängige Gewinnhaftung „widerspreche unbedingt dem Geist der in allen einschlägigen Gesetzen getroffenen Schadensersatzregelung", verkennen den grundsätzlichen Unterschied zwischen Schadensersatz und Gewinnhaftung. Zusammen mit seinen Bedenken gegen die lange bereicherungsrechtliche Verjährungsfrist (30 Jahre; § 195 BGB) sind sie darüber hinaus auch nicht spezifisch wettbewerbsrechtlich relevant, sondern stellen die §§ 812 f. BGB selbst in Frage, die nun einmal vom Gesetzgeber verbindlich erlassen sind. Hier könnte, wie *Orth*[8] einmal zutreffend bemerkt, allenfalls de lege ferenda etwas geändert werden, was aber durchaus nicht wünschenswert ist. Ferner ist es nicht etwa unbillig, den schuldlosen Verletzer zur Auskunftserteilung heranzuziehen. Man muß von den Gerichten erwarten können, daß sie hier zum Schutz gegen Geschäftsspionage mit der notwendigen Umsicht und Sorgfalt vorgehen. *Orth*[9] hat mit seinem Vorschlag, die Nachprüfung durch beeidigte Bücherrevisoren vornehmen zu lassen, den richtigen Weg gewiesen. Sie können mit dem Ergebnis als sachverständige Zeugen gehört werden, ohne dem Gegner detaillierten Einblick zu erlauben. Der praktisch wohl nicht besonders bedeutsamen Gefahr des „schikanösen Zuwartens" durch den Verletzten, der ruhig zusieht, bis der Eingreifer einen möglichst großen Gewinn erzielt hat, dürfte schließlich mit einer entsprechenden Anwendung von §§ 826, 254 BGB[10] oder auch der Annahme einer Zustimmung wohl nicht allzu schwer zu begegnen sein. Im übrigen ist auch dies ein allgemeines bereicherungsrechtliches Problem, das selbst bei schuldhaften Eingriffen in gleicher Form auftreten könnte, hier aber noch niemals zu ernsthaften Bedenken geführt hat.

---

der Alternativität, Kumulation, Exklusivität und Subsidiarität entscheidet. Im Kollisionsfall kommt angesichts der divergierenden Rechtsfolgen allerdings nur Alternativität in Frage; vgl. auch *Moser* SJZ 46, 17.

7 Wettbewerbsrecht S. 861.

8 S. 77.

9 S. 76.

10 Vgl. *Orth* S. 73.

II. Schutzgüter des Wettbewerbsrechtes

Bereits in den vorangegangenen Erörterungen wurden gelegentlich Beispiele aus dem Wettbewerbsrecht diskutiert und als brauchbare Grundlagen der Gewinnhaftung erkannt. Die Frage ist, ob *jeder* gewinnbringende Wettbewerbsverstoß zur Gewinnherausgabe verpflichtet und wenn nein, wo die Grenzen liegen.

Eine allgemeine Gewinnhaftung bei jedem Wettbewerbsverstoß ist nur möglich, wenn das gesamte UWG konkret identifizierbaren individuellen Rechtsgütern dient, die durch den Wettbewerbsverstoß als „benutzt", „ausgenutzt" oder „verwertet" angesehen werden könnten. Das eine ist Frage nach dem Schutzgut des UWG, das andere wirtschaftlich zu beurteilende Tatfrage. Über das Schutzgut des UWG hat sich bis heute keine einheitliche Meinung herausbilden können.

Insbesondere *Lobe*[11] hat die Auffassung vertreten, das Wettbewerbsrecht schütze das „absolute" Recht des einzelnen auf freie wirtschaftliche Betätigung. Das RG[12] lehnte jedoch die Anerkennung eines „allgemeinen" Persönlichkeitsrechtes, wie es *Lobe* vorschwebte, ab. Die Persönlichkeit sei nur in *einzelnen* Beziehungen (Ehre, Name, eigenes Bild etc.) geschützt. Das war, wenn man sich auch über den jeweiligen Umfang des Persönlichkeitsschutzes streiten mag, gegenüber dem nunmehr vom BGH im Schachturteil[13] postulierten „allgemeinen Persönlichkeitsrecht", das doch wieder der Konkretisierung und Einschränkung bedarf, sicher der richtigere Standpunkt.

Callmann hat zutreffend bemerkt, daß der aus römischrechtlicher Begriffsjurisprudenz stammende Begriff des absoluten Rechts seinen Sinn verloren hat. Er stellt das Unternehmen mit seinen Ausstrahlungen in den Mittelpunkt des wettbewerbsrechtlichen Schutzes[14], ohne dabei auf die vom RG[15] in den Vordergrund gestellte „Absolutheit" besonderes Gewicht zu legen. *Callmann* war damit auf dem richtigen Weg.

Neuere Untersuchungen zum Schutzgut haben *Fikentscher* und *Kraft* angestellt[16].

Fikentscher meint: „Das Schwergewicht des Rechts gegen den unlauteren Wettbewerb liegt in der Verhütung von Handlungen, die den

---

[11] I S. 157 f., 168, 205 ff., GRUR 1931, 113; ferner *Gierke* S. 713, 716; *Kohler* S. 23; *Rosenthal* S. 1.

[12] RGZ 113, 414; JW 31, 1909.

[13] BGHZ 13, 334 (338).

[14] S. 31 ff.

[15] RGZ 56, 275; 58, 30; 64, 156; 73, 111; 132, 315; JW 32, 731, 1725; vgl. auch die instruktive Übersicht im Starkstromkabel-Urteil BGHZ 29, 65 mit Anm. *H. Lehmann* NJW 59, 670; *Hauss* LM Nr. 16 zu BGB § 823 (Ai).

[16] *Fikentscher*, Wettbewerb und gewerbl. Rechtsschutz, München und Berlin 1958; *Kraft*, Interessenabwägung und gute Sitten im Wettbewerbsrecht, München und Berlin 1963.

guten Sitten im Wettbewerb zuwiderlaufen" (S. 228). Der unlautere Wettbewerb sei

„nicht die Negation des Wettbewerbstatbestandes, sondern die Verbindung dieses Tatbestandes mit einer Wertung, die nicht aus dem Wettbewerbsrecht unmittelbar, sondern aus dem allgemeinen bürgerlichen Recht, nämlich aus dem Begriff der guten Sitten entnommen" sei (S. 105).

Fikentscher verkennt nicht, daß das Wettbewerbsrecht „teilweise" auch dem Schutz der Wettbewerbsfreiheit und dem Schutz des Unternehmens dient. Das „ist aber nicht die eigentliche Aufgabe des UWG" (S. 228), ist mehr oder weniger nur zufälliger Reflex eines Rechtssystems, das

„ein Rechtsgut (schützt), das neben dem Wettbewerb und unabhängig von ihm besteht, nämlich die guten Sitten" (S. 105).

„Das metajuristische Unwerturteil über den unlauteren Wettbewerb" stamme „aus den Bereichen allgemein zugänglicher Moral" (S. 111).

Was allerdings unter „Moral" und „Sittengesetz" im Wettbewerbsrecht zu verstehen ist, hat noch niemand überzeugend klären können. *Fikentscher* stellt daher auf die „Auffassungen bestimmter Kreise" ab, die es „am ehesten wissen müßten". Hierher rechnet er „das sittlich-rechtliche Bewußtsein des gesamten wettbewerbtreibenden Volksteils" einschließlich der „vom Wettbewerb betroffenen Verbraucher" (S. 112)[17].

Wäre diese Auffassung *Fikentschers* richtig, müßte man Gewinnhaftung bei Wettbewerbsverstößen allgemein verneinen, denn die Verletzung von „Moral" und „Sittengesetz" ist offensichtlich nicht Ausnutzung eines fremden identifizierbaren Rechtsobjekts.

Kraft (S. 116 f.) hat jedoch im Anschluß an *Simitis*[18] nachgewiesen, daß in gerichtlichen Entscheidungen —

„wie energisch der Wortlaut der Begründung auch immer auf das sittlich-rechtliche Bewußtsein oder das Anstandsgefühl aller billig und gerecht Denkenden verweisen mag — so gut wie nie Grundsätze der Moral, ethische Maßstäbe als Grundlage der Beurteilung eines wettbewerblichen Verhaltens herangezogen wurden[19]."

---

[17] *Fikentschers* Verständnis der guten Sitten entspricht der Rechtspr. (vgl. BGH NJW 55, 1274) und der h. L.; vgl. *Erman-Westermann* § 138, 5; *Larenz* II § 66 III; *Pal.-Danckelmann* § 138, 1; kritisch *Simitis* S. 64 f.; *Kraft* S. 102 f., 128 („Interessenabwägung"); *Steindorff*, Summum jus S. 63 f. („Rechtsschöpfung"). Gegen die guten Sitten als selbständiger Wert spricht u. E. auch die im Grunde utilitaristische Funktion der Werte. Welches menschliche Bedürfnis, außer reinen Affektionsinteressen, kann durch den Schutz der guten Sitten befriedigt werden? Wie unkonsequent die h. M. ihr eigenes Verständnis der guten Sitten behandelt, ergibt sich im übrigen schon daraus, daß noch niemals eine Umfrage zur Feststellung des Anstandsgefühls aller billig und gerecht Denkenden veranstaltet wurde (vgl. aber *Rheinfels* WuW 57, 787, der tatsächlich einen Versuch in dieser Richtung unternimmt). Auch die Auslegung der „guten Sitten" wurde nicht, wie es konsequent wäre, als Tatfrage, sondern als revisibles Recht behandelt.

[18] *Simitis* S. 12, 14, 47 f.

[19] Vgl. BGH GRUR 1959, 138; GRUR 1957, 363 (Sunil); BGHZ 23, 365 (Suwa).

Nicht die Aufrechterhaltung der guten Sitten als solche, sondern der Schutz konkreter, insbesondere wirtschaftlicher Interessen sei Aufgabe des Wettbewerbsrechtes. Der insbesondere in § 1 UWG verwendete Begriff der guten Sitten sei Blankettnorm, d. h. nicht Selbstzweck, sondern gesetzestechnisches Mittel zur möglichst elastischen Verwirklichung des Interessenschutzes (S. 203 f.), ein Schutz, der, wie *Kraft* meint,

„zwar gelegentlich — aber keineswegs notwendig — mit dem Schutz von subjektiven Rechten und ihnen gleichgestellten Rechtsgütern zusammentrifft" (S. 208).

Krafts Verdienst ist es zweifellos, die Einseitigkeit der Theorien von Unternehmens-, Persönlichkeits- und Lauterkeitsschutz aufgezeigt zu haben. Seine Untersuchung (bes. S. 209 f.) zeigt, welche Vielzahl nicht über einen Kamm zu scherender Interessen bei der Beurteilung eines so komplexen Systems, wie es das Wettbewerbsrecht nun einmal ist, eine Rolle spielen. Der von *Kraft* in den Vordergrund gestellten Frage, ob durch das UWG nur subjektive Rechte oder auch Interessen geschützt werden, kann u. E. jedoch keine Bedeutung beigemessen werden. Interessen schützt, wie *Kraft* selbst sagt (S. 203), jedes Gesetz. Normen sind nichts anderes als das Ergebnis einer Interessenabwägung, die Unterscheidung subjektiver Rechte und Interessen folglich kaum mehr als eine Frage der Terminologie[20].

Unergiebig ist aus ähnlichen Gründen auch die Auffassung *Hefermehls*[21], der das Kennzeichen unlauteren Wettbewerbs im Verstoß gegen „objektive Verhaltensnormen" erblickt. Sie geht zurück auf die Lehre, die das Kriterium der Rechtswidrigkeit im Verstoß gegen derartige objektive Verhaltensnormen findet[22]. Diese Theorie mag für die Begründung der Rechtswidrigkeit richtig sein. Für die Frage nach dem Schutzgut kann daraus allenfalls abgeleitet werden, daß es sich nicht unbedingt um ein „subjektives" Recht handeln muß. *Hefermehl* läßt jedoch außer acht[23], daß sich hinter der formalen Suche nach einem Rechtsgut oder subjektiven Recht des Wettbewerbsrechtes die

---

20 Richtig *R. Isay*, Das Rechtsgut des Wettbewerbsrechts (1933), der im subjektiven Recht nur die Zusammenfassung einer größeren Zahl von Einzelnormen sieht. Zum rechtlich geschützten Interesse besteht mithin nur ein Gradunterschied, der dadurch noch bedeutungsloser wird, als nach *Isay* (im Anschluß an *Heck*) aus diesem Begriff allein keine Rechtsfolgen abgeleitet werden können; ebenso *Bucher* a.a.O. passim.

21 *Baumbach-Hefermehl*, Einl. UWG Anm. 40; *Hubmann*, Gewerblicher Rechtsschutz § 4 I.

22 *v. Ferneck*, Die Rechtswidrigkeit, Jena 1903 S. 382; *Zippelius* AcP 157, 390 f.

23 Vgl. *Hefermehl*, Festschr. Nipperdey S. 287 Anm. 4: „der wahre Grund für die Anerkennung eines Individualrechts" sei der Versuch, bei objektiver Rechtswidrigkeit zu einem Unterlassungsanspruch (analog § 1004 BGB) zu gelangen.

materielle Frage nach Sinn und Zweck der Rechtsvorschriften verbirgt, deren Einordnung in diese Kategorien letztlich eine untergeordnete Frage der Rechtssystematik ist. Der Frage nach dem Schutzgut allein mit dem Hinweis zu begegnen, Wesen des Wettbewerbsrechtes sei ein Verstoß gegen objektive Verhaltensnormen, ist die rein positivistische Erhebung des Gesetzes zum Selbstzweck.

Richtig scheint nach alledem eine den individual- und sozialrechtlichen Aspekt des Wettbewerbsrechts verbindende Betrachtungsweise zu sein, wie sie namentlich *Böhm*[24] vertreten hat. Übergeordneter Zweck des UWG ist hiernach die Sicherstellung des Leistungswettbewerbs als einer im öffentlichen (hauptsächlich Verbraucher-)Interesse bestehenden Institution[25]. Diese sozusagen über dem Gesetz stehende ratio legis muß von den konkreten rechtlich relevanten Schutzgütern getrennt werden, die durch das Gesetz unmittelbar geschützt sind. Ihr Schutz dient mittelbar der angestrebten Verwirklichung der Wettbewerbsordnung.

Um das Postulat des Leistungswettbewerbs durchzusetzen, schafft das Gesetz nicht nur ein den einzelnen schützendes individuelles Rechtsgut, wie das Recht auf Handlungsfreiheit oder wirtschaftliche Betätigung, sondern geht die verschiedensten Wege, die nicht alle auf einen Nenner zu bringen sind, zumal die Generalklausel des § 1 UWG zu berücksichtigen ist. Der Schutz individueller Rechte spielt, wie schon aus den zahlreichen Schadensersatz- und Abwehransprüchen zu ersehen ist, eine wesentliche Rolle[26].

Das UWG ist ein beispielhafter Fall für die von *Raiser*[27] aufgezeigte Möglichkeit des Schutzes einer Institution öffentlichen Interesses durch Zubilligung individueller Ansprüche. Indem das Gesetz dort, wo privates und öffentliches Interesse parallel laufen, individuelle Ansprüche gewährt, stellt es die Verfolgung privater Interessen in den Dienst öffentlicher Belange. *Steindorff*[28] hat diese Erscheinung mit dem Begriff der „Zuständigkeitsverteilung“ umschrieben.

Diese Auffassung beinhaltet eine bedeutsame Auslegungsrichtlinie. Der Schutz von Einzelinteressen ist an den Erfordernissen des Leistungs-

---

24 *Böhm*, Wettbewerb S. 284 f.; ferner *Nipperdey*, Wettbewerb und Existenzvernichtung KartR S. 128 f. (1930); *Hug*, Unlauterer Wettbewerb S. 12/13; *v. Castelberg*, Grundlagen des Schweizerischen Wettbewerbsrecht S. 77 ff.

25 Der Leistungswettbewerb ist als öffentliches Rechtsgut nicht Selbstzweck, sondern Mittel der Wohlstandsmehrung; *Günther* MA 1959, 272. Hierdurch wird letztlich das Individuum begünstigt. Vgl. zu dieser „Subjektsbezogenheit der Rechtsordnung“ *Bucher* S. 6 f., 19.

26 Darauf, daß ein großer Teil der Normen (etwa §§ 3—12 UWG) unmittelbar dem Allgemeininteresse dienen, sei hier nur verwiesen; *Hubmann*, Gewerbl. Rechtsschutz § 50.

27 *Raiser*, Summum jus, summa injuria S. 159.

28 *Steindorff*, Zweckmäßigkeit S. 15.

wettbewerbs zu messen, im Kollisionsfall also u. U. gegen das Individualinteresse zu entscheiden[29]. Die Ausschaltung des Konkurrenten, dessen Leistungen hinter denen seines Gegners zurückbleiben, ist nicht nur nicht unrechtmäßig, sondern letztlich der Sinn des wettbewerblichen Selektionsprozesses[30].

Rechtswidrig ist der Vernichtungswettbewerb i. a. nur, wenn die Ausschaltung des Gegners mit Mitteln erzwungen werden soll, die nicht in der Leistungsüberlegenheit, sondern in wettbewerbsfremden Mitteln, insbesondere bloßer finanzieller Machtüberlegenheit wurzeln (z. B. Behinderungswettbewerb durch Boykott, Liefersperren, Ausnutzung von Monopolstellungen, Preisschleuderei).

„In diesem Fall ist die Verdrängung des Mitbewerbers vom Markt nicht eine unvermeidliche, wesenseigene Folge des Wettbewerbs, sondern im Gegenteil Folge der Ausschaltung des Mitbewerbers vom Leistungswettbewerb[31]."

In der Suwa-Entscheidung[32] verbietet der BGH die kostenlose Verteilung von Warenproben eines Waschmittels als „sittenwidrig", weil sie den Bestand des Wettbewerbs gefährde. Ausdrücklich heißt es, durch die übermäßige Verteilung solcher Proben drohe die Gefahr,

„daß kleinere und mittlere Mitbewerber auf ihren bisherigen Absatzgebieten vom Wettbewerb auf nicht unerhebliche Zeit mangels eines Bedarfs der Verbraucherschaft ausgeschlossen werden ... Wird ein Mitbewerber auf diese Weise vom Markt gedrängt, so widerspricht ein solches Verfahren dem Sinn und Zweck des geschäftlichen Wettbewerbs ... Die Gefahr einer Beeinträchtigung des freien Leistungswettbewerbs (!) besteht umso mehr, als ... der Bedarf nach oben hin begrenzt ist."

Indem die Gerichte als ratio legis immer wieder, oft stillschweigend, die Sicherstellung des Leistungswettbewerbs anerkannt haben, haben sie im Bereich der Mittelentscheidung, wie *Rinck*[33] ausführt, regelrechte Wirtschaftspolitik getrieben, und zwar, wie hinzuzufügen ist, völlig zu Recht, da ihnen diese Funktion vom Gesetzgeber durch Einfügung einer Generalklausel (§ 1 UWG) übertragen wurde[34].

---

29 Vgl. die entsprechenden Lösungsvorschläge für das Vertragsrecht, namentlich das Recht der AGB, wo mit der Argumentation, die Privatautonomie sei nicht Selbstzweck, sondern Funktion gerechten Interessenausgleichs, die Vertragsfreiheit beschränkt wird; *Flume*, Rechtsgeschäft und Privatautonomie, Festschr. 100 Jahre DJT.

30 Vgl. auch die Besprechung des Tankstellenurteils (RGZ 134, 342) bei *Kraft* S. 240 f.

31 *Baumbach-Hefermehl* UWG § 1 Anm. 154.

32 BGHZ 23, 365, 371, 373; ferner GR 57, 363 (Sunil); BGHZ 19, 392 (Anzeigenblatt); *Simitis* S. 47 f.

33 *Rinck*, Festschr. für OLG Celle S. 164 f.

34 Vgl. *Esser* (Schuldrecht S. 100) zu § 242: Die Ermächtigung zur Rechtsfortbildung und Rechtsneubildung werde über eine im „Zwielicht von Billigkeitserwägungen liegende Zwischenstation" verwirklicht; ferner *Radbruch*, Einführung in die Rechtswiss. 9. Aufl. 1952 S. 243: Rechtsanwendung sei nicht nur „Nachdenken eines Vorgedachten, sondern zu-Ende-Denken eines Gedachten" (also im Prinzip schöpferisch).

Allen dabei herangezogenen Gesichtspunkten nachzugehen ist hier nicht der Raum. Es genügt die Feststellung, daß weder die Grundsätze der Moral und Ethik, noch etwa durch Umfrage zu ermittelnde Sitten und Gebräuche ausreichen, sondern daß rechtliche, interessenabwägende Untersuchungen den Schwerpunkt der Auslegung bilden müssen. Der Richter muß sich ganz konkret fragen, wie der Gesetzgeber nach seinen erkennbaren Intentionen den gesetzlich nicht ausdrücklich geregelten Fall entschieden haben würde, hat also m. a. W. nach einer von ihm selbst gebildeten, im Wege des Weiterdenkens gefundenen Norm[35] zu entscheiden, u. U. in Widerspruch zu einzelnen gesetzlichen Normierungen. Hierbei sind alle irgendwie relevanten Umstände, die Gesamtrechtsordnung, der ordre public[36], in erster Linie aber die Sicherstellung des Leistungswettbewerbs zu berücksichtigen.

Die hier wichtige Schlußfolgerung ist die, daß es *mehr als nur ein Schutzgut* des Wettbewerbsrechts gibt und daß die geschützten Güter sehr verschiedener Art sein können. Sie sind nicht einmal vollzählig feststellbar, da auf dem Wege über das Sittenwidrigkeitsurteil immer neue Schutzpositionen in das Wettbewerbsrecht eingeführt werden können. Bei jeder gewinnbringenden Wettbewerbsverletzung ist daher sorgfältig zu prüfen, ob der Gewinn durch Ausnutzung eines rechtlich geschützten fremden identifizierbaren Gutes erzielt wurde. Erst wenn das zu bejahen ist, ist Gewinnhaftung möglich.

III. Einzelne Tatbestandsgruppen

Die Vielgestaltigkeit des Wettbewerbsrechts und die ständig erweiterungsfähige Zahl von Fällen, die unter § 1 UWG subsumiert werden können, lassen im Rahmen dieser Untersuchung keinen Raum für eine ins Einzelne gehende Behandlung aller Wettbewerbsverstöße. Stattdessen soll hier nur ein Überblick über bestimmte Fallgruppen gegeben werden, in denen die Gewinnhaftung im allgemeinen zu bejahen oder zu verneinen ist.

Für diesen Zweck sind die bisher üblichen Einteilungen der Wettbewerbsverstöße, die im wesentlichen an den Unzulässigkeitsgründen orientiert waren[37], nicht geeignet, da es nicht auf die Zulässigkeit der Handlung als solcher, sondern auf den Charakter des verletzten Interesses ankommt.

Sinnvoller ist eine Einteilung der Wettbewerbsverstöße nach ihrer Angriffsrichtung.

---

[35] Diese Normbildung ermöglicht das Prinzip der stare decisis, auf dessen Bedeutung für die Rechtssicherheit *Steindorff* (Summum jus S. 64) hingewiesen hat.

[36] Zu diesem Begriff *Simitis* S. 170 f.

[37] Vgl. etwa die Einteilung *Nipperdeys* in Leistungs- und Behinderungswettbewerb (Existenzvernichtung S. 16), die hier nur der Terminologie nach übernommen wird.

a) Das ermöglicht von vornherein die Ausschaltung aller der Fälle, in denen kein individuelles Interesse verletzt, sondern allein gegen die Interessen der Allgemeinheit oder einer unbestimmten Vielzahl von Beteiligten verstoßen wird.

Hierher gehört der *reine Täuschungswettbewerb*, namentlich die Irreführung der Kundschaft durch unwahre Angaben hinsichtlich Güte, Beschaffenheit, Preiswürdigkeit und Ursprung der angebotenen Leistungen, die Anmaßung von Titeln und Auszeichnungen sowie die sonstigen Fälle der §§ 3—12 UWG. Ein Gewinnherausgabeanspruch verbietet sich in diesen Fällen, weil mit Ausnahme der betroffenen Kunden[38], keine individuell-identifizierbaren Interessen verletzt, geschweige denn ausgenutzt werden, mithin von einem Gewinn auf Kosten irgendwelcher Rechtspositionen der Konkurrenten nicht gesprochen werden kann.

b) Eine zweite Fallgruppe, die auszuschließen ist, sind die Fälle *reinen Behinderungswettbewerbs*, z. B. durch Anschwärzung, Boykott, Preisunterbietung, Marktverstopfung, persönliche Angriffe, Bestechung etc. In diesen Fällen werden zwar individuelle Interessen bestimmter Konkurrenten verletzt. Erschöpft sich aber die Wettbewerbshandlung in der bloßen — rein deliktischen — Verletzung fremder Interessen, ist sie rein destruktiv, so ist das nicht die für die Gewinnhaftung erforderliche Ausnutzung fremder Rechtspositionen. Der Verletzer tritt hier nicht eigenmächtig an die Stelle des Berechtigten, sondern verletzt ihn nur.

Auch wenn der Verletzer — etwa nach Verdrängung des Boykottierten vom Markt — seinen eigenen Absatz vergrößern kann, so ist dieser Vorteil zwar „zum Schaden" des Verletzten, nicht aber durch Ausnutzung von dessen ja bereits vernichteter Marktposition erzielt und folglich auch nicht „auf Kosten" des Verletzten erlangt. Hier zeigt sich, daß die Theorie vom Vermögensnachteil, die in diesen und ähnlichen Fällen eine Bereicherung „auf Kosten" des Verletzten annehmen müßte, auch zu weit gehen kann. Eine Bereicherung „durch unerlaubte Handlung"[39] führt also nicht, wie vielfach vertreten, generell, sondern nur dann zur Gewinnhaftung, wenn sie mit der Ausnutzung fremder Rechtspositionen verbunden ist. § 852 II ist u. E. also kein von den allgemeinen Vorschriften unabhängiger Tatbestand ungerechtfertigter Bereicherung[40].

---

38 Die betrogenen Kunden haben, allerdings erst nach erfolgreicher Anfechtung, die Leistungskondiktion: Wer sich freiwillig seines Vermögens begibt, kann es nach der gesetzlichen Risikoverteilung eben nur unter erschwerten Voraussetzungen zurückverlangen.

39 *v. Caemmerer*, Festschr. Rabel 394 f.; *Pal.-Gramm* § 852, 5.

40 Unentschieden BGH NJW 63, 2315; wie hier *v. Caemmer* a.a.O., der allerdings auf Grund der Zuweisungslehre wiederum zu einer zu engen Auffassung gelangt.

c) Übrig bleiben die Fälle, in denen der Verletzer durch den Wettbewerbsverstoß ein fremdes identifizierbares Rechtsgut ausbeutet. Entsprechend der erwähnten überinviduellen Funktion des Individualschutzes sind solche Handlungen i. a. nur dann verboten, wenn sie eine Gefahr für den Leistungswettbewerb darstellen[41]. Es handelt sich daher regelmäßig um Fälle des Behinderungs- und Täuschungswettbewerbs im Sinne der herkömmlichen Terminologie. Sie sind jedoch dadurch von den oben erwähnten Fallgruppen unterschieden, als sich die Wettbewerbshandlung nicht in einer bloßen Behinderung des Konkurrenten oder einer Täuschung der Abnehmer erschöpft, sondern *weitergehend sich ein rechtlich geschütztes Interesse des Verletzten zum eigenen Vorteil zunutze macht*[42].

Stellt man auf das Unternehmen mit seinen Ausstrahlungen als den wichtigsten Gegenstand wettbewerbsrechtlich geschützter Individualinteressen ab, so lassen sich als mögliche Ansatzpunkte der Gewinnhaftung die beiden Kategorien der Ausbeutung fremden Rufs und der Ausbeutung fremder Unternehmenswerte im engeren Sinne unterscheiden.

Ausbeutung fremden Rufs kann erfolgen durch jedwede Form der Herbeiführung einer Verwechselungsgefahr, durch Benutzung von Namen, Firma, Ausstattung oder sonstiger Bezeichnung eines anderen Unternehmens, ferner in den meisten Fällen des Schmarotzens an fremder Werbung[43], bei nachahmender und anlehnender Werbung, nicht aber bei vergleichender Reklame.

Ausnutzung fremder Unternehmenswerte ist insbesondere gegeben bei unbefugter Verwertung von Vorlagen und rechtswidriger Ausnutzung fremder Betriebsgeheimnisse gleich welcher Art, nicht dagegen bei unlauterem Abspenstigmachen von Angestellten, da die für den Eingreifer geleistete Arbeitskraft des abspenstigen Angestellten nicht mit derjenigen identifiziert werden kann, auf die der Verletzte Anspruch hat[44].

Spannen frühere Angestellte ihrem alten Unternehmer Kunden aus, so ist das grundsätzlich zulässig. Wenn der ehemalige Angestellte sich jedoch ohne Not überwiegend nur an die Kundschaft seines früheren

---

[41] Es ist daher fraglich, ob die Einteilung *Hefermehls* (*Baumbach-Hefermehl* § 1, 242 f.) nach dem Grund der Unzulässigkeit einer Wettbewerbshandlung, die „Ausbeutung" als besondere Kategorie verwenden kann; vgl. auch *Kraft* S. 272.

[42] Ausnahmsweise wird man das auch in Fallgruppe (b) annehmen können: A boykottiert erfolgreich den B und kann daher dessen Großabnehmer Y „übernehmen". B hat sich damit rechtswidrig eine konkrete Marktposition des A verschafft.

[43] *Baumbach-Hefermehl* § 1, 301.

[44] Vgl. oben S. 114 f.

Geschäftsherrn wendet, um ihn in den wirtschaftlichen Grundlagen zu treffen[45], wenn er sofort nach Ausscheiden schlagartig dessen gesamten Kundenkreis wegnimmt und mit Konkurrenzerzeugnissen beliefert[46] oder das Ausspannen von Kunden schon während seines Arbeitsverhältnisses vorbereitet[47], so ist das nach Auffassung der Rechtsprechung rechtswidrig[48]. In diesen Fällen bestehen dann auch gegen die Zubilligung der Gewinnhaftung keine Bedenken, denn der Angestellte nutzt konkret identifizierbare Gewinnchancen des Unternehmers im eigenen Interesse.

Ähnlich liegt es bei Verstößen gegen fremde „absolute“ oder „relative“ *Monopolrechte* und vertragliche oder gesetzliche *Konkurrenzverbote*. Der Eingreifer nutzt hier die Gewinnchancen, die (gegenüber dem Eingreifer) allein dem „Monopolisten“ zustehen, durch rechtswidrige „Angebotsaneignung“[49] eigennützig aus.

Wettbewerbsverstöße sind regelmäßig Kombinationseingriffe. Der nach Abzug aller Unkosten und nach Abzug eines angemessenen Betrags für die vom Eingreifer eingesetzte Arbeitskraft ermittelte Nettogewinn ist also im Verhältnis der Beitragswerte zwischen Eingreifer und Verletztem aufzuteilen, so daß jedem Beteiligten nur der „Mehrwert“ seines Beitrages zugute kommt. Bei der Berechnung der Beitragswerte wird man im allgemeinen den (isolierten) Verkaufswert zugrunde legen können.

---

45 RGZ 149, 121.
46 BGH BB 64, 15 (Milchfahrer).
47 RG GR 39, 728.
48 *Baumbach-Hefermehl* § 1, 338.
49 *Moser* S. 273.

Zusammenfassung

1. Die vorliegende Untersuchung einiger Kernprobleme des Gewinnhaftungsrechts zielte in erster Linie auf den Abbau einer Dogmatik, die das sich noch aus der Kasuistik des römischen Rechts entwickelnde Bereicherungsrecht vorzeitig erstarren ließ. Die Erkenntnis des kategorialen Unterschiedes von Schadensersatz- und Gewinnhaftung[50] und die kompromißlose Ablehnung des alten, auch in der neueren Zuweisungstheorie noch deutlich fortwirkenden[51] datio-condictio Denkmodells ebneten den Weg zu einer von jeder „Vermögensbeeinträchtigung“ und „-Verschiebung“ unabhängigen, gegenständlich allein an der Bereicherung des Eingreifers orientierten Gewinnhaftung.
2. Die insbesondere von der Zuweisungstheorie angestrebte Beschränkung der Bereicherungshaftung auf die *Verletzung absoluter Rechte*[52] ist weder vom Ergebnis noch von der dogmatischen Begründung her überzeugend. Wenn das „absolute“ Recht Anknüpfungspunkt besonderer Rechtsfolgen sein soll, müßte es sich in einem für die Gewinnhaftung wesentlichen Gesichtspunkt von den relativen Rechten unterscheiden. Das ist nicht der Fall. Insbesondere ist das absolute gegenüber dem relativen Recht kein aliud. Es unterscheidet sich vom relativen Recht nur rein graduell durch die Zahl der angesprochenen Normadressaten[53]. Diese rein quantitative Differenz wird besonders deutlich angesichts der Entwicklung der Rechtsstellung des beneficiary zum „absoluten Recht“ und ähnlicher bzw. umgekehrter Entwicklungen im deutschen Recht[54].

   Auch der von der neueren auf Wilburg und Orth zurückgehenden Lehre behauptete „Zuweisungsgehalt“ kann nicht als Besonderheit absoluter Rechte anerkannt werden. Der sog. Zuweisungsgehalt ist als rechtliche Kategorie angesichts der Freiheitsvermutung schon aus rechtslogischen Gründen zu verwerfen. Rechtsnormen können sich aber auch nur an Rechtssubjekte, nicht an Rechtsobjekte wenden[55]. Angesichts der aufgezeigten engen Verwandtschaft abso-

[50] Vgl. oben S. 30 f., 56 f., 71 f.
[51] Vgl. oben S. 79, 83, 130 f., 141 N. 349.
[52] Vgl. oben S. 86 f.
[53] Vgl. oben S. 48 f., 92 f.
[54] Vgl. oben S. 31 f., 33 f.
[55] Vgl. oben S. 48 f., 90 f.

luter und relativer Rechte (die eine Aufgabe dieser Terminologie nahelegt), bleibt ferner auch völlig unklar, wie und wo der Zuweisungsgehalt, den ja relative Rechte nicht haben können, zustandekommen soll. Selbst wenn man aber anerkennen wollte, daß die von B gezogenen Nutzungen rechtens dem A „zugewiesen" sind, so leuchtet die dann berechtigte Frage, wieso zum Anspruch auf Herausgabe überhaupt noch ein besonderer Bereicherungsanspruch erforderlich ist, auch den zirkelhaften und damit überflüssigen Charakter einer Theorie vom Zuweisungsgehalt.

3. Im englischen und amerikanischen Recht wurde die Klage auf Herausgabe widerrechtlich gezogener Gewinne als Institut des Equity-Rechts aus trust und constructive trust entwickelt und dann in Gestalt des waiver of tort auch im Common Law fruchtbar gemacht[56]. Wäre die Bereicherungshaftung im deutschen Recht entsprechend aus Treuhand, Geschäftsführung ohne Auftrag und unechter Geschäftsführung und nicht — wie geschehen — als „Vindikationssurrogat" aus dem römischen datio-condictio Denkmodell entwickelt worden[57], dann wäre das Dogma von der Vermögensverschiebung als Voraussetzung bereicherungsrechtlicher Verbindlichkeiten und damit eine der entscheidenden Ursachen für die gegenwärtigen Unklarheiten wohl nicht erst entstanden. Fiktionen oder eine Ausdehnung des Vermögensbegriffs, auf den die Zuweisungstheorie hinausläuft[58], können diese Schwierigkeiten nicht beseitigen, sondern nur vergrößern. Abhilfe verspricht nur die bewußte Abkehr von dem Dogma der Vermögensverschiebung als Voraussetzung der Bereicherungshaftung.

4. Demnach löst nach der hier vertretenen Auffassung nicht erst die „Beschädigung", „Beeinträchtigung" oder „Wegnahme", sondern schon die bloße rechtswidrig-eigennützige Benutzung, Ausnutzung oder Ausbeutung fremder, konkret identifizierbarer, materieller oder immaterieller Rechtsobjekte die Gewinnhaftung aus[59]. Ähnlich wie der vertraglich (§ 662 BGB) oder kraft Gesetzes (§ 677 ff., 687 II BGB) „Beauftragte" alles, „was er aus der Geschäftsbesorgung erlangt", herauszugeben hat (vgl. §§ 667, 681 Satz 2 BGB), ist auch jeder sonstige eigennützige Eingriff in fremde Vermögenspositionen — ob schuldhaft oder nicht — mit der Pflicht zur Herausgabe des dadurch Erlangten sanktioniert, wobei die Frage des Verschuldens in den §§ 818 ff. BGB angemessene Berücksichtigung findet. Die Eingriffskondiktion erscheint demnach als konsequente Fortsetzung eines aus dem Auftragsrecht im weiteren Sinne ableitbaren Rechts-

[56] Vgl. oben S. 24 f., 34 f., 42 f., 58 f.
[57] Vgl. oben S. 76 f.
[58] Vgl. oben S. 79 f., 83, 130 f., 141 N. 349.
[59] Vgl. oben S. 52 f., 83 f., 110 f., 151 f.

gedankens. Daß sie im Gegensatz zum englischen Recht *historisch* andere Wurzeln hat, steht der hier vorgeschlagenen Interpretation nicht im Wege, da der insoweit allein maßgebliche Begriff „auf Kosten" schon nach dem Willen der II. Kommission eben nicht notwendig im Sinne der römisch-rechtlichen Tradition, also nicht im Sinne einer Vermögensverschiebung zu interpretieren ist[60], sondern — wie derselbe Begriff im englischen Recht (at the expense of another)[61] — im Sinne eines Erlangens „by virtue of a fiduciary position"[62] oder allgemeiner im Sinne eines „Erlangens durch rechtswidrige Ausnutzung konkreter fremder Rechtsobjekte und -positionen" interpretiert werden kann. § 687 II BGB[63] behandelt im Rahmen dieses Systems den vorsätzlich-rechtswidrigen Eingriff in fremde Rechtspositionen, während die §§ 812 ff. BGB bei fahrlässigem oder schuldlosem Eingriff Haftungserleichterung im Rahmen und in den Grenzen der §§ 818 ff. BGB gewähren. Ansonsten sind unechte Geschäftsführung und Eingriffskondiktion strukturgleich.

5. Die Zuweisungstheorie ist angesichts der engen Auslegung, die sie dem Tatbestandsmerkmal „auf Kosten" im Rahmen der Eingriffskondiktion gibt, gezwungen, die „fundamentale" Verschiedenheit von Eingriffs- und Leistungskondiktion zu betonen[64], um nicht auch die Leistungskondiktion auf die Fälle der Übertragung von Ausschließlichkeitsrechten zu reduzieren und damit in die alte römischrechtliche Fessel zu legen, von der sie sich glücklicherweise im Laufe ihrer Entwicklung befreite[65].

   Für eine derartige Differenzierung der Kondiktionsarten besteht jedoch nach dem Gesetzestext[66], aber auch nach der unter Betonung der „inneren Verwandtschaft" erfolgten historischen Entwicklung der Leistungskondiktion aus der Eingriffskondiktion[67] nicht der geringste Anhaltspunkt. Im Gegenteil ist die Leistungskondiktion nur ein Sonderfall, der hier nach ihrem Hauptanwendungsfall kurz als Eingriffskondiktion bezeichneten Kondiktion wegen Bereicherung „in sonstiger Weise"[68].

   Nur die hier vorgeschlagene Auslegung des Tatbestandsmerkmals „auf Kosten" wird dieser Situation gerecht, da sie beiden Kondiktionsarten angemessen ist[69].

---

[60] Vgl. oben S. 78 f.
[61] Vgl. oben S. 70.
[62] Vgl. oben S. 24 f., 27 f.
[63] Vgl. oben S. 95 f., ferner S. 17 f., 68, 86 f.
[64] Vgl. oben S. 97 f.
[65] Vgl. oben S. 76 f., 86 f.
[66] Vgl. oben S. 97 f.
[67] Vgl. oben S. 78 f., 86 f.
[68] Vgl. oben S. 97 f., 102 f., 103 f.
[69] Vgl. oben S. 98 f., 103 f.

Auch das Tatbestandsmerkmal „ohne rechtlichen Grund“ gilt bei richtiger Auslegung für beide Kondiktionsarten[70]. Die von der Zuweisungstheorie postulierte Gleichstellung von Rechtsgrundlosigkeit mit causalosem Rechtserwerb und die damit verbundene Zuordnung dieses Tatbestandsmerkmals allein zur Leistungskondiktion erhebt einen — allerdings häufigen — Tatbestand der Rechtsgrundlosigkeit unzulässig zum allein entscheidenden Kriterium. Tatsächlich sind Wegfall oder Nichtzustandekommen eines die Bereicherung „rechtfertigenden“ Grundgeschäfts (causa) nur praktisch besonders bedeutsame Anwendungsfälle der Rechtsgrundlosigkeit. Umgekehrt aber — und das ist entscheidend — führt längst nicht jede causalose Bereicherung eines Dritten zu einem Kondiktionsanspruch[71].

Kriterium der Rechtsgrundlosigkeit — und zwar im Sinne *beider* Kondiktionsarten — ist vielmehr, von gesetzlich besonders gedeckten Maßnahmen (etwa Zwangsvollstreckung und Enteignung) einmal abgesehen[72], allein der Wille des Rechtsinhabers bzw. das, was er gem. den §§ 133, 157, 116 ff. BGB als seinen Willen gelten lassen muß. In diesem Sinne sind fehlender Wille bzw. mangelnde Zustimmung gleichbedeutend mit Rechtsgrundlosigkeit der Leistung bzw. Rechtswidrigkeit des Eingriffs und damit zwei Aspekte ein und desselben Problems[73].

6. Die damit erkannte Gleichwertigkeit und strukturelle Identität beider Kondiktionsarten[74] bewährt sich auch angesichts der schon „klassischen“ Schwierigkeiten des Bereicherungsrechts mit sog. Bereicherungsketten, Verfügungen eines Nichtberechtigten, Dreiecksverhältnissen und den Fällen des § 951 BGB. Diese Probleme sind weder mit einer Manipulation des Leistungsbegriffs (Unterscheidung von „Zuwendung“ und „Leistung“) noch durch das Erfordernis der „Unmittelbarkeit“ einer Vermögensverschiebung (welche u. E. für die Kondiktion überhaupt keine Rolle spielt) oder durch die nirgendwo ableitbare Behauptung einer „Subsidiarität“ der Eingriffskondiktion gegenüber der Leistungskondiktion, sondern allesamt mit dem klar und kontinuierlich nachweisbaren Gedanken eines modifizierend in das Bereicherungsrecht eingreifenden Vertrauensschutzes zu lösen[75]. Konstruktivismen, die, obwohl oft expressis verbis im Interesse des Vertrauensschutzes entwickelt, diesen

---

70 Vgl. oben S. 102 f.
71 Vgl. oben S. 98 f., 100 f.
72 Vgl. oben S. 107 N. 194.
73 Die unterschiedliche Terminologie (Wille/Zustimmung — Rechtsgrundlosigkeit der Leistung/Rechtswidrigkeit des Eingriffs) ist aus rein sprachlichen Gründen wohl unvermeidlich. Sachlich besagt sie völlig dasselbe.
74 Vgl. oben S. 107 f.
75 Vgl. oben S. 115 f., 121.

Tatbestand nur verschleiern und damit auch die bereicherungsrechtliche Dogmatik im ganzen nur unnötig komplizieren, sind abzulehnen.

7. Die Konstruktion *faktischer Vertragsverhältnisse* kann zur Begründung einer Gewinnhaftung, abgesehen davon, daß sie den Gedanken der Gewinnhaftung nur lückenhaft verwirklichen würde, schon deswegen nicht herangezogen werden, weil der ihr zugrunde liegende willenstheoretische Ausgangspunkt unzutreffend ist und damit die ganze Konstruktion in Frage stellt. Außerdem besteht für sie angesichts der erschöpfenden Regelung des Gewinnhaftungsrechts in den §§ 812 ff., 687 II BGB bei richtiger Auslegung dieser Vorschriften auch kein praktisches Bedürfnis[76].

8. *Gegenstand* der Herausgabepflicht sind alle Vorteile, die der Eingreifer durch die rechtswidrige Verwertung oder Benutzung fremder, konkret identifizierbarer Rechtsobjekte erlangt, gleichgültig, ob sie „unmittelbar" (Gebrauchsvorteile) oder „mittelbar" (Mietzinsen) erzielt wurden. Eine Differenzierung des Haftungsumfanges nach dem Verschulden findet ebenso wenig statt wie im englischen und amerikanischen Recht[77]. Nur bei Wegfall der Bereicherung ist bei nicht vorsätzlichem Eingriff Haftungsmilderung im Rahmen der §§ 818 ff. BGB möglich[78].

   Die Bestimmung des Gegenstandes der Herausgabepflicht erfolgt unter bewußter Außerachtlassung des sich als Leerformel erweisenden Kausalaxioms[79] und der Theorie vom Zuweisungsgehalt[80]. Nach dem Vorbild des englischen Rechts[81] entscheidet vielmehr eine am Zweck der Gewinnhaftung orientierte natürliche, wirtschaftliche Betrachtungsweise[82].

   Leistet der Eingreifer selbst Beiträge zur Erzielung des Gewinns (z. B. durch Einsatz seiner Arbeitskraft oder seines Kapitals) oder verletzt der Eingriff gleichzeitig Rechte verschiedener Beteiligter *(Kombinationseingriff)*, so ist der Gewinn im Verhältnis der einzelnen Beitragswerte aufzuteilen. Das ist nichts Ungewöhnliches und schon gar nichts Unmögliches, sondern wird im Recht auch in anderen Fällen, z. B. bei der Gewinnverteilung im Gesellschaftsrecht, praktiziert[83]. Sanktionsgedanken, die etwa dazu führen könnten, bei schuldhaftem Eingriff ohne Rücksicht auf die Beitragswerte des Eingreifers den gesamten Gewinn dem Verletzten zuzusprechen,

[76] Vgl. oben S. 124 f.
[77] Vgl. oben S. 58, 62 f., insbes. S. 67 f., S. 132 f.
[78] Vgl. oben S. 66.
[79] Vgl. oben S. 134 f.
[80] Vgl. oben S. 130 f.
[81] Vgl. oben S. 62 f.
[82] Vgl. oben S. 137 f.
[83] Vgl. oben S. 141.

lassen sich aus dem Gewinnhaftungsrecht, das eben nur auf die Herausgabe des „Mehrwerts" oder der „Früchte" der rechtswidrig in Anspruch genommenen Rechtspositionen zielt, nicht ableiten[84]. Vorwerfbares Verhalten des Eingreifers führt im englischen und amerikanischen Recht gelegentlich zu (teils unwiderleglichen) Beweisvermutungen zugunsten des Verletzten[85] und können u. U. zur Herausgabe des ganzen Gewinns führen[86]. Inwieweit diese Gedanken auch im deutschen Recht, etwa bei Mißbrauch treuhänderisch übertragener Positionen oder der Entgegennahme von Schmiergeld fruchtbar gemacht werden können, mag hier dahinstehen.

9. Rechtspolitisch wünschenswert ist die Gewinnhaftung außer im engeren Bereich des Zivilrechts insbesondere auch im Wettbewerbsrecht[87], wo sie zu einem weitaus effektiveren Rechtsschutz und damit zu einer besseren Gewährleistung des Leistungswettbewerbs führt[88]. Wie insbesondere auch die Untersuchung des englischen und amerikanischen Rechts zeigte[89], sind jedoch auch im deutschen Recht die rechtspolitischen Gesichtspunkte der Prävention und Schadloshaltung deutlich von der tatsächlichen rechtlichen Ausgestaltung dieses Institutes zu unterscheiden, das eben nicht in erster Linie Straf- oder Schadensersatzfunktionen zu erfüllen hat.

---

[84] Vgl. oben S. 65 f., 132 f.
[85] Vgl. oben S. 25, 57 f.
[86] Vgl. oben S. 66.
[87] Vgl. oben S. 13 f.
[88] Vgl. oben S. 144 f.
[89] Vgl. oben S. 55 f.

Schrifttum

(Auswahl)

Das angegebene Schrifttum wird im Text meist abgekürzt zitiert

1. Deutsches Recht

Barnstedt: Das Merkmal der Rechtsgrundlosigkeit in der ungerechtfertigten Bereicherung, Berlin 1940.

Baumbach-Hefermehl: Wettbewerbs- und Warenzeichenrecht, 9. Aufl., 1. Bd.: Wettbewerbsrecht, München und Berlin 1964, 2. Bd.: Warenzeichenrecht, Internationales Wettbewerbs- und Zeichenrecht, München und Berlin 1967.

Benkard: Patentgesetz, Gebrauchsmustergesetz und Patentanwaltsgesetz, 4. Aufl. München und Berlin 1963.

Berg: Bereicherung durch Leistung und in sonstiger Weise in den Fällen des § 951 Abs. 1 BGB, in: AcP 153 (1961), 505 f.

Blomeyer, A.: Allgemeines Schuldrecht, 3. Aufl. Berlin und Frankfurt 1964.

Böhm: Wettbewerb und Monopolkampf, 1933; unveränderter Nachdruck Berlin 1964.

Boehmer: Grundlagen der Bürgerlichen Rechtsordnung, II. Bd., 2. Teil, Tübingen 1952.

Bötticher: Zur Ausrichtung der Sanktion nach dem Schutzzweck der verletzten Privatrechtsnorm, in: AcP 158, 385 f.

Bucher: Subjektives Recht und Normsetzungsbefugnis, Tübingen 1965.

Bussmann, Pietzker, Kleine: Gewerblicher Rechtsschutz und Urheberrecht, 3. Aufl. Berlin 1962.

v. Caemmerer: Bereicherung und unerlaubte Handlung, in: Festschrift für E. Rabel, Tübingen 1954 S. 333 f.

— Bereicherungsausgleich bei Verpfändung fremder Sachen, in: Festschrift für H. Lewald, Basel 1953 S. 443 f.

— Das Problem des Kausalzusammenhanges im Privatrecht, Freiburger Universitätsreden N. F. Heft 23, Freiburg 1956.

— Wandlungen des Deliktsrechts, in: 100 Jahre deutsches Rechtsleben, Festschrift zum 100jährigen Bestehen des deutschen Juristentages, II. Bd., Karlsruhe 1960 S. 49 f.

— Die absoluten Rechte in § 823 I BGB, in: Karlsruher Forum 1961 S. 19 f.

— Das Problem der überholenden Kausalität im Schadensersatzrecht, in: Schriftenreihe der Juristischen Studiengesellschaft Heft 54, Karlsruhe 1962.

Callmann: Der unlautere Wettbewerb, 2. Aufl. Mannheim 1932.

v. Castelberg: Grundlagen des schweizerischen Wettbewerbsrechts, Diss. Zürich 1948.

Coing: Rechtspolitik und Rechtsauslegung in 100 Jahren deutscher Rechtsentwicklung, Tübingen 1960.

Ehrenzweig: System des österreichischen allgemeinen Privatrechts, II. Bd., 1. Hälfte, Wien 1928.

Enneccerus, Wolff, Raiser: Lehrbuch des Sachenrechts, 10. Aufl. Tübingen 1957.

Erman: Handkommentar zum BGB, 3. Aufl. Münster 1962.

Esser: Lehrbuch des Schuldrechts, 2. Aufl. Karlsruhe 1960.

Fikentscher: Wettbewerb und gewerblicher Rechtsschutz, München und Berlin 1958.

Fischer, Theo: Schadensberechnung im gewerblichen Rechtsschutz, Urheberrecht und unlauteren Wettbewerb, Basel 1961.

v. Fischer, Friedrich: Voraussetzungen und Umfang der Pflicht zur Herausgabe der durch unlauteren Wettbewerb gewonnenen Vorteile, Diss. Bern 1950.

Flume, Werner: Allgemeiner Teil des Bürgerlichen Rechts, 2. Bd.: Das Rechtsgeschäft, Berlin und Heidelberg 1960.

— Der Wegfall der Bereicherung in der Entwicklung vom römischen zum geltenden Recht, in: Festschrift für Niedermeyer, Göttingen 1953, zit.: Bereicherung.

Franke: Die Herausgabe des Gewinns bei Verletzung absoluter Rechte, Diss. Göttingen 1929.

v. Gamm: Warenzeichengesetz, München 1965.

Germann: Vorarbeiten zur eidgenössischen Gewerbegesetzgebung, Basel 1927.

v. Gierke: Deutsches Privatrecht, Bd. I, Leipzig 1895.

Haupt: Über faktische Vertragsverhältnisse, Leipzig 1941.

Heck: Grundriß des Schuldrechts, Tübingen 1929.

— Begriffsbildung und Interessenjurisprudenz, Tübingen 1932.

Hefermehl, Der Anwendungsbereich des Wettbewerbsrechts, in: Festschrift für H. C. Nipperdey, München und Berlin 1955 S. 283 f.

Holtzendorff-Kohler: Enzyklopädie der Rechtswissenschaft, 2. Bd., 7. Aufl. München, Leipzig, Berlin 1914.

Hubmann: Urheber- und Verlagsrecht, 2. Aufl. München und Berlin 1966.

— Gewerblicher Rechtsschutz, München und Berlin 1962.

Isay, Hermann: Das Rechtsgut des Wettbewerbsrechts, Berlin 1933.

Isay, Rudolf: Das Recht am Unternehmen, Berlin 1910.

Jakobs, Horst-Heinrich: Eingriffserwerb und Vermögensverschiebung in der Lehre von der ungerechtfertigten Bereicherung, Bonn 1964.

Jung, E.: Die Bereicherungsansprüche und der Mangel des rechtlichen Grundes, Leipzig 1902.

Kelsen: Reine Rechtslehre, 2. Aufl. Wien 1960.

Kisch: Handbuch des deutschen Patentrechts, Leipzig 1923.

Kisch: Die Wirkungen der nachträglich eintretenden Unmöglichkeit der Erfüllung bei gegenseitigen Verträgen nach dem BGB für das Deutsche Reich, Jena 1900.

Kleineidam: Unmöglichkeit und Unvermögen nach dem BGB für das Deutsche Reich, Jena 1900.

Kleinheyer: Eingriffsbereicherung durch unbefugte Nutzung und Wertersatz, in: JZ 1961, 473.

Kohler, Josef: Der unlautere Wettbewerb, Berlin, Leipzig 1914.

— Handbuch des deutschen Patentrechts, Mannheim 1902.

Kötter, Zur Rechtsnatur der Leistungskondition, in: AcP 153, 193 f.

Kraft: Interessenabwägung und gute Sitten im Wettbewerbsrecht, München und Berlin 1963.

v. Kries: Über den Begriff der objektiven Möglichkeit und einige Anwendungen desselben, Leipzig 1888.

Krawielicki: Grundlagen des Bereicherungsanspruchs, Breslau 1936.

Larenz: Lehrbuch des Schuldrechts, I. Bd.: Allgemeiner Teil, 7. Aufl. 1964; II. Bd.: Besonderer Teil, 7. Aufl. 1965.

— Die Berücksichtigung hypothetischer Schadensursachen bei der Schadensermittlung, in: NJW 1950, 487.

— Die Begründung von Schuldverhältnissen durch sozialtypisches Verhalten, in: NJW 1956, 1897.

— Entwicklungstendenzen der heutigen Zivilrechtsdogmatik, in: JZ 1962, 105.

Lenel: Parteiabsicht und Rechtsverfolgung, in: Jher. Jahrb. 19, 154.

Lent-Schwab: Lehrbuch des Sachenrechts, 10. Aufl. München und Berlin 1964.

Leonhard, Franz: Das Schuldrecht des BGB, I. Bd.: Allgemeiner Teil München, Leipzig 1929; II. Bd.: Besonderer Teil München,Leipzig 1931.

Lobe: Die Bekämpfung des unlauteren Wettbewerbs, Bd. I, 1907.

v. Lübtow: Beiträge zur Lehre von der condictio nach römischem und geltendem Recht, Berlin 1952.

Lundstedt: Die Unwissenschaftlichkeit der Rechtswissenschaft, 1. Bd. Berlin 1932, 2. Bd. Berlin 1936.

Mertens: Der Begriff des Vermögensschadens im Bürgerlichen Recht, Stuttgart 1967.

Mestmäcker: Eingriffserwerb und Rechtsverletzung in der ungerechtfertigten Bereicherung, in: JZ 1958, 521.

Moser: Die Herausgabe des widerrechtlich erzielten Gewinns, insbesondere unter dem Gesichtspunkt der eigennützigen Geschäftsführung ohne Auftrag, Art. 423 OR, Aarau 1940.

Mueser: Die praktische Bedeutung des § 687 II BGB, Köln 1934.

Nebenzahl: Das Erfordernis der unmittelbaren Vermögensverschiebung in der Lehre von der ungerechtfertigten Bereicherung, Berlin 1930.

Neuner: Interesse und Vermögensschaden, in: AcP 133, 277 f.

Niederländer: Schadensersatz bei hypothetischen Schadensereignissen, in: AcP 153, 41 f.

Nipperdey: Wettbewerb und Existenzvernichtung, Berlin 1930.

— Der Eingriff in schuldrechtlich festgelegte Interessensphären und § 687 II BGB, in: Festschrift für Böhm, Karlsruhe 1965 S. 163 ff.

Orth: Die Bereicherung im Patentrecht, Marburg 1928.

Osterrieth: Lehrbuch des gewerblichen Rechtsschutzes, Leipzig 1908.

Palandt: Kurzkommentar zum BGB, 26. Aufl. München, Berlin 1966.

Pastor: Wettbewerbliche Unterlassungsvollstreckung und die Strafe aus § 890 ZPO, in: Recht im Wandel, Festschrift für den C. Heymann Verlag, Köln, Berlin, Bonn, München 1965 S. 432 f.

Raiser: Der Stand der Lehre vom subjektiven Recht im deutschen Recht, in: JZ 1961, 465.

— Rechtsschutz und Institutionenschutz im Privatrecht, in: Summum ius, summa iniuria, Tüuingen 1963 S. 145 f.

Reimer: Wettbewerbs- und Warenzeichenrecht, 3. Aufl. Köln und Berlin 1954.

— Patentgesetz und Gebrauchsmustergesetz, 2. Aufl. Köln und Berlin 1958.

Rinck: Gute Sitten im Wettbewerb, in: Göttinger Festschrift für das OLG Celle, Göttingen 1961, 152 f.

Rosenthal: Kommentar zum UWG, 8. Aufl. Mannheim, Leipzig 1930.

Rothoeft: Vermögensverlust und Bereicherungsausgleich, in: AcP 163, 215 f.

v. Savigny: System des heutigen Römischen Rechts, 3. Bd., Berlin 1840; 5. Bd., Berlin 1841.

Scheyhing: Leistungskondiktion und Bereicherung „in sonstiger Weise", in: AcP 157, 371.

— Zum Bereicherungsanspruch nach § 951 BGB, in: JZ 56, 14.

Schippel: Das Recht am eingerichteten und ausgeübten Gewerbebetrieb, München, Köln, Berlin 1956.

Schlegelberger: Kommentar zum HGB, 3. Aufl. Berlin und Frankfurt 1955 bis 1957.

Schloßmann: Über den Begriff des Eigentums, in: Jher. Jahrb. 45, 289 f.

Schulz, Fritz: System der Rechte auf den Eingriffserwerb, in: AcP 105, 1 f.

Simitis, K.: Gute Sitten und ordre public, Marburg 1960.

Soergel-Siebert: Kommentar zum BGB, II. Bd., 9. Aufl. Stuttgart 1962.

v. Staudinger: Kommentar zum BGB, II. Bd., 11. Aufl. Berlin 1958 f.

Steindorff: Zweckmäßigkeit im Wettbewerbsrecht, Frankfurt 1959.

— Die guten Sitten als Freiheitsbeschränkung, in: Summum ius, summa iniuria 1963 S. 58.

— Abstrakte und konkrete Schadensberechnung, in: AcP 158, 431 f.

Topitsch: Ursprung und Ende der Metaphysik, Wien 1958.

Troller: Immaterialgüterrecht, 2. Aufl. Basel 1962.

Ulmer: Urheber- und Verlagsrecht, 2. Aufl. Berlin 1960.

Ulmer: Sinnzusammenhänge im modernen Wettbewerbsrecht, Berlin 1932.

Westermann: Lehrbuch des Sachenrechts, 5. Aufl. Karlsruhe 1966.
— Die Konstruktion des Rechts an der eigenen Sache im Gebiet des BGB, Diss. Göttingen 1933.

Wieacker: Zur rechtstheoretischen Präzisierung des § 242 BGB, Tübingen 1956.

Wilburg: Die Lehre von der ungerechtf. Bereicherung, Graz 1934.
— Zusammenspiel der Kräfte im Aufbau des Schuldrechts, in: AcP 163 (1964), 346 f.

Windscheid: Lehrbuch des Pandektenrechts, bearbeitet von Kipp, 9. Aufl. Frankfurt 1906.
— Wille und Willenserklärung, in: AcP 63, 72 f.

Zeiß: Leistung, Zuwendungszweck und Erfüllung, in: JZ 1963, S. 7 ff.

2. Anglo-amerikanisches Recht

American Law Institute: Restatement of the Law of Restitution, St. Paul, Minn. 1937.
— Restatement of the Law of Trusts, St. Paul, Minn. 2. Aufl. 1959. Zitiert: Restatement.

Ames, J. B.: Lectures on Legal History, Cambridge 1913.

Anson, Sir W. R.: Principles of the English Law of Contract and Agency, 22. Aufl. Oxford 1964, besorgt von A. G. Guest.

Bacon, Francis: The Statute of Uses, Neuauflage London 1804, besorgt von W. H. Rowe.

Bowers, Renzo, D.: A Treatise on the Law of Conversion, Boston 1917.

Copinger and *Skone,* James: Law of Copyright, 9. Aufl. London 1958.

Cribbet: Principles of the Law of Property, Brooklyn 1962.

David, René: L'Etude du Droit Privé de l'Angleterre, Paris 1948.

Dawson, J. P.: Unjust Enrichment, A Comparative Analysis, Boston 1951.

Dawson, J. P. und *Palmer,* G. E.: Cases on Restitution, Indianapolis 1958.

Friedmann, W.: Die Bereicherungshaftung im anglo-amerikanischen Rechtskreis in Vergleichung mit dem deutschen bürgerlichen Recht, Berlin und Leipzig 1930.
— Waiver of Tort, 18 Mod. L. Rev. 1 (1955).

Goff, R. und *Jones,* G.: The Law of Restitution, London 1966.

Halsbury (Earl of): Laws of England, Bd. 1—43, 3. Aufl. (Lord Simonds) London 1952—1964.

Hanbury, H. G.: Modern Equity, 8. Aufl. London 1962.

Holdsworth, Sir W. S.: A History of English Law, Bd. 1—3, 3. Aufl. London 1922/23; Bd. 4—5 London 1924.

James, Philip: General Principles of the Law of Torts, London 1959.

Jenks, Edward: The Book of English Law, 5. Aufl. London 1953.

Keeton, G. W.: The Law of Trusts, 7. Aufl. London 1956.

Kerly, Sir D. M.: Law of Trade Marks and Trade Names, 8. Aufl. 1960, besorgt von R. G. Lloyd.

Kerr, W. W.: Law of Fraud and Mistake, 7. Aufl. 1952, besorgt von Munroe und McDonnell.

Lewin, T.: Practical Treatise on the Law of Trusts, 16. Aufl. 1964, besorgt von W. J. Mowbray.

Maine, Henry: Ancient Law, 2. Aufl. London 1927.

Maitland, F. W.: Trusts and Corporation, The Unincorporate Body, Coll. Pap. Bd. 3, Cambridge 1911, besorgt von H. A. C. Fisher.

— Equity, also the Forms of Actions at Common Law, Cambridge 1920.

Palmer, G. E.: Mistake and Unjust Enrichment, Columbus 1962.

Peter, Hans: Action und Writ, Tübingen 1957.

Pomeroy, Equity Jurisprudence, 6 Bände, 4. Aufl. San Francisco 1918.

Pope, B. W.: Legal Definitions, Chicago 1920 (2 Bände).

Prosser, W. L.: Handbook of the Law of Torts, 3. Aufl. St. Paul, Minn. 1964.

Rheinstein, Max: Die Struktur des vertraglichen Schuldverhältnisses im anglo-amerikanischen Recht, Berlin und Leipzig 1932.

— Die Störung der freien Erwerbstätigkeit durch rechtswidrige Beeinflussung Dritter, Eine Studie aus dem englischen Recht, München 1924.

Roth: Der Trust in seinem Entwicklungsgang vom Feoffe to Uses zur amerikanischen Trust Company, Marburg 1928.

Salmond: On the Law of Torts, 12. Aufl. London 1957.

Scott, A. W.: Law of Trusts, 2. Aufl. Boston 1956 (5 Bände).

Sheridan, L. A.: Fraud in Equity, A Study in English and Irish Law, London 1956.

Snell, E. H. T.: Principles of Equity, 25. Aufl. 1960, besorgt von Megarry Baker).

Street, H.: Principles of the Law of Damages, London 1962.

— The Law of Torts, 3. Aufl. London 1963.

Teller: Restitution as an Alternative Remedy for a Tort (1956) 2 N.Y.L. Forum 40.

Thurston, E. S.: Cases on Restitution, St. Paul 1940.

Underhill, Sir A.: Law Relating to Trusts and Trustees, 11. Aufl. London 1959 by Montgomery White and M. M. Wells.

Wade, J. W.: Cases and Materials on Restitution, 1958.

Walker, A. H.: A Treatise on the Law of Patents for Inventions, 6. Aufl. New York 1929, besorgt von J. Lotsch.

Waters, D. W. M.: The Constructive Trust, London 1964.

Winfield, Sir P. H.: On Tort, 7. Aufl. London 1963.

Zimmermann, H. O., Die sachenrechtlichen Beziehungen in der rechtsgeschäftlich begründeten Treuhand nach englisch-amerikanischem Rechte, Leipzig 1930.

FSC
www.fsc.org
MIX
Papier | Fördert gute Waldnutzung
FSC® C083411

Kolibri 360 GmbH
Ferdinand-Jühlke-Straße 7
99095 Erfurt, Deutschland
produktsicherheit@kolibri360.de

Druck:
CPI Druckdienstleistungen GmbH
im Auftrag der
Kolibri 360 GmbH
Ferdinand-Jühlke-Str. 7
99095 Erfurt